中央财经大学中央高校基本科研业务费专项资金资助
Supported by the Fundamental Research Fund for the Central University, CUFE

惯例：学科交叉视角下的心理学研究

张 梅 著

中国财经出版传媒集团
中国财政经济出版社

图书在版编目（CIP）数据

惯例：学科交叉视角下的心理学研究 / 张梅著. --北京：中国财政经济出版社，2022. 12

ISBN 978 -7 -5223 -1711 -3

Ⅰ. ①惯… Ⅱ. ①张… Ⅲ. ①心理学 - 研究 Ⅳ. ①B84

中国版本图书馆 CIP 数据核字（2022）第 193620 号

责任编辑：康　苗　　　　责任校对：徐艳丽

封面设计：卜建辰　　　　责任印制：史大鹏

惯例：学科交叉视角下的心理学研究

GUANLI：XUEKE JIAOCHA SHIJIAO XIADE XINLIXUE YANJIU

中国财政经济出版社 出版

URL：http：//www. cfeph. cn

E - mail：cfeph@ cfeph. cn

社址：北京市海淀区阜成路甲 28 号　邮政编码：100142

营销中心电话：010 - 88191522

天猫网店：中国财政经济出版社旗舰店

网址：https：//zgczjjcbs. tmall. com

北京财经印刷厂印刷　各地新华书店经销

成品尺寸：170mm×240mm　16 开　11. 75 印张　200 000 字

2022 年 12 月第 1 版　2022 年 12 月北京第 1 次印刷

定价：48. 00 元

ISBN 978 -7 -5223 -1711 -3

（图书出现印装问题，本社负责调换，电话：010 - 88190548）

本社质量投诉电话：010 - 88190744

打击盗版举报热线：010 - 88191661　QQ：2242791300

序 一

在我面前放着弟子张梅博士即将出版的书稿《惯例：学科交叉视角下的心理学研究》，我怀着十分喜悦的心情读完了这本书。2009 年，张梅跟随我攻读博士学位，2012 年，她毕业后来到中央财经大学工作，本书是在她博士论文基础上稍作扩展形成的。我认为这本书最大的特点是创新，这主要体现在：

首先，该专著采用了学科交叉的研究视角。惯例（Routines）这一研究主题虽然兴盛于组织行为学，但心理学、社会学等其他学科在很早便探讨过这种现象。例如，美国心理学家陆钦斯（Abraham Luchins）将其视为思维定式；苏联心理学家一致公认，乌兹纳捷（Дмитрий Николаевич Узнадзе）领衔的格鲁吉亚定势学派是研究无意识问题的最大学派；社会学家吉登斯（Anthony Giddens）将惯例视为日常生活中随处可见的规范，认为它是保障个体本体性安全感和信任感的基本机制。可见，惯例的研究从一开始便具备多学科交叉的特征。然而，由于没有统一的概念和测量方法，导致各领域研究的侧重点不同，结果无法互相借鉴。本书在对惯例相关文献精心梳理的基础上，创造性地提出了群体层面惯例的概念及其测量指标体系，为本领域未来交叉研究的开展提供了启发。

其次，该专著以问题为导向，将惯例视为合作问题解决中的策略，是一种全新的尝试。我一直认为研究始于问题，这种问题要么是真正的学术问题，要么是实际问题，只有能提出并解决问题的研究才是好的研究。惯例既是人们生活中常见的现象，代表了程序性的序列行为；又是组织生活的基石，是日常工作开展和冲突解决的机制，它值得深入研究。本书通过对各领域文献的梳理，提出了当前惯例研究中意识性存在争议、惯例化程度无法测量、影响因素多为定性分析的问题。针对这些学术困境，本书突破该研究领域原有学科的限制，发挥心理学研究人类普遍心理和行为规律的学科优势，将惯例视为策略，从认知心理学角度分析和解决当前研究中存在的问题，所获结果能为本领域相关研究提供启发。

最后，该专著研究方法新颖。问题解决是认知心理学的核心研究议题，各种实验范式比较成熟，但超过两人的合作问题解决不仅研究相对较少，研究任务和范式更是不多。组织惯例自 1982 年以来实证研究进展有限，学界均认为“最重要的例外”是密歇根大学的两位教授发明的“TTT 扑克牌任务”。本研究采用本任务以及意大利认知和实验经济学家诺瓦雷斯（Novarese）等人用于团体学习的“加 10 任务”分别探讨了两人和三人问题解决中惯例的形成过程，并构建了惯例及惯例化程度的测量指标体系，这在国内尚属首次。此外，本书借助计算机技术自主搭建了两个实验平台，对实验任务互动界面进行了优化，实验设计精巧，变量操作新颖。

该专著逻辑清晰，可读性强。本书从惯例的定义到特征，抽丝剥茧般综述了本领域的研究进展，在此基础上提出了研究问题及研究思路。在每一项实验的介绍中，为避免研究阐述太抽象，博弈规则太复杂造成读者费解和误解，注重采用图示的形式进行书写实验材料和步骤，尽量让读者感觉像在看游戏说明和分析，增强了阅读的趣味性。我衷心希望广大读者能喜欢这本书，与著者共同探讨惯例方面的理论和实践问题，也欢迎相关领域的学者能提出宝贵的意见和建议。

是为序。

林崇德

2022 年 11 月

序二

欣喜地获知张梅博士《惯例：学科交叉视角下的心理学研究》一书即将出版，在此借她让我作序的机会，讲点该专著背后的故事。我和作者有6年的师生之谊、9年的同事之谊，一直见证着她的学术成长过程，并为她在科研上的每一个进步而由衷高兴。

摆在读者面前的这本专著实际上是一部迟到的作品，它是作者在2012年完成的博士论文基础上修改而成的。十年后的今天再来看“惯例”这一研究主题时，仍无“过气”之感，反而让人觉得“新鲜”依旧。

组织惯例本身是一个历久弥新的研究主题。就如同每个人都会形成自己稳定的动作习惯与生活常规，一个组织（如企业组织、行政机构）也会逐渐形成一套相对稳定的规则体系和可预见的行为模式，这就是“组织惯例”。组织惯例是一个组织的深层“内核”。就像很多外显的地理现象都要到地壳运动甚至更深层的地球结构中找原因一样，组织效能、组织风格、组织变迁和创新等问题的探究都要从组织惯例来切入。在20世纪80年代，研究者们才逐渐认识到组织惯例的重要性，将其视为组织的基因，因为它携带着组织成败的密码。

张梅博士的这部专著不仅具有现实层面的重要性，更具有学术层面的重要性。在过去几十年，组织惯例是心理学、管理学、经济学、社会学、行为科学、计算机科学等诸多学科关注的主题。然而，该领域的研究一直面临明显的困境：一是对一个真实的“组织”进行操纵实验并非易事，故而已有研究多为理论思辨和案例分析，研究结果有很强的情境依赖性，不能以像实验研究那样去提炼并验证一般性的规律。二是以往研究往往只关注对已形成惯例的描述，而对惯例从无到有的发生或形成过程关注不多，实际上也缺少刻画这一过程的有效方法。概言之，惯例的“发生学”问题以及实验方法问题是制约该领域学术发展的瓶颈，张梅的博士论文研究正是瞄准了这两个问题来实现学术创新，并体现出自己研究的特色。

一是研究视角和概念的创新。我们课题组当时一直从事问题解决的研究，张梅于是从认知心理学合作问题解决的角度将惯例视为合作解决问题时形成的策略。具体来说，她将惯例界定为“两人或多人在面临重复性的问题解决任务时习得的、互相依赖的、基于特定策略的行为模式”。这一创新的定义为开展惯例的实证研究提供了可能，研究者可以将组织惯例理解为人际或小团体中的行为模式，从而进行实验模拟。

二是研究内容和方法的创新。无论是将惯例视为组织现象还是人际或团体的心理现象，只有从其发生和形成机制的角度来开展实验才能真正揭示其本质。微观发生法本是探究儿童认知发展的方法，我们课题组在国内率先应用该方法进行过多项实验，张梅进一步将该方法推广到了惯例产生过程的研究中。她通过对两人及三人合作解决问题过程中所用策略的精细刻画，最终发现惯例的产生是其心理表征由无意识走向有意识、由程序性知识走向陈述性知识的过程。这一研究结论深化了对惯例发生机制和性质的认识。

三是研究有鲜明的方法论特色——它们是一些“复杂的”研究。我一直倡导心理学的研究应该面向“现实”和“现象”，要以揭示社会现实背景下心理现象的本质和成因为己任。要研究的真实问题往往是非常复杂的，它决定了研究者要灵活选用多种研究方法，综合使用各种数据分析思路，而非套用某一种简单的实验逻辑和统计套路。惯例的发生或形成是一个复杂的过程，其研究方式和结果呈现方式都表现出明显的复杂性。由此，阅读这本书多少有些“烧脑”，但我相信很多读者会好奇和享受这种“烧脑”的感觉。

实际上，张梅在准备博士论文的过程中，每天都在经历这样的“烧脑”过程。如何找到合适的实验任务，如何为任务编制计算机程序，如何让多个人同时来玩实验游戏，如何分析和表达繁复的实验结果，这些都是研究过程中难啃的“硬骨头”。博士论文的完成证明了她的决心、毅力和坚韧。不过，毕业后她似乎一直处于对这类复杂研究所持有的“趋避冲突”中：恨其复杂性，爱其挑战性。令人欣慰的是，毕业十年后她终于再次鼓起勇气完成了对博士论文的修改成书工作。

对该书的出版，尤其对作者的自我超越，谨藉此序言表达我由衷的祝贺。每一项复杂的研究都是对研究者能力和毅力的考验，而张梅博士这部专著的质量则有待各位睿智的读者予以检验。

辛自强

2022 年 11 月

自 序

心理学自1879年于德国诞生以来，近150年间，不仅自身分支越来越多、越来越细致，获得了蓬勃的发展；而且，诸多有创建性的理论、研究方法也逐渐渗透到经济学、管理学、组织行为学等行为科学，形成学科交叉融合的局面。本书是在本人博士论文的基础上加以修改、完善而成的，其主要采用了认知心理学有关问题解决的视角和方法研究了惯例（Routines）的产生过程和机制，属于学科交叉视角下的心理学研究。

2006年，基于对心理学的热爱，我从中国传媒大学行政管理专业跨考到当时的北京师范大学发展心理研究所，师从辛自强教授。三年来，在恩师手把手地教导下，我立足于社会认知领域，先后进行了数学认知、认知复杂性、心理健康变迁等方面的研究，从无到有，锻炼了心理学研究的基本功，也从辛老师身上见识到了为学严谨、孜孜不倦、思想开放、勇于创新的为学品格。2009年，我继续在发展所攻读博士学位，非常荣幸地师从国内著名心理学家林崇德教授，辛自强教授继续担任我的第二导师，这可能是我人生中最美好和宝贵的一段时光。博士三年，我不仅跟随林老师参与多项教育部、科技部重大项目，见识了宏大的学术视角以及“以问题为中心”“重视实践”的为学理念；而且，感受到了恩师“严在当严处，爱在细微中”的为师理念以及“豁达与勤奋”的人生座右铭，更加坚定了自己当一名老师的理想。我在两位恩师的培养下，博士毕业时，结合自己的学术兴趣以及学缘特点，选择了管理心理学、组织行为、认知心理学等领域的交叉研究主题——“合作问题解决”作为毕业论文大方向。随着文献阅读及思考的深入，“组织惯例”这一研究话题引起我浓厚的兴趣，深入了解后，我决定研究合作问题解决中的策略，即惯例的表现和形成问题。

2012年，我博士毕业后来到中央财经大学社会与心理学院工作。在完成教学任务的同时，继续完善和凝练自己的博士论文，先后在《心理学报》和

《心理与行为研究》上发表了3篇论文，论文在投稿过程中吸纳了诸多匿名审稿专家的宝贵建议，持续推进着我对论文的新思考。近几年，我的研究兴趣逐步明确和统合，即将心理学对“人”的心理进行细致刻画的理论和方法应用于解决行为科学中的现实问题，进行交叉研究。为此，我进一步将“惯例”本身视为一个交叉领域的研究话题，对以往博士论文的研究继续整合，进一步撰写为本书。

在我们的日常生活中包含许多程序性或习惯化的行为，例如，早上起床后的穿衣、洗脸、刷牙等一系列活动，骑自行车时身体的一系列动作，这些行为由于多次重复而形成，其执行不再需要意识的控制。在个体层面这种现象大多用习惯、习俗、定势、脚本等词语来描述。当涉及多个个体时，人们之间也会形成这种类似程序性的行为，例如，工厂里工人在生产流水线上的操作，麦当劳里一份快餐经由几道工序提供给客人，这种集体的程序化行为便是惯例（Routines）现象。“组织惯例（Organizational Routines）”一词自纳尔逊和温特（Nelson & Winter，1982）提出后，常被视为组织的基因，是分析组织和经济变迁、演化的重要元素，推动了相关领域的研究热潮。“惯例”一词本身的学术起源其实更早，自启蒙运动时期思想家们对习惯、风俗的探讨，到1926年经济学家熊彼得对自动化、行政管理工作等组织现象大杂烩的界定，到1940年陆钦斯（Abraham Luchins）在心理学领域对思维定式的研究，其也更具备交叉学科研究的特征。

纵览经济学、管理学和组织行为学等领域的文献，惯例存在两种不同的研究视角：一是在现实的、具体的组织情境中来研究惯例，这时它一般被称为组织惯例。自纳尔逊和温特1982年在《经济变迁的演化理论》一书中详细论述组织惯例相关问题之后，这方面的研究一直是惯例研究的主流，尤其近年来在贝克尔（Becker，2005、2008）等人的努力下，不仅获得了大量实证研究成果，理论层面的建构也有了新突破。然而，这种视角下的研究也存在显而易见的问题：首先，受研究方法的局限（即田野调查、工作流程分析等定性分析）使研究不够深入，很难揭示组织惯例的一般认知规律。其次，由于研究大多从宏观层面分析具体企业或组织中的惯例，缺乏一般意义上惯例微观层面的考虑。二是不涉及具体的既定组织，从普遍意义上来研究临时形成的小组中惯例的一般特点。虽然这方面的研究不多，也不够普及，但与前一种研究思路相比，有着更大优越性和应用前景。从这一种视角出发，可以脱离具体情境的限制，从个体的认知规律角度来探讨惯例的形成，使深入的惯例实证研究，尤其是实验研究成为可能。这可以从一般心理规律的角度阐明惯例形成的过程和特征。

惯例的研究存在两大问题：第一，作为社会科学各领域的研究热点，其总体上缺乏实证研究尤其是实验研究。当前，依赖于具体组织情景的诸多质性分析法仍是当前惯例研究的主流，这包括案例分析、工作流程分析、档案分析等。第二，缺乏惯例从无到有产生过程的研究，对惯例的意识性和稳定性特征和实质认识不足。造成上述问题的主要原因是研究方法上的不足，缺乏能刻画惯例进程和量化指标的实验任务。

基于上述考虑，本研究试图从传统认知心理学的视角出发，在合作问题解决的框架下，借鉴第一种视角的研究成果，采用第二种研究视角，从微观角度切入，对惯例的相关问题进行实验研究，并关注如下问题：一是两人及三人合作问题解决中的惯例现象。二是惯例从无到有的形成过程。以往研究对惯例的分析大多关注于其形成之后的具体表现和影响，缺乏对惯例从无到有形成过程的详细描述。本研究借鉴认知心理学中微观发生法的思路，分析了临时小组在合作问题解决中惯例形成的一般规律。三是成员的合作情况对惯例化的影响。通过关注合作小组中个体间的合作水平和情景来分析“合作”这一重要因素对惯例化的影响。全文共开展了三项研究、五个实验，对惯例现象及其产生过程和影响因素进行了探讨。

本研究的结论为：第一，惯例是一种普遍存在的思维现象；第二，惯例的刻画和描述需要综合考虑行为、认知和情感三类指标；第三，惯例化程度的衡量需同时采用行为和认知方面的评价指标；第四，惯例的产生体现为微观发生法所刻画的行为及策略的四个方面的变化，符合表征重述理论的假定；第五，合作的不同水平对惯例具有不同影响。被试行为介于理性和非理性之间，表现出明显的有限理性现象。

本书的内容，包括当时的博士论文，在组织惯例以及惯例的相关研究中应该属于“小众”的范畴，可供借鉴的前人研究相对较少，所采用的交叉研究视角在相关领域也相对“少见”，由于本人能力有限，本书难免有很多错漏之处，希望得到各位读者的反馈和指点。

目 录

第一章 文献综述

第一节 惯例及其概述

组织惯例（Organizational Routines，简称惯例）可以通俗地理解为完成组织中各类任务的典型或常用方式，组织中的大部分任务，如生产、货物与服务的销售等均是以惯例的形式进行的。近年来，惯例逐渐成为组织行为学、管理学、经济学、心理学的研究热点，其研究内容涉及组织的结构、技术、革新、社会化和决策等问题（Becker，Lazaric，Nelson & Winter，2005；Feldman & Pentland，2003；Pentland & Feldman，2005）。

虽然有关惯例的描述随处可见，但要对它进行严格的定义，甚至仅仅是描述，都是非常困难的。造成这种困难的原因，主要有以下几个方面（Cohen & Bacdayan，1994；Feldman & Pentland，2003；Pentland，Haerem & Hillison，2010）：①惯例涉及多个行动者，而且在行动中他们的角色是分散的，因此与单个行动者相比，难以观察和理解。例如，飞机着陆虽然是一项高度惯例化的行为，但是我们不能仅仅从飞行员这一方来理解整个行为。②惯例的浮现（Emergent）特质。组织为行为模式的演化提供了丰富的条件，这种演化是通过经验学习而非明确的决策来实现的。因此，惯例的出现大多通过多个行动者的逐渐学习来实现，而由于经验学习是累积性的且展现出复杂的历史过程，所以久而久之，惯例会受到外来的、历史的、成分的污染；同时，这种演化的、历史的特质也让对某惯例不同成分实际功能的区分变得极具挑战性。③阻碍惯例理解最关键的特征是行动者所持有的惯例知识部分是默会知识。尽管看起来似乎管理者或者研究者可以通过访谈来理解惯例，但事实上行动者本人并不能准确地用言语表达出他们在做什么或者为什么这么做。这对那些不需要言语的工作，如机械性的工作尤为明显。④还有研究者（Pentland & Rueter，1994；颜爱民、刘志成、刘媛，2007）指出，惯例难于研究的一个原因是“Routine”这个词本身就有两种不同的解释。当它作为名词时，就客观化为一种可识别模式的、执行行动的集体能力。而当它作为形容词时，表示行为模式变量的属性，比如重复性、可分析性、多样性等。所以，由于上述原因，组织惯例的概念是难以统一的。此外，惯例是经济学、管理学等多个学科研究的对象，由于这些学科具有不同的研究视角和研究方法，因而会得出不同的结论和发现，这也使惯例的理解更加复杂。

因此，在对惯例进行科学研究前，首先要对这个概念的含义进行梳理和界定。

一、惯例：一个纷繁复杂的概念

大多数学者（Becker，2003，2004；Feldman & Pentland，2003）均认为组织惯例这一概念最早是由美国学者斯坦恩（Stene）于1940年提出的，其在《科学行政管理方法》一文中指出“惯例是任何组织的一部分，它由于不断地重复而形成，它的执行不需要组织内其他成员的监督和引导（P. 1129）”，而当其形成之后，组织内成员的合作就如人们走路时身体各部分肌肉之间的协作那样紧密。

实际上，惯例的概念出现得更早，最早可以追溯到启蒙运动时期的思想家对习惯、风俗等相关概念的探讨。在经济学文献中这一概念最早出现于1926年（Becker，2007）。这一年著名经济学家熊彼得所著的德文第二版《经济发展理论》（1934年译为英文版）出版。随着其观点的逐渐流行，熊彼得从根本上系统地改变了德文版第一版和第二版、英文版的内容。其中，最明显的是在第二版中，熊彼得将一系列德文术语在英文版本中统称为“惯例”。这些在1934年被翻译为惯例的德文有自动化、行政管理工作、项目清单、习惯等。很明显，当时在熊彼得的脑中并没有惯例的清晰概念，它只是许多组织现象的大杂烩。

（一）惯例常见的几种界定

1. 惯例作为一种行为模式

在《组织》一书中，马奇和西蒙（March & Simon，1958）提出了有关惯例化行为的定义，他们认为："如果选择被简化为对特定刺激的固定反应；或者如果搜索活动被取消，但是选择仍以界定清晰并可系统计算的程序的形式存在，则可将这一系列行为视为惯例化了（P. 142）。"这个概念强调，惯例化行为的发生是探索取消，例如个体的学习过程停止。他们提供了关于惯例的微观定义，即"重复的组织程序"，同时提供了惯例化行为的定义，即在稳定的心理模型基础上个人行为的自动触发（Egidi & Rizzello，2003）。这个概念强调的是惯例作为一种个体行为的固定模式对某一确定性刺激的相应反应（徐建平，2009）。

科恩和巴克达安（Cohen & Bacdayan，1994）也从微观和行为的角度定义了惯例：惯例是一种习得性行为的模式化行动序列，它涉及多个通过交流或权威相互联系的行动者（P. 555）。他们明确指出，惯例仅适用于描述组织行为，在个体层面用"技巧"或者"习惯"来指代这种现象；而且惯例与组织中"标准化操作规程"也不同，后者的形成目的更加明确，行动者的身份也更加规范。此后，科恩等（Cohen，Burkhart，Dosi et al.，1996）又将惯例进一步阐述为：一种在特定情境下对重复行为的执行能力，它由组织在应对选择压力时习得（P. 683）。

2. 惯例作为策略

埃吉迪（Egidi，1996）在科恩和巴克达安（Cohen & Bacdayan，1994）研究的基础上，从问题表征的角度，基于惯例行为问题空间的分析，认为惯例可以理解为基于特定问题策略的行为模式，它们可以是不同的行动序列。同时，埃吉迪（Egidi，1996）发现，行动者不会去搜索和记忆所有的问题空间及可能路径，他们仅仅记住一套简单、有限的"元规则"，即产生式规则（以 if…then…的形式）。组织惯例的出现是由产生式规则造成的知识分配过程的结果。

3. 惯例作为决策的选择

与上述研究者对惯例的理解不同，贝奇等人（Betsch，Fiedler & Brinkmann，1998）从行为决策的角度出发，通过一系列心理学研究将惯例定义为决策者面临特定决策问题时，脑中出现的行为选择。它不是一种决策策略，而是一种面临特定决策情境时，激活于记忆的特定选择（如对行为或行动的表征），如果面临特定情境时同时激活了很多选择，则将激活程度最高的选择视为惯例。贝克尔（Becker，2001）曾指出，虽然这个定义与经济学家和管理学家基于"模式"的定义不同，但也不见得就与之相悖。

4. 惯例含义的整合

费尔德曼（Feldman，2000）认为虽然惯例受到了广泛关注，但对其理解还不充分，将其视为限于规则和习惯、很少变化、重复的组织行为模式是不合适的，因为这没有考虑到其变化的潜力。因此，费尔德曼和彭特兰（Feldman & Pentland，2003）提出了对惯例更详细的操作定义：几个人之间重复的、可识别的、相互依赖的行为模式（P. 95）。这个定义指出了惯例最核心的表层特征。

费尔德曼和彭特兰（Feldman & Pentland，2003）同时对惯例的成分进行了详细划分，试图整合以往的定义。他们认为，惯例由形式面（Ostensive）和执行面（Performative）两部分构成。前者是组织惯例的抽象面，表明了惯例是什么，其成分可能存储于程序性记忆中；后者涉及组织惯例的具体化，指特定人在特定时间和地点参与特定组织惯例活动的真实行为。惯例的执行面受形式面的统领并以即兴发挥的形式体现。对惯例这两个层面区分的重要意义在于，它将惯例经常用到的两种或两个层面的惯例的定义，即惯例作为行为（重复的互动模式）和惯例作为规则（如标准操作程序）结合了起来（Becker & Zirpoli，2008）。

（二）演化经济学中的惯例

纳尔逊和温特（Nelson & Winter，1982）两位研究者在其著名的《经济变迁的演化理论》一书中将惯例提升到举足轻重的地位。他们从生物进化的观点出发，认为惯例作为组织生活的基本元素，可与基因相类比。它就像组织基因一样，具有认知和动机两个主要维度，前者包含了组织基础知识，构成组织记忆，后者控制了组织内的冲突，作为一种“休战（truce）”协定，具有协调争端的功能。此后，惯例的概念被广泛用于经济学和商业领域。然而，此后的20多年来惯例这个概念本身的模糊性和不一致性仍然存在（Beeker，2003，2004），两位研究者仍在不断修正自己的观点，近期他们更倾向于将惯例理解为一种能力和一种个人技巧（Nelson & Winter，2002）。

近年来，经济学家霍奇森（Hodgson，2003）的观点也引起了广泛关注。同样基于生物进化的观点，惯例并非以往研究者所述的行为，而是一种表达特定行为和思考的反应倾向，是一种存储的能力，它应该被视为基因型而非表现型（行为）。这种能力涉及知识和记忆，涉及组织结构和个体习惯，它们一旦被激发便会导致连续的行为。

从上述总结可以看出，虽然惯例这种现象具有跨领域、跨个体的一致性，但这一概念对于不同领域的研究者来说或有着不同的含义，这也正是当前惯例量化研究缺乏的客观原因（Beeker, 2008）。由上述分析可知，惯例的这些含义有些是理论性的，有些是操作性的。要对惯例展开实证研究，研究者需要的是操作性的定义。费尔德曼和彭特兰（Feldman & Pentland, 2003）从行为表现上对惯例的操作定义，可以视为一种跨领域、跨学科的普遍定义。借鉴他们的思路，本研究融合科恩（Cohen）和巴克达安（Bacdayan），埃吉迪（Egidi）以及贝奇（Betsch）等人关于惯例的微观阐述，结合行为和认知视角，将惯例定义为：两人或多人在面临重复性的问题解决任务时习得的、互相依赖的、基于特定策略的行为模式。这一概念既限定了惯例发生的背景，即两人或多人、重复性问题解决，又突出了其根本特性，即相互依赖、基于特定策略、行为模式，还突出了习得性。

二、惯例的基本特征

对于惯例这样一个内涵复杂且无定论的概念，仅了解不同研究者对它的界定是不够的，还必须对其内涵进行全方位、多层面的考察和挖掘。而对惯例特征的分析可以凸显惯例的内涵，是把握其本质的关键。由于研究者们对惯例的定义不同，对于惯例特征的描述也有所差异，然而下列特征已为大多数研究者所认同。

1. 模式性

许多研究者均认为，模式性是惯例的核心特征（Becker, 2001, 2007），这也得到了以往实验研究的证实（Pentland & Rueter, 1994；Zellmer - Bruhn, 1999）。从国外研究来看，历史上曾有 Action、Activity、Behaviour 和 Interaction 四个概念来表示这种模式（Becker, 2004）。然而，这四个概念的存在不但没有精确地展示模式的内涵，反倒成了惯例这个概念模糊性的主要来源。首先，在经济和商业理论中，Action 和 Activity 一般被视为同义词，但 Action 和 Behavior 的含义不同。Behavior 是一组行为，它指那些可以观察到的事件，而且它一般被理解为对特定刺激的反应（Cohen et al., 1996）。其次，Interaction 由一系列涉及多个行动者的行为组成，它与其他三个词的区别属于个体与集体层面的区别。基于上述区别，贝克尔（Becker, 2003）总结出重复的行为模式以不同的水平而存在（如表 1 - 1），即个体与集体的水平、可观察与不可观察的水平。从以往文献来看，惯例一般是指重复的互动模式，即重复性的集体性行为模式，而个体水平上重复的行为模式则一般用“习惯”来概括。

表 1－1 重复性行为模式分类

	个体水平	集体水平
不可观察的行为	重复性的行为模式（mRPA） “习惯化思维”	重复性的互动模式（mRIP） “不可观察到的惯例”
可以观察的行为	重复的行为模式（RPA） “习惯”	重复性的互动模式（RIP） “惯例”

2. 重复性

重复性也是惯例的一个关键特征（Cohen et al., 1996；Cohen & Bacdayan, 1994；Pentland & Rueter 1994；Egidi & Narduzzo, 1997），事实上也没有人会把仅仅发生一次的行为称为惯例。正是这种变化很少的重复性保证了惯例的稳定性，使其可以作为一种循环的互动模式而存在，并最终具有可预测性。

3. 集体性

惯例是一种集体现象，它涉及多个行动者（Feldman & Pentland, 2003）。为了更好地加以区分，有研究者（Becker, 2003；Dosi, Nelson & Winter, 2002）指出在个体水平上可以将这种现象称为“技巧”或“习惯”，而在组织或群体水平上才称为“惯例”。承认惯例的集体性，对理解这一概念具有重要意义。集体性意味着惯例可以在空间和组织中被分配（Zollo & Winter, 2002），即执行惯例的不同行动者可属于不同的组织单位，位于不同的空间中。这种分配性导致了不透明性和复杂性，即由组织中不同成员所拥有的知识不可能完全重复，因此很难掌握一个组织的整体知识。在一项需要参与者合作才能完成的游戏中，埃吉迪（Egidi, 1996）发现（组织）惯例的产生是由个体的“产生式规则”进行分配的结果，它由个体的规则、兴趣和活动的相互影响而产生。

4. 过程性

惯例经常被用来揭示组织和经济变革，变革毫无疑问是一个过程，所以惯例也具有过程性（Becker, 2004；Becker, Lazaric, Nelson & Winter, 2005）。惯例可以作为结构和行动之间、作为客体的组织和作为过程的组织之间的关键联结。从以往文献来看，有大量词汇或维度反映了惯例的过程性特点（Becker, 2004）：惯例的衰退（与惯例保持的必要性紧密相连）（Cohen & Bacdayan, 1994）；反应时间、延迟（Narduzzo, Rocco & Warglien, 2000）；惯例执行、内容改变和互相转换的速度；重复的频率和影响时间；从一种惯例或一组惯例转换的频率和模式；活动的持续时间，环境变化的速度，与活动相关的信息的特质等。

5. 情境依赖性、嵌入性和特定性

许多研究者（Cohen et al., 1996；吴光飙，2002）都指出，惯例是嵌入组织及其结构当中的，而且会因情境的不同展现出特殊性。这主要是因为：首先，资源应用和实施的过程决定了服务项目的产生。而这个过程大多是重复性的（通常表现为惯例），并产生于特定背景当中。因此，成功的实施取决于惯例所在情境的特定性。其次，是由于惯例及其情境的互补性。一些惯例只有增加必要补充成分才能工作。惯例会依赖于某些外部支持，这些支持有助于组织更好地控制、促进和协调个体行动。所以，当作为一般性规则和程序的惯例应用到不同情境中时，经常是不充分的，它会涉及不完整的规定和缺失成分，例如，在何时该实施何种惯例。

以往研究中经常会涉及不同类型的惯例特定性（Becker, 2003, 2004）：①历史特定性。惯例在特定时间点发生时，总会由诸多极其复杂的环境因素群所表征，由于这些因素群的复杂性，惯例被完全重复的可能性很小；②局部特定性。惯例是局部学习过程的产物，限于局部的文化差异是惯例局部特定性的起源；③关系特定性。惯例特定性的最重要启示便是惯例只能在特定条件下转移到其他情境中去，而且去掉原始背景后，惯例可能是毫无意义的。

6. 路径依赖性

在惯例研究的历史中，人们普遍认可惯例以路径依赖性的方式而变化，并由历史所塑造（Egidi & Narduzzo, 1997；Nelson & Winter, 1982）。路径依赖性可以简单理解为过去对现在的影响，它是指很久以前的事件，包括偶然而不是系统因素主导的事件，会对事件结果产生重要的影响（David, 1985）。在之前状态的基础上，惯例逐渐适应情境要求并增加对结果的反馈。

惯例的路径依赖性得到了实验的证实。在一项移动电话网络建立的个案研究中，研究者（Narduzzo, Rocco & Warglien, 2000）发现，一旦惯例的局部异质性建立，同质性的实践活动将很难发生，这保证和维持了局部的特殊性。Betsch 等人（Betsch, Haberstroh, Glöckner, Haar & Fiedler, 2001）的研究则表明，在进行重复性决策时，个体会考虑先前经历。费尔德曼（Feldman, 2000, 2003）关于大学生住房组织的研究表明，变革是惯例本质的一部分，而且是内生性的，因为惯例一旦被重复，行动者便会以不同的方式对惯例的执行面产生影响。由于这些变化是逐渐增加的，因此每次只会有一个或者很少的惯例成分在发生变化（如重复的节奏、参与者等），这便解释了为什么惯例会以路径依赖的方式发展。

7. 触发性

惯例是被触发的（Cohen，1991），触发的机制有两类：行动者相关的触发机制和外部线索。期望水平是行动者相关的触发机制的重要形式，它能使行动者建立一种有限的、自己认为充分的和希望达到的特定行为。当高于期望水平时，行动者将满足于自己的行为，并且不会去优化它（Cyert & March，1963）；但当低于期望水平时，便会触发一些矫正行为，这些矫正行为最终也会以惯例的形式存在。一种形式的外部线索是惯例之间的连接。例如，在超市营销部门的预算惯例后期，一项要求支持营销活动的预算便在财务部门被触发了（Becker，2004）。实验研究表明，有许多因素会影响触发性。贝奇等人（Betsch，1998）的实验研究表明，先前的激活、同时激活的其他因素、情景和选择之间联结的强度（频率）、强化的强度均可成为惯例的触发机制。威克（Weick，1990）有关飞机事故的研究表明，压力强度（与触发相关）与第一反应显著正相关。反馈类型也可以作为惯例的触发机制，研究表明（Avery，1996）负反馈比正反馈行为更能触发惯例。

8. 自我驱动性

就像习惯一样，惯例是自我驱使的，它的执行几乎是自动的，个体无须深思熟虑，也不需要有意地注意。这便可以解释为什么惯例是悄无声息的流畅行为。因为惯例不需要注意，所以只要它还在流畅地进行时，我们是察觉不到它的，除非它的执行不再那么流畅。而许多实验研究也证明了惯例具有自动化特点（Cohen & Bacdayan 1994；Pentland & Rueter 1994；Betsch，Fiedler & Brinkmann，1998）并独立于行为目的来影响策略选择（Betsch，Haberstroh & Höhle，1999）。

三、惯例存在争议的特征

（一）惯例的争议

1. 自然浮现与有意为之

当前围绕惯例是否需要意识努力，形成了截然相反的两派观点。一种观点认为，人们在执行惯例时并没有意识到它，也没有利用意识领域的认知资源。在很大程度上，惯例的执行是在无意识领域进行的（Cohen，1991；Dosi et al.，2000；Stene，1940）。如科恩和巴克达安（Cohen & Bacdayan，1994）证明它是以程序性记忆存储的，是群体在没有交流的互动中形成的，不涉及主观努力。而另一种观点则认为惯例不是无意识的，而是需要意志努力的（Pentland & Rueter, 1994；Feldman, 2000, 2003；Feldman & Pentland, 2003）。后一种观点认为在大量组织中惯例需要通过个体努力来实现，而且是不断变化的。这两种观点的争议一直存在，持第一种观点的人大多基于理论性的论证和描述，持第二种观点的人大多基于实证研究，而正是这种视角的不同导致了对惯例的不同理解（Becker, 2004）。

2. 稳定性与可变性

以往有关惯例的理论大多基于三个基本隐喻，即习惯（Stene, 1940）、程序（March & Simon, 1958）和基因（Nelson & Winter, 1982）。这三种隐喻基本上均将其视为相对稳定不变的客体。在某种程度上，惯例不断重复却很少发生改变（Becker, 2004）。这种稳定性是惯例的主要方面，它保证了组织或个体行为的一致性，为组织评估、比较和分析提供了基准。研究者（Feldman, 2000）认为惯例的稳定性至少可以部分地归因于其是作为程序性记忆来存储的。然而，上述研究者在承认惯例稳定性的同时，又指出了它的变化面，赛尔特和马奇（Cyert & March, 1963）称之为“适应”，纳尔逊和温特（Nelson & Winter, 1982）称之为“突变”。近年来惯例的变化性特征引起了更广泛的关注，它常被用来解释组织变革，许多研究者探讨了它与组织弹性（Pentland & Rueter, 1994）、学习（Cohen, 1991；Cohen & Bacdayan, 1994）、组织适应（Feldman & Rafaeli, 2002）的密切关系。费尔德曼（Feldman, 2000）通过一项实证研究证实了惯例不仅会在外部发生改变，如新技术的引进会导致指令系统和规则发生改变，而且会发生内部的改变。费尔德曼（Feldman, 2000）认为，惯例可以视为相互关联的观念、行动和结果的汇集观念产生行动，行动产生结果，而结果又会产生新的观念。正是这些元素间的关系导致了变化，如观念产生行为，但行为可能并没有执行观念。

（二）惯例争议的整合

费尔德曼和彭特兰（Feldman & Pentland, 2003；Pentland & Feldman, 2005）基于理论和实践考虑提出的惯例具有形式和执行两面性的观点可以对上述惯例争议提供理论上的整合解释。

在一项有关住房组织深入的纵向个案研究中，费尔德曼和彭特兰（Feldman & Pentland, 2003）发现，当从不同层面来考虑惯例时，有关惯例意识性的争议是可以调和的。一方面，惯例具有形式面，即人们对特定惯例的表征，例如雇佣惯例、存货惯例等，用这些标签来指代这些任务的完成方式。另一方面，惯例的执行涉及具体的行为，具有执行面。例如，在时间点 Y 特定雇佣惯例在组织 X 中由行动者 A 和 B 来执行。由于当前实证研究的缺乏，惯例的执行面经常被忽视，因此也会忽视行动者的能动作用，认为它不需要意志努力完成（Becker, 2004）。

惯例形式面和执行面的区分也可以用来解释惯例稳定性与可变性的统一：惯例的形式面作为目标在还没有达到或未达到理想状态时，会一直保持稳定，这时执行面的惯例为了与其保持一致会不断变化。

（三）认知心理学对惯例争议的启示

综上，费尔德曼和彭特兰（Feldman & Pentland, 2003）两位研究者在惯例的形式面和执行面的框架下试图去整合惯例的意识性和无意识性、稳定性与可变性两个方面的特点，他们对此提供了合理的理论解释，并通过相应的个案研究进行了论证。但他们的分析仍限于理论描述，并没有深刻地说明惯例如何同时具有意识性和无意识性、稳定性和变异性的根源。惯例是组织学习的结果，本质上是一种知识（Cohen, 1991；Cohen & Bacdayan, 1994），而认知心理学一直对个体的学习和认知技能的获得感兴趣，研究者们认为实验和计算机模拟技术可以阐释技能如何获得和实施，因此，当前认知心理学的研究成果对于理解惯例具有重要的启示。

安德森等（Anderson, 1983；Singley & Anderson, 1989）关于程序性和陈述性记忆或知识的区分为组织惯例的研究提供了重要启示。研究表明，已经掌握的认知和行为表现均以某种形式的记忆（程序性）进行存储，这种记忆在性质上与存储事实、时间和命题的记忆（陈述性）不同。研究者（Singley & Anderson, 1989）通过将两类记忆与计算机程序相类比阐明了二者的区别，它们以计算机语言（程序性）或高级程序语言源代码（陈述性）的形式存在。前者能很快地执行，但是很难修改，而且与特定的硬件环境密切相关；后者更容易修改并推广到其他环境中，但它只能应用于特定事件，而且理解过程比较慢。正是从这两类知识区分的角度出发，科恩和巴克达安（Cohen & Bacdayan, 1994）提出惯例是作为程序性记忆存储的，这说明了它为什么不需要意识努力以及为什么是稳定的。

卡米洛夫·史密斯（Kamiloff-Smith, 2001）提出的表征重述理论不仅解释了知识的获得途径、不同知识类型之间的转变，还对个体知识表征的意识水平进行了详细描述，这对理解惯例的上述两个特征具有重要启示。卡米洛夫·史密斯（Kamiloff - Smith，2001）指出，知识可以通过不断反复表征而获得，通过这种表征重述，个体对原有表征不断进行重组、建构，逐渐把行为程序中存储的内隐知识转变为外显知识，并为认知系统其他部分所利用。表征重述包括三个阶段及四种表征水平（辛自强、张丽，2006）：①表征水平Ⅰ：行为掌握。此时行为是成功取向的，表征是对环境中的刺激材料信息的程序性编码，此时信息是内隐的，且相互独立。②表征水平 E1：元程序阶段。此时学习不再集中于外部材料，而是转向内部表征的相互作用。此时表征已经外显，其组成成分已可用作材料进行操作，且变得灵活，但它还没有通达意识，不能进行言语报告。③表征水平 E2 和 E3：概念化阶段。此时维持行为的表征更加丰富和连贯，个体能将知识迁移。以往研究发现，不仅不同年龄阶段儿童的表征变化遵循上述理论，在练习背景下，儿童表征水平短期内的变化依然遵循卡米洛夫·史密斯（Kamiloff - Smith，2001）所描述的路线（辛自强、张丽、林崇德、池丽萍，2006），因为多次练习和随后的访谈增加了儿童表征重述的机会。

虽然当前还没有惯例的研究关注卡米洛夫·史密斯（Kamiloff - Smith，2001）的表征重述理论，但显然，它对惯例研究提供了解释思路：如果惯例作为一种知识，其获得也遵循表征重述过程，则必然会同时具有稳定和可变性、意识与无意识性。在组织行为研究中，已经证实了组织惯例的悖论性，例如，其可能因其稳定属性阻碍组织创新，也可能因其变革属性促进组织创新（林海芬、尚任，2020）。

第二节　惯例在组织中的研究进展

近年来惯例的研究在组织行为学、管理学和经济学领域有了飞速的发展。由贝克尔（Becker）、费尔德曼（Feldman）、纳尔逊（Nelson）和佐洛（Zollo）等学者组织的国际性会议已分别于 2002 年、2005 年、2007 年和 2010 年成功举办四届。《组织惯例手册》（Becker，2008）也已出版。因此，我们首先介绍惯例在组织中的研究进展。本领域关于惯例的研究大多集中于宏观层面，主要是对组织惯例的特征和动态变化的理论分析，即惯例是否具有能够发生变化（变异）的特质以及发生变化的原因；应用的方法也比较宏观，主要以对单个组织的深度案例分析为主，多样本统计分析和实验研究比较少见（刘磊磊，2008）。

一、组织惯例的理论

要对惯例进行科学研究，对其进行精确地控制、设计或者改变之前，首先得了解它是如何形成的，即组织成员如何习得惯例的不同成分的（Cohen & Bacdayan，1994）。这不仅需要观察，更需要理论的指导。但是自从赛尔特和马奇（Cyert & March，1963）在《企业行为理论》一书中对惯例和标准操作流程所做的开创性贡献之后，惯例在理论上的进展甚微。当前有关惯例的理论比较流行的有以下两种理论，它们均基于社会学家吉登斯的观点而提出（Giddens，1984）。

（一）组织惯例语法观

这个观点由彭特兰和鲁特（Pentland & Rueter，1994）提出，他们认为就像语言可以用语法来描述一样，惯例也可以用一种行为的语法来描述。人们在实践中实际观察到的并不是惯例或者语言的全貌，而只是具体的实例，这在语言学上称为“句子”，在行为世界里称为“表现”。英语语法允许发言者造出不同句子，组织惯例也允许成员有不同的行为表现。二者的相似性如表 1－2 所示。通过对比，可以看出不论是语言还是惯例，其分析的基本单位都是行为表现，分析目标都是通过分析一系列的句子（行为）来介绍一种描述语言（组织惯例）的语法（Pentland，1995；Pentland & Rueter，1994）。而且，可以看出一个惯例不是单一的模式，而是一套受组织、社会、物理和认知结构制约的可能的模式。这种行为模式或规则可以作为组织成员各种行为表现的源泉，但却不能决定行为。

本模型建立了惯例的比较框架（Pentland & Rueter，1994）：在人类语言中，不同语言之间会具有相似的语法结构。同样，各种组织的惯例（如售后服务、招聘、审计）也会有结构的相似性，即使每个组织中的具体行为是不同的。而且无数各种各样的行为模式亦可以简化为更高层的行为模式。然而，本模型比较适合于那些序列行为容易获得、记录和保持的情境，观察数据的获取则很困难，尤其对于那些分布于时间和空间中的行为过程来说。幸运的是现在很多商业行为和过程都会建立档案。而近年来，利用工作流程数据来研究惯例，已成为组织惯例重要的实证研究方法（Becker & Lazaric，2009）。

表 1－2　　惯例与语法的类比

行为实体	对应语法
组织惯例：特定任务的一系列可能的行为表现，可由语法进行部分描述 例如：售后服务	语言：特定语言中一系列可能的句子，可由语法进行部分描述 例如：英语
表现：对某一程序的单一的、完整的重复 例如：特定的售后服务现场	句子：某一种语言中单一的、完整的表述 例如：The dog is barking
子程序：构成惯例的基础材料 例如：接电话、信用卡授权	句法成分：构成一个句子的基础材料 例如：名词短语 "The dog"，动词短语 "is barking"
动作：惯例的单一行为 例如：问候顾客，转移顾客	单词：语言的单一成分 例如："dog""barking"

语法模型与其他类型的模型（如马尔科夫模型）相比，具有明显的优势（Pentland & Rueter，1994）。第一，这个模型描述了一系列可能的行为模式，行动者可以从中选择特定的模式。这一方面具有理论价值，因为它调和了两种惯例看似冲突的观点，即固定的行为模式和作为努力的结果；另一方面也具有方法论价值，因为现实的惯例不太可能展现出完全固定的模式，而是展现出各种功能相似的模式。第二，模型的短语结构为描述惯例的成分提供了便利，这些成分可以被重新组合形成新的模式。第三，本模型还适用于展现那些元素在行动序列中极大分离的事件，如软件的开发者和使用者。第四，本模型可以明确地区分惯例的标准范例和其他实例，例如某企业中的电话该由谁负责。第五，通过这种类比，可以将组织惯例在一定程度上精确定义为重复的、功能相似的行为模式。同时也应看到，这个模型及分析方法的基本假定是组织生活可以编码为有意义的句法成分。因此，它的缺陷是个体的经历会被简化为一连串的编码符号。

（二）组织惯例生成观

这一理论由费尔德曼和彭特兰（Feldman & Pentland，2003；Pentland & Feldman，2005）提出，近期（Becker，2008）他们将其表述为"惯例可视为生

成系统，它可以产生一系列基于环境的行为”。据此，我们将这一理论称为“生成观”，国内有研究称之为“内生发展模型”（徐建平，2009）或“述行观”（高展军、李垣，2007）。

费尔德曼和彭特兰（Feldman & Pentland，2003）认为，惯例同其他社会现象一样，具有结构和能动性的二元性。一方面，它包含抽象的认知规则和预期，可以使参与者对某惯例的特定表现进行指导、解释和指代，这称为“形式面”。形式面说明了惯例由什么组成和用来做什么，具有原则性，它可能是文件化的标准作业程序，也可能是内隐的集体共识或约定俗成的规范及外显的组织原则。另一方面，惯例包含特定个体在特定时间、特定地点的实际行为，这称为“执行面”。执行面代表了行为的特定性，具有内在的即兴特质。惯例由这两方面基本要素组成，缺一不可，任何一方单独均不足以解释，甚至仅仅是描述惯例。此外，在任何实际的情境中，惯例的两个方面均由各种载体所承载或驱动。载体的形式各种各样，从成文的规定、程序到地理环境（例如，一个工厂或一间办公室）。总之，惯例的三个要素相互联系，构成了如图 1－1 所示的生成系统。

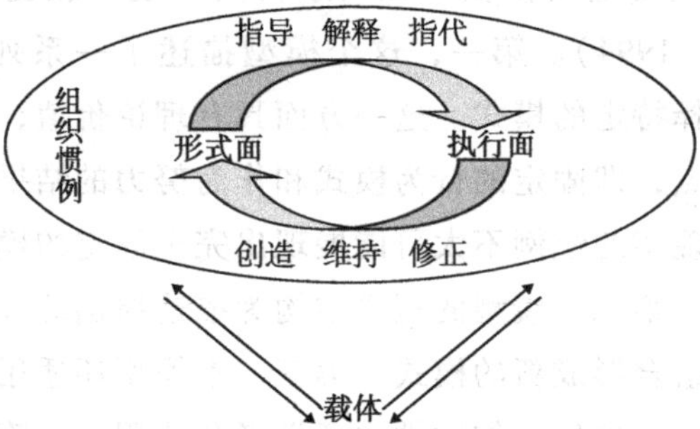

图 1－1 组织惯例作为生成系统

惯例作为生成系统，主要体现于形式面和执行面的动态关系上：形式面由执行面构建，执行面的开展又受到形式面的制约，二者循环相关（Feldman & Pentland，2003；Pentland & Feldman，2005）。①从形式面到执行面。这具体体现在：第一，指导。惯例的形式面可以作为行为的模板或者标准目标，这便是 Nelson 和 Winter（1982）所谓的“惯例作为目标”和为何有时惯例被看作脚本的原因。但形式面仅限于指导，不能详细规定行为的细节。第二，解释。惯例的形式面可以帮助人们清楚地描述正在做的事情，也能向他人解释那些不寻常的行为。它决定了人们行为的哪些部分需要报告或隐藏，在行为被别人质疑时，提供了现成的辩护。第三，指代。人们利用惯例的形式面来指代让人费解的行为模式。指代对复杂的组织是必不可少的，因为它可以让组织成员从事那些并不充分理解的行为。②从执行面到形式面。这具体体现在：第一，创造。惯例是重复性的行为，仅发生一次的行为模式不是惯例，一系列无关行为堆积起来的重复行为模式也不能构成惯例，只有当这种行为模式在形式面的统领下具有一致性和可识别性时，才可称为惯例。由此，惯例通过重复和辨认得以创造。第二，维持。惯例的执行通过相关能力维持其形式面。形式面就像剧本的脚本或乐谱，久而久之，若没有人读这个脚本或演奏音乐，进行这种活动的能力就会消失。第三，修正。人们在执行惯例时，可以改变其形式面，也可以选择脱离它。当人们做新事情时，不论是应对外部的变化还是自我监控，都会改变潜在的指令系统，从而创造或再造出惯例的形式面。

费尔德曼和彭特兰（Feldman & Pentland，2003）在这个新的框架下，以雇佣惯例为例，分析了上述提到的惯例定义的四个核心特征。①重复性。每个组织的雇佣都不只发生一次，它随着时间而重复。当然，雇佣会因职位而有所不同，例如雇佣一个新主任和一个助理教授是不同的。因此，即使在同一组织中，我们也要将雇佣视为一个具有很多实例（即执行面）的类。②行为模式。这是惯例的形式面。尽管雇佣的实例可能不同，但它们具有族群相似性。雇佣惯例实际是一种所有雇佣实例中重复的行为模式，它涉及确定需求、书写职位描述和广告职位、接受和评估申请、面试申请人等活动。③多个行动者。由于多个行动者的存在，会不可避免地引入信息、解释方案和行动者目的多样性，所以不可能存在一个单一、无差别的形式面。这便是苏威尔（Sewell，1992）所谓的结构的多重性。惯例执行的不透明性（如对时间和空间的跨越）提供了对惯例究竟是什么的不同理解。如，人们看不到广告创作过程，只是看到了职位广告。④相互依赖性。由于不同行动者的行为互相依赖，每个惯例行为均是一种集体行为。如同跳舞，个体均需适应他人的行动。雇佣惯例经常和预算及计划相联系。一个职位在登广告之前，职位必须分配到雇佣部门，而且预算已经批准。

上述对惯例的二元划分具有重要意义。①方法论上的意义。研究惯例时，研究需要知道他们研究的是惯例的形式面还是执行面，因为很容易将惯例的形式面视为惯例的全部。对二者的区分可以解释这些看似互相矛盾的结论。例如，在一项银行的售后服务研究中，彭特兰（Pentland，2003）发现调查法与观察法获得了截然相反的结果，造成这种现象的原因是调查法更多涉及惯例的形式面，而行为观察法则主要涉及惯例的执行面。②这种划分还为深刻理解惯例的灵活性和变化性何时及为何会发生提供了可能。这主要体现在对组织惯例内生变化的解释。虽然以往研究者（Feldman，2000；Miner，1991）也观察到了惯例的内生变化，但在传统理论框架（三个隐喻）下很难解释它。由于在新的框架下，组织惯例并非单一的实体，可以通过变异和选择性保留来解释这种内部变异。具体来说，行为是选择性保留于惯例形式面的变异，内生变化可以简化为执行惯例的结果。组织惯例内部的选择通过执行面的"选择性变异"和形式面的"选择性保留"两种方式展开。而惯例所涉及的多个不同的行动者则是变异和选择的来源。

二、组织惯例的研究

（一）组织惯例的分析视角和研究方法

基于生成观，组织惯例的研究可以划分为三种不同的视角（Feldman & Pentland，2003；Pentland & Feldman，2005）。

1. 将惯例视为黑箱

从整体上将惯例视为一个黑箱，对其本质进行理论探讨是当前惯例研究中最普遍的一种方法。这种方法一般会采用类比法帮助对惯例的理解并说明它在组织中的作用。如前所述的惯例性质的三个隐喻则基于这种方法。第一，惯例被视为个人习惯。从这个观点出发，组织可以比作一个人，组织成员就像人的胳膊和腿。习惯无需思考，它是自动的。第二，惯例被视为行为程序、启发式或脚本。标准操作程序是行为程序的原型。程序与习惯相比，需要更多的加工，因为它涉及选择、分支和决策点。然而，据马奇和西蒙（March & Simon，1958）的概念来看，它却不需要任何有意搜索，因为主要决策均已提前做出。第三，将惯例视为基因。在演化理论中，惯例起到了与生物进化论中的基因的作用。在生态学理论中，惯例存储了组织信息，它们在从一个组织到另一个组织的传递中保持不变。

这种方法的优点是使研究者可以从整体上理解惯例的输入和输出，而无须考虑其内部结构。例如，生产经理可以利用尺寸公差和缺陷率作为制程变异的指标。当研究问题涉及对惯例进行整体上的描述、预测和比较时，将其整体上视为功能体是明智的。它的缺陷在于这种方法比较简单粗略，有时候是不准确的。黑箱的视角会限制对惯例的理解。事实上惯例不总以个人习惯、计算机程序或基因的方式来运行，其内部结构也并非总是稳定不变的。

2. 研究惯例的各成分

惯例研究的黑箱法提供了惯例变化原因的解释，然而要解释特定惯例的内部运作，则需要将其“拆封”来研究它的内部结构。根据组织惯例生成观（Feldman & Pentland，2003；Pentland & Feldman；2005），要考虑惯例的三个主要成分及其相互关系。第一，执行面的研究。大多数这方面的研究均对比了惯例在特定情境中的变化，这主要通过田野调查、实验研究和模拟研究来实现。一些田野调查研究对比了不同时期或不同环境下的组织惯例，这些研究以细节和精确的描述见长，却缺少了简约性。实验研究和模拟研究可以通过控制诸多解释因素，对导致特定结果的因素提供详细信息。例如，研究者通过对比不同实验条件（如变换熟练程度、营业额），可以获得大量不能在实际组织中获得的数据。然而，由于不能研究实际情境中人们的行为，这种方法错失了很多这种行为的细微差别。第二，形式面的研究。这方面的实证研究大多关注于惯例的抽象面。许多采用调查法的研究者通过观察特定的行为来了解惯例的形式面。这些研究将特定的行为视为实例，数据的收集会涉及许多特定行为的特点，关注的核心是惯例的一般观点。第三，载体的研究。鉴于一些载体会反映惯例的形式面，如标准操作程序，另一些记录工作过程的载体则被视为执行面的指标，因此，将某些载体视为形式面或执行面的可靠指标是有风险的。但是，关于这些载体及其变化的大量档案记录是珍贵的研究材料。载体可以用正式的工作描述来进行研究。

3. 研究惯例各成分之间的相互作用

对许多研究问题，仅了解惯例的各成分已足够，然而要理解惯例的动力系统，即那些稳定和变异的因素，则需要更深入地考虑其内部结构。这主要通过三个方面关系的考察来实现，对这三个方面关系的研究可以让我们更好地理解组织惯例的稳定性、刚性、创新性、柔韧性和变异性的来源。

第一，形式面和执行面之间的相互作用。这是两个非常复杂和多样的概念间的关系。例如就形式面来说，参与者和观察者都认同“这就是惯例”。惯例对一些人来说会比其他人开始得早、结束得晚。同时由于二者是互相构成的，因此一方变化另一方也相应会发生变化。如两者非常匹配将会促进稳定性，甚至是惰性，而如果二者不匹配则会导致灵活性和变化。在有些情况下，形式面作为目标还没有达到或未达到理想状态，这时它就会一直保持稳定，而执行面为了更好地与形式面匹配，则会不断地变化。在另一些情况下，执行面的变化又会导致形式面的变化，这时执行面为行动者提供了其他的可能，最终扩展了它们对惯例的期望差距。当上述两种情况紧紧交织在一起时，便会产生持续的内生变化的循环。组织学习便是这种情况的产物。

第二，载体和执行面之间的互动。如前所述，载体是惯例的痕迹，除文档这种主要的痕迹外，其他物体，如机器也会起到重要作用。影响载体和执行面背离的一种条件是观察和监控行为的能力。当行为难以观察或监控时，新异的行为（即兴发挥或捷径）对载体（如规定）影响很小。这时载体将非常稳定（规定保持不变），尽管实际上行为已经发生了极大变化。另一种条件是载体的明确性。当规定模糊时，人们将会期望行为比规定详尽的时候有更多的变化，这种明确性在惯例转移到其他情境中去的时候尤其明显。

第三，载体和形式面之间的互动。由于潜在的变化经常被忽视，这二者间的互动也经常被忽视。二者之间的关系是关于我们所了解和所做的事情与文档或其他客体的校准。当然如果载体不同，二者之间的关系也会有不同版本。形式面和载体之间的分歧可能表明了劳工和惯例人员之间的分歧，也可能是不同群体目标间的分歧。

（二）组织惯例的分析框架

贝克尔（Becker, 2005）总结以往有关惯例的概念后指出，其最核心的界定是“重复互动模式”，而其操作定义在以往研究中一般通过四种方法体现：①识别重复的行动序列。这种方法建立在重复行动序列最重要的特征——重复性之上，致力于精确地确定组成相同行为的究竟是什么以及序列行为是否是相通的东西。②识别固定的条件——行为规则。即在考察应对特定情境的规则系统。这种方法与前一种不同，会同时考虑到惯例的认知和行为层面。这种方法适用于严格控制的实验情境下。③识别任务的多样性和可分析性。佩罗（Perrow, 1967）在探讨技术对组织结构的影响时，基于这两个维度分析了四种情况，即执行任务中的例外情况的数量和执行任务需要的搜索程序的可分析性。很少例外和具有可分析的搜索程序即所谓的惯例，相应的任务的多样性和可分析性就成为测量惯例化的指标。④识别重复互动模式的内容、过程和顺序。佩罗（Perrow, 1967）的测量方法关注的是工作任务，而非行为序列（即工作如何完成的），因此不能区分行为产生了什么以及其如何产生。彭特兰（Pentland, 2003）则提出了一种评估任务执行而非任务单位惯例化的方法。他将行为过程的惯例化分解为语义容量和序列变化，后者是指达到相同目标过程中不同行为组合的变化。

在上述对重复互动模式分析的基础上，贝克尔（Becker, 2005）借鉴社会学家阿伯特（Abbott, 1992）的叙事方法，构建了组织惯例的叙事分析框架（如图 1-2），并将惯例的前因、特征和结果置于这个框架之下。这个框架由三大部分组成：

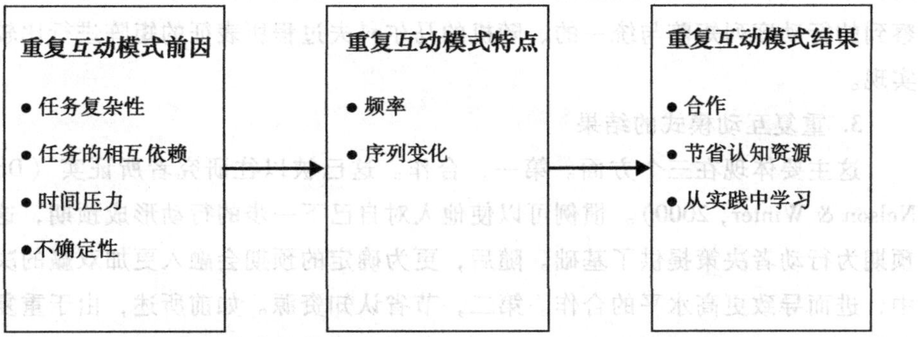

图 1-2 惯例重复互动模式的叙事分析框架

1. 重复互动模式的前因

通过对组织成员工作过程的分析发现，工作任务的特点是重复互动模式的重要前因变量，这主要包含以下几个方面：第一，任务复杂性。即完成任务所要的步骤数以及这些不同步骤之间关系的数量。第二，任务的相互依赖。任务会因完成步骤间的互相依赖程度而有所区别。这种相互依赖可以存在于某步骤与其他步骤之间（如某些步骤需要其他步骤的支持），也可以存在于与其他元素（如工具）之间，并构成了连接限制。第三，时间压力。无论是商业研究（Weick, 1990；Zellmer - Bruhn, 1999）还是心理学研究（Betsch, Brinkmann, Fiedler & Breining, 1999；Betsch, Fiedler & Brinkmann, 1998；Betsch, Haberstroh, Glöckner, Haar & Fiedler, 2001；Betsch, Haberstroh, Molter & Glöckner, 2004）均发现时间压力的程度会影响任务如何完成及其所产生的重复互动模式。第四，与任务相关的不确定性。以往研究（Cyert & March, 1963；March & Simon, 1958）发现惯例对不确定情境下的决策具有重要作用。这主要是因为惯例的约束条件有助于决策者应对不确定性和在有限时间内做出决策。

2. 重复互动模式的特点

这主要表现在两个方面。第一，频率。基于以往研究的分析，贝克尔（Becker, 2005）认为重复性可以简单地通过频率来测量，可以测量相同的互动模式在一段时间内多久重复一次。第二，序列变化。彭特兰（Pentland,

2003）认为以往测量的变化均是“内容变化”，不能反映行动序列步骤中的变异，进而提出进行“序列变化”分析的两种技术。第一种技术是通过模式串匹配（String matching）的方法直接对不同的序列行为进行对比。这种方法借鉴于分子生物学，最初用于蛋白质序列的比较，需要计算两种模式串之间的距离。第二种技术是比较完全随机过程中一系列观察到的行动序列。它通过将观察到的行动序列矩阵与统一的、随机的马尔科夫过程所表征的矩阵进行比较来实现。

3. 重复互动模式的结果

这主要体现在三个方面。第一，合作。这已被以往研究者所证实（Dosi, Nelson & Winter, 2000）。惯例可以使他人对自己下一步的行动形成预期，这种预期为行动者决策提供了基础。随后，更为确定的预期会融入更加双赢的决策中，进而导致更高水平的合作。第二，节省认知资源。如前所述，由于重复性决策可以由半意识机制来完成，从而节省了有限的认知资源。第三，从实践中学习。有关学习曲线效应的研究（Adler & Clark, 1991）在惯例和学习之间建立了联结。个体越多地从事某项任务，其完成的效率越高，相应完成的质量也越高。

重复性互动模式的三个方面通过其特点紧密联系在一起，然而当前研究却很少关注互动模式的不同类型与其前因和后果之间的关系（Becker, 2005a）。①重复互动模式的前因和特点。这里以任务复杂性对序列变化影响的两种不同观点为例进行说明。一种观点认为任务的复杂性越高，完成它的行动序列所需要的元素也越多，相应可能的组合也就越多。因此，任务复杂性与序列变化之间应呈正相关。有研究者（Anand, Clark & Zellmer - Bruhn, 2003）指出，复杂任务需要更多独特的行为来完成它，涉及更多的信息资源和组织成员间高水平的合作，还常涉及过程和输出标准的变化。另外的研究者（Boisot & Child, 1999）则认为，复杂性将减少反应，即人们可能会选择相对简单机械的反应来应对复杂性。这主要涉及减少目标数和所考虑的行为策略数，集中结构/决策模式。而对结构或决策模式的集中则会导致低序列变化。因此，任务复杂性应该与序列变异负相关。实验研究（Egidi & Ricottilli, 1997）表明，大量元素及元素间关系的存在使行动者缺乏对全局的把握，将会采用“试误”的方式来进行决策，并避免探索新的解决方式。②重复互动模式的特点与后果之间的关系。这以序列变化与从实践中学习的关系进行说明。重复性互动模式的稳定性在学习中起到了重要作用：它为从实践中学习提供了一个可以用来评估反馈、进行比较和探索意义的基准，如它指明了该学习哪些东西。如果基准变得很快（高序列变化），将会增加对噪音反应过度和取消探索新解决方案的风险。因此，重复性互动模式的序列变化越高，从实践中学习越困难。

（三）组织惯例的实证研究现状

惯例的概念自1982年《经济变迁的演化理论》一书出版后，尤其最近这些年来越来越流行，它在理解组织及组织变革中的作用引起越来越多研究者的关注。在《组织惯例手册》（Becker，2008）和《组织惯例：当前的实证研究》（Becker & Lazaric，2009）两本书中，研究者们对当前组织惯例的实证研究进行了系统总结：①惯例已成为非主流经济学——主要是演化经济学的核心构念，还是多学科的研究对象。政治科学领域的研究用组织惯例的概念来解释官僚政治、行政管理和政府行为；社会学尤其是演化经济社会学则关注了惯例与组织、制度创新之间的关系；会计学的研究中构建了许多与会计行为有关的惯例，并探讨了会计学对于理解惯例本质的贡献；组织研究中探讨了组织惯例与企业能力基础理论之间的关系，主要关注于组织惯例作为问题解决准备和惯例机制的作用。②当前惯例研究的热点问题是关于它的内部结构在稳定性和变革中所起的作用。这主要涉及组织惯例与文化或经济演化论，与组织学习、与行为反馈之间的关系，组织惯例的微观认知基础、认知基础和背景依赖。③组织惯例的实证研究总体进展缓慢，但也取得了一定进展，这主要归功于组织惯例生成观及其分析框架。

总体来看，组织惯例的实证研究，尤其是实验研究自1982年以来进展有限。这里"最重要的例外"（Becker，2008，P. 301）是密歇根大学的科恩和巴克达安（Cohen & Bacdayan，1994）始于20世纪90年代，并在随后由意大利多伦多实验室的研究者们（如Massimo，Egidi）进一步发展的研究方法。贝克尔（Becker，2001）曾总结了1990—2000年有关惯例的实证研究，发现不仅实证研究极其稀少，而且有关组织惯例理论探索的文章中只有一半文章引用这些实证研究的结果。同时，这些实证研究本身也很少融合，不同的研究者们很少引用对方的研究发现。

组织惯例的实证研究之所以进展缓慢，原因主要如下：①不同研究者对惯例的操作定义不同，当前惯例至少有规则、标准操作程序和行为倾向三个视角的界定（Becker，2005a），这造成他们的研究结果难以比较和统一，而且，可能在某些方面研究者们研究的也是不同的东西。此外，当前对惯例的操作化定义一般是内隐而非外显的，这比较适合于应用定性而非定量分析研究方法。总之，有关惯例的定义限制了其实证研究的开展。②如贝克尔（Becker, 2005）所述，这些研究缺乏在行为层面和表征层面的区分。惯例这一概念有时指抽象的关系模式，通常指“规则”，有时指具体的行为模式。例如，即使应用同一研究任务，科恩和巴克达安（Cohen & Bacdayan, 1994）的研究从行为层面测查了重复的行动序列；而埃吉迪和纳尔杜佐（Egidi & Narduzzo, 1997）则从表征层面测查了固定的“条件——行为”规则。对于惯例性质和本质的理解也有所欠缺。③惯例实证研究还存在现实性困难：它通常分布于不同的时间、空间，并且贯穿于整个组织结构中（Becker & Lazaric, 2009），对这样一种“无处不在”的现象，很难全面刻画其表现和规律。

第三节　惯例在心理学中的实证研究

如上所述，我们对当前惯例研究最集中的内容——组织的惯例的研究方法和进展进行了介绍。实际上，这代表了当前惯例研究的一种研究思路，即从惯例现象的特殊性出发，将它置于特定组织或企业中来研究。实际上，除了这种研究思路，还存在一种将惯例视为普遍心理现象的研究思路，即不涉及具体的组织，而是研究临时组织起来的人们之间存在的惯例现象。前一种思路会致力于解决实际问题，大多采用定性分析的方法来构建理论，解释现象，有时也会采用调查性的方法。而后一种思路则注重对惯例一般规律的探讨，一般是实证研究，尤其是实验研究为主。虽然基于后一种研究思路的研究并不多，但它有着广阔的研究前景：这不仅在于它能解释惯例现象的一般规律和原理，而且鉴于当前具体组织中这种临时组建小组完成任务的现象越来越普遍，它也具有较强的实践意义。

对于惯例研究的第二种思路，大多借鉴了心理学，尤其是认知心理学的研究成果和分析思路。因此，本部分我们首先介绍惯例与心理学的渊源，进而对代表这种分析的经典实验进行介绍。

一、实验心理学中惯例研究的起源

（一）定势效应和问题解决的机械性：惯例作为盲区

在心理学中，对惯例现象的探讨始于20世纪40年代陆钦斯的思维定式研究。陆钦斯通过十几年的实验研究证实，个体在重复解决相同种类的问题时，会逐渐形成一种习惯性、机械化的问题解决方案，而不再探索新的方案，策略即使没有效果也仍然会坚持，当这种定式多次强化后，人们将很难摆脱它，这种现象被称为思维定式。陆钦斯用来研究定式现象的基本实验是容积测量问题。被试需要用三个容量不同的容器量出一定量的水。容器的容量和需要量出的量是不断变化的，只有头5个问题的最佳解决方案均是装满最大的容器（B）再减去一个中号容器（M）和两个小号容器的量（S），即B-M-2S。然而大多数被试只是重复他们最初习得的解决策略，而不去探索更加有效的解决方法。随后的研究（Luchins & Luchins, 1950）表明，即使变更实验的某些因素（如对效率的激励或改变被试思考的实验条件），上述结果也均不会改变。

作为一种高度自动化的思维模式，思维定式实质上就是从个体层面理解的惯例。由于定势现象在这种问题解决任务中的坚持性和重要性如此令人印象深刻，随后大部分有关个体惯例化行为的研究都围绕着定势展开（Beeker, 2008）。

（二）内隐学习和认知效率：从桑代克到芮伯

由于惯例的习得过程在某些方面是无意识的，惯例现象在心理学中还被视为一种内隐学习的过程（Becker, 2008）来研究。这两种情况下个体均未意识到学习过程的发生，但已明显习得某些规则。

尽管内隐学习的实验研究主要出现于20世纪60年代，以芮伯（Reber, 1967）发表的《人工语法的内隐学习》为标志，但第一批关于随机学习和无意识学习的研究却始于20世纪初期桑代克（Thorndike）的研究。桑代克通过一系列的动物实验提出了学习的"试误说"，论证了动物学习的无意识性。在人工语法的实验中，芮伯发现被试会在无心的、无意的条件下获得学习材料所隐含的复杂的语法规则知识。这种内隐学习与默会性知识的关系密切（Reber, 1996）：个体通过内隐学习会产生内隐知识库，即是对环境结构的抽象表征。这种内隐知识的获得独立于意识努力的学习之外，并且可以内隐地用于解决问题以及对新异的环境刺激做出准确决策。如同惯例在意识性和无意识的方面的争论，研究者同样质疑了内隐学习的意识性。

（三）决策背景下的惯例研究

在决策的研究中，也有学者关注了惯例现象。例如，关注于先前行为和行为知识对序列决策的影响，即决策者已经学习的特定解决方案对决策问题的影响，贝奇等人（1998，1999，2000，2001，2002，2004）在决策背景下对惯例内涵进行了界定，并进行了一系列研究。他们认为惯例是一种特定的行为或行为序列，与决策问题的表征相关。记忆中的联结在个体面临决策情境时为其提供应该做什么的最初想法，虽然记忆中的惯例会被激活，但最终决策不一定是它。惯例在决策的整个过程中的作用，可以通过表 1－3 中的决策过程模型进行总结（Betsch，Haberstroh & Höhle，2002）：

根据此模型，惯例可以影响决策过程的每个阶段的信息加工，这可以通过惯例在决策第一阶段的三个事实来说明。第一，一旦惯例被确立为决策问题的解决方案，无论何时遇到同样的决策问题，它都会被激活。例如，一旦习惯骑车去上班，一旦目标是去上班，骑车的行为立马会出现在脑海里。第二，对情境的识别会促进选择和实施惯例的倾向。第三，即时的行为选择和执行会随着惯例强度的增加而增加。相应地，如果惯例经常在过去被重复，它将形成习惯，对触发线索的识别将会自动化地唤起惯例行为。

表 1－3　　决策过程中惯例的作用

决策阶段	过程	惯例的影响
开始	识别选择问题 选择项和标准	1. 对选择问题的识别将惯例从记忆中激活 2. 对选择问题的识别可以唤起对惯例行为的选择 3. 先前行为重复的频率越高，立即选择惯例行为的可能性也越高
预选择	信息搜索 编辑操作	4. 信息搜索的深度会随着惯例强度的增加而减少 5. 搜索策略的努力会随着惯例强度的增加而减少 6. 相同决策情境下，验证性信息搜索的倾向会随惯例强度的增加而增加

续表

决策阶段	过程	惯例的影响
选择	评估决策标准、应用决策规则	7. 在时间压力下，或没有限制的条件下，与惯例选择相抵触的信息编码会随着惯例强度的增加而减少 8. 某情境中惯例选择的可能性，即惯例的背离会受到背景因素调节 (a) 时间压力会激发惯例保持 (b) 觉察到情境的新异性会激发惯例变化
后选择	行为实施	9. 惯例可以独立于目的影响行为 10. “目的—行为”之间的关系受惯例强度的调节

在研究方法上，贝奇等人对决策情境中惯例现象的研究采取了实验或模拟研究的方法。在早期的研究中（Betsch, Fiedler & Brinkmann, 1998），他们采用了一种称为“甜瓜（MELON）”的计算机游戏研究了时间压力和任务的新异性对惯例保持的影响。这种分析惯例的思路与其他研究不同，实验中的惯例（被试对不同运输路线的选择）是提前通过引导习得的，它是特定决策先前存在的解决方法。为了不仅能测量还能对惯例进行实验操纵，贝奇等（2000, 2001）随后又设计了一个计算机软件（COMMERCE），以实现对惯例强度的操控并评估惯例对随后信息搜获和选择的影响。

二、个体问题解决研究中的惯例

问题解决是人类重要的认知过程，当人们在实践中解决复杂问题时，为了使自己的行为更加稳定和流畅，会形成惯例。这些惯例最初会以熟练的问题解决策略的形式出现，它建立于程序性知识、有效范例等基础之上。经过多次问题尝试，学习者会逐渐调整初始策略，最终形成稳定的惯例。

惯例受诸多因素影响，由一系列限制或约束条件决定（Cary & Carlson, 1999）：一是内部限制，即认知限制，它取决于问题解决者的认知能力，包括问题解决者对任务概念和范畴的理解、工作记忆能力、能注意到的信息量的范围以及做出推断的速度。二是外部限制，这些限制由问题界定和问题解决环境所决定。前者称为逻辑限制，例如在解决算术运算题时，低水平目标的实现是获得高水平目标的必要条件；后者称为情境限制，它反映了当前环境提供的信息对问题解决的影响。

与内部和外部限制区分相对应，问题解决中惯例的分析重点也存在不同（Patsenko & Altmann, 2010）。早期对惯例行为的分析聚焦于它受丰富的内部表征，如计划指导的可能，而较少关注于它受非中心认知过程，如认知或注意等指导的可能。对内部表征的强调可能是对行为主义时期忽视这些概念的反应，并由人类信息处理计算机隐喻所推动。然而，以这种计划为基础的惯例分析方法可能高估了中心认知过程的作用，并低估了利用从环境中抽取信息来指导行为的次要过程的作用，而后者正是具身认知方法所关注的方向（Gray, Sims, Fu & Schoelles, 2006）。具身认知的方法认为惯例或其他有序行为可以在有机体与环境的互动中产生；内部表征一般简洁、稀少，但这些精心选择的有限表征可以让个体展现出类似目标导向的行为，而无须任何类型的计划系统。帕特森科和阿尔特曼（Patsenko & Altmann, 2010）提出的“选择—注意”模型便是具身认知的分析视角。他们通过实验发现，个体在汉诺塔问题上的反映模式、行为模式和眼动轨迹表明，行为并不是由存储于记忆中的计划所指引的，而是由与目标相关联的惯例所指引的，这种惯例由知觉和选择性注意引发。汉诺塔上的惯例（如对目标递归策略的坚持）经过学习而形成，一旦人们学会如何解决新的问题，将会较少依赖于问题表征而更多依赖于知觉和注意。

三、合作问题解决研究中的惯例

在认知心理学中，问题解决的研究长期以来限于个体，极少关注群体。而只有当问题解决的情境扩展为两人及以上时，问题解决中的惯例研究才能与组织中惯例的研究相对应，只是前者关注的问题更加宏观，注重探讨一般规律，而非具体问题。

（一）合作问题解决概述

虽然关于问题解决的研究大多限于个体领域，但也有许多研究者关注儿童和成人的合作问题解决以及它对儿童认知发展的影响。合作问题解决发生于两个或更多个体合作来评估、表征和解决各种问题的情景下（Dixon, Fox, Trevithick & Brundin, 1997）。这些研究大多基于皮亚杰、维果斯基和班杜拉的理论框架之下（Tudge, Winterhoff & Hogan, 1996）。认同皮亚杰学派的研究者认为，儿童认知发展应该发生在当儿童面临社会认知冲突，并用不同的视角来解决问题时。维果斯基学派的研究者则对社会交互对认知发展的影响感兴趣，并且提出了不同的发展机制：他们认为一个有能力的同伴可以在儿童的“就近发展区”中提供支持，通过这种方式他们之间达成共识（共享理解）。深受班杜拉社会学习理论（现在称为社会认知理论）影响的学者同样在测查认知变化时考虑了同伴的影响，然而他们认为对榜样的模仿，而不是社会认知和共享理解是主要的认知发展机制。

这些有关同伴合作问题解决的研究一直存在争论。一些研究者证明这种同伴间的交互作用在其中某个同伴更有能力时更加有效，即使在合作者们应用了不正确的、但不同的方法来解决问题时。然而，另一些研究则证明，儿童的认知能力并没有通过合作问题解决而提高。有研究者（Tudge, Winterhoff & Hogan, 1996）通过应用英海德尔与皮亚杰设计的经典平衡秤任务说明了出现这两种看似矛盾却不互相排斥的论点的原因。第一，是由于配对的实质，即成员能力的不同。第二，只有当合作成员积极地投入合作过程当中，并在这个过程中达到共享理解时，合作才对认知发展起作用。这说明合作导致认知的发展是有条件的。第三，认知发展更可能发生在儿童获得清晰的有对自己解决方案的反馈时，而以往大多关于合作问题解决的研究并没有区分或分离反馈和社会互动的影响。

（二）两人合作问题解决中的惯例——TTT 扑克牌游戏

如前所述，当前组织惯例的研究缺乏实证尤其是实验研究，贝克尔（Becker, 2008）认为其中重要的例外便是科恩和巴克达安（Cohen & Bacdayan, 1994）应用扑克牌游戏[①]研究惯例的方法。而我们认为，这项研究的意义不仅在于它对组织惯例研究的深化，更重要的是它代表了一种惯例现象研究视角和思路的转变。下面将对实验任务进行详细介绍，并说明其研究的进展。

1. 游戏简介

这个游戏一般称为"Target The Two"，简称"TTT"，目前主要用于惯例研究中（Bonini & Egidi, 1999; Cohen & Bacdayan, 1994; Egidi, 1996; Egidi & Narduzzo, 1997; Egidi & Ricottilli, 1997; Garap & Hollard, 1999）。

游戏的具体程序如下（Cohen & Bacdayan, 1994；王建安、张钢，2008）：游戏由两个玩家使用 6 张扑克牌（2♥，3♥，4♥和 2♣，3♣，4♣，格局如图 1－3）完成。游戏过程中每个玩家手里各持一张牌，其余 4 张牌分两张明牌

① 本书将前人研究中采用的"game"一词，统一翻译为"游戏"，而非组织、经济、管理学等领域常用的"博弈"。这是因为考虑到两个任务与经典的"囚徒困境"等博弈任务相比，均有明显的"游戏"特征。此外，也是为了和当时博士论文的翻译保持一致。

和两张暗牌摆放在桌面上。游戏的目标是将2♥放到目标位置，为了达到这个目标，两个玩家必须通过用自己手里与桌面上的牌进行交换来实现。换牌必须遵循如下规则：①两个玩家有不同的角色。右边的为同色玩家，可称之为“她”，只有当她手中的牌与目标位置的牌是同花色时（如均是♥或♣），她才能用手中的牌换目标位置的牌，而且她首先换牌。左边的为同点玩家，可称之为“他”，只有当他手中的牌与目标位置的牌是相同点数时（如均是2、3或4），他才能用手中的牌换目标位置的牌。②只有换目标位置的牌时两个玩家要受到自身角色的限制，换其他位置的三张牌均无此限制。只是换牌后牌的明暗需保持不变。③每个玩家一次只能换一张牌（无论明牌还是暗牌），或者放弃不换。过牌不换也算走了一步。④整个换牌过程中两个玩家不允许交流，也不允许看暗牌或对方手中的牌。这个游戏一般用40分钟玩大约40局游戏，每完成一局获得一定奖励（如1美元），但玩家每走一步要扣掉一定奖励（如1美分），40分钟结束后两个玩家将获得的奖励平分。因此，虽然游戏为玩家营造了一种纯合作的关系，但同时也在两种玩法的选择上制造了一定的压力。玩家不仅要尽快地完成游戏以获得每一盘的奖励，同时又要十分谨慎，避免每一盘不必要的步数。

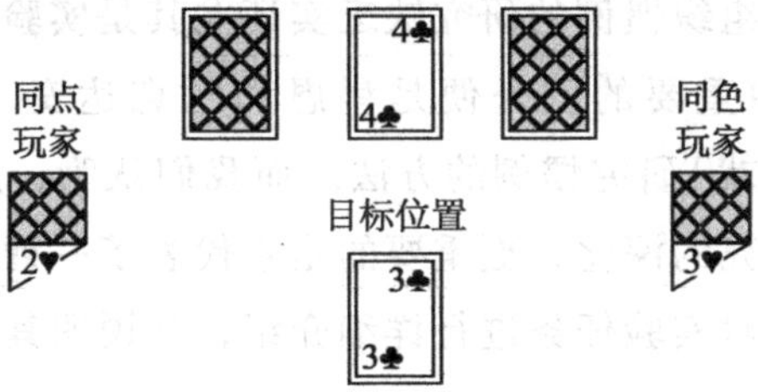

图1-3 TTT游戏的初始牌局

而为了更好地理解玩家们的行动序列，研究者们（Cohen & Bacdayan, 1994; Bonini & Egidi, 1999; Egidi, 1996）用如下符号来标示玩家走的每一步：

U——用手中的牌与明牌交换；

C——用手中的牌与同色玩家左侧的暗牌交换；

N——用手中的牌与同点玩家右侧的暗牌交换；

T——用手中的牌与目标位置的牌交换；

P——过牌不换。

为详细说明上述换牌规则及游戏流程的标示方法，图1-4提供了两人完成图 1－3 中初始牌局的过程：图 A 为同色玩家换牌后的牌局。同色玩家选择了非目标位置的一张暗牌交换（N），交换之后，她手里持有 2♣，而原先的 3♥作为暗牌放到原来的位置，这时同点玩家并不知道这张牌是什么。现在轮到同点玩家换牌，他手里持有的是 2♥，但受角色的限制，他不能将 2♥与目标位置上的 3♣交换，他现在有四种选择，即分别与非目标位置上的三张牌交换或者过牌，综合考虑之后，他选择了过牌（P）。现在又轮到同色玩家来换牌。同色玩家选择用手中的牌来换目标位置的牌（T），交换之后牌局如图 B 所示，目标位置上的牌变为 2♣。当又轮到同点玩家时，它用手中的 2♥与目标位置上的 2♣交换（T）完成目标（见图 C）。本例中两个玩家换牌的过程可表示为“NPTT”，即共用 4 步完成了游戏，本局游戏两个玩家共获得 60 分的奖励。

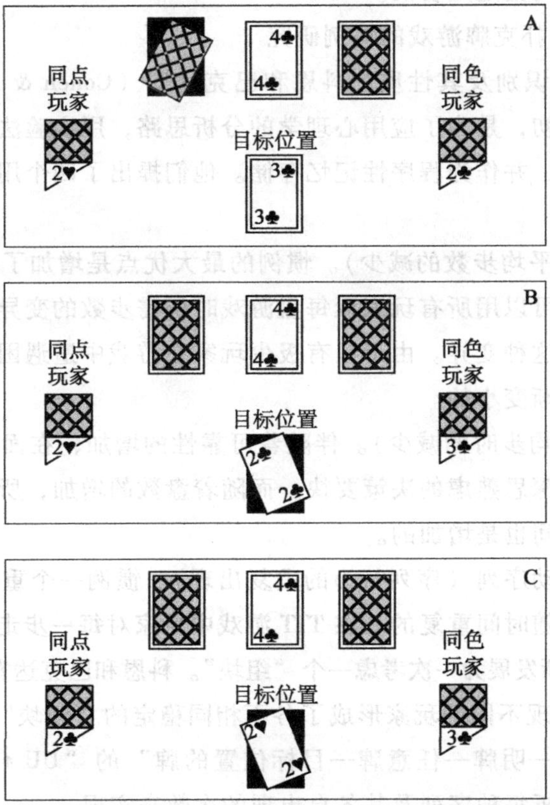

图 1－4 游戏的流程图

最初这个游戏是现场进行的，需要全程录像。结果分析时再统计每个玩家每次换了哪个位置上的牌，共需多少时间，共需多少步完成目标。后来这个游戏由意大利多伦多大学计量实验经济学实验室（CEEL）的埃吉迪（Egidi，1996）教授修改为计算机版，玩家通过鼠标来移动屏幕上的牌，计算机随时记录玩家的每次移动及鼠标的所有活动，这样便提供了游戏过程中更详细的信息。

通过设计，研究者（Cohen & Bacdayan，1994）认为本实验体现了组织生活的一些基本特征：同色和同点玩家的设定造成能力的不对称以及对能力和角色分配的可能性。总体来说，通过合作两个玩家都能获益，但当合作失败时两人的效率还不如一个人的效率高。由于玩家手中的牌及桌面上的暗牌造成信息的不对称和不确定。随着一盘一盘的进行，每个玩家都发展出有效玩游戏的方法，也逐渐形成了各自在游戏中的地位的定位。玩游戏的学习过程形成了一个组织，它非常小而且是短暂的。

2. 基于 TTT 扑克牌游戏的惯例研究

（1）惯例的识别及其性质。科恩和巴克达安（Cohen & Bacdayan，1994）设计这个游戏之初，是为了应用心理学的分析思路，用实验法来证明惯例会在问题解决中产生，并作为程序性记忆存储。他们提出了四个用于判定惯例存在的指标：

①可靠性（平均步数的减少）。惯例的最大优点是增加了组织处理问题的能力。这个指标可以用所有玩家玩每盘游戏时所需步数的变异性来体现，而四分位差则体现了这种变异。由于只有极少玩家在游戏中遭遇困难，因此，这种变异性必定是逐渐变小的。

②速度（平均步时的减少）。伴随着可靠性的增加，在面对陌生环境时惯例化的行为要比深思熟虑的决策要快。而随着盘数的增加，所有玩家玩每盘游戏所用的平均时间也是增加的。

③重复的行动序列（序列行为的重复出现）。惯例一个重要的特征是构成它的诸多行为是随时间重复的。在 TTT 游戏中玩家对每一步走法的考虑从“一次考虑一步”逐渐发展为一次考虑一个“组块”。科恩和巴克达安（Cohen & Bacdayan，1994）发现不同的玩家形成了各不相同稳定的“组块”式的行动模式。例如，即“明牌—明牌—任意牌—目标位置的牌”的“UU * T”模式。这个指标需要通过分析每种序列及其各自出现的次数来实现。

④偶尔的次优性（玩家不能发现比其惯例化方法更优的策略）。人们之所以注意到惯例是因为发现，行动者们会被锁定于某行动序列，即使有更有效的方法也不去采用。这个指标需要通过定性分析某些盘的最佳策略分析来体现。

通过操纵两组 TTT 任务的时间间隔（2—4 小时/1—2 周）和新异性（旧任务/调整两个玩家的角色及目标任务）两个自变量，研究发现玩家每走一步所用的平均时间会受到任务变换的影响，却不受时间间隔的影响，这证明了惯例是以程序性记忆存储的。

（2）惯例与问题空间。埃吉迪（Egidi, 1996）重复了科恩和巴克达安（Cohen & Bacdayan, 1994）的实验，通过关注目标位置上牌的变动，将实验的目标分解成了若干子目标，构建了如下（如图 1－5 所示）问题解决的空间：水平方向上为同点玩家（Nk）可以直接换的牌，其余线路为同色玩家（Ck）可以换的牌。

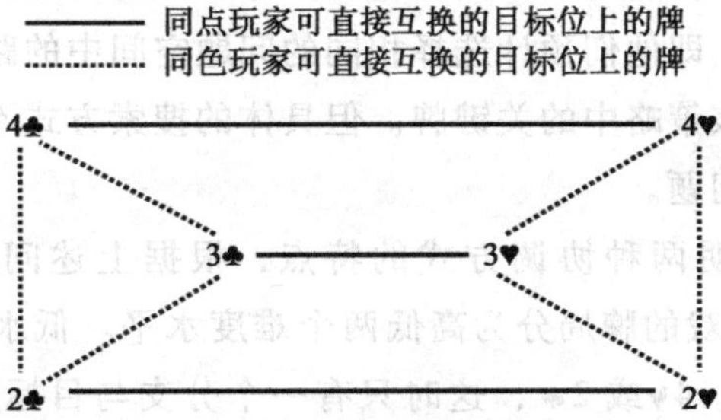

图 1－5 TTT 扑克牌游戏的问题空间图

通过如上问题空间图，可以将游戏的目标进行分解。要想完成将 2♥换到目标位置上的目标，则目标位置上的牌只能是这两种情况：①3♥或 4♥在目标位置，且 2♥在同色玩家的手中；②2♣在目标位置，且 2♥在同点玩家的手中。这样，游戏的次要目标为：保证目标位置上是 3♥、4♥或 2♣中的任意一张牌。以此类推，游戏的目标可以分解为下一步的子目标。此外，通过分析问题空间图还可以计算游戏的最优策略。例如，如果游戏开始目标位置上的牌为 4♣，则同时存在 4♣4♥2♥和 4♣2♣2♥两种最优的解决策略。在这样的分析思路下，埃吉迪（Egidi, 1996）称 4♣、4♥、2♣和 2♥四张牌为关键牌，如果它们在玩家们的手中，他们便可以顺利执行策略，否则他们就要寻找这些关键牌，并将其换到目标位置上，如果这些牌不在明牌中，他们还需要搜索两张暗牌。

埃吉迪（Egidi, 1996）通过实验证明了行动者并没有在所有的问题空间内搜索最优路径，他们也没有记住所有有关问题空间的知识来做出最优决策，而是仅探索了有限的问题空间，记住了一套简单的产生式规则。随后，埃吉迪和纳杜佐（Egidi & Narduzzo, 1997）进一步证明了 TTT 游戏中玩家通过这种对问题空间不完整的搜索和记忆，会以一种相对满意和最优的方式来行动，使其行动具有路径依赖的特征。这种现象可以用西蒙（Simon，1986）提出的有限理性理论来解释。

（3）惯例与合作。由于在游戏中不允许进行言语交流，所以玩家只能通过观察对方每一步所换的牌来推测其可能采用的策略（Egidi，1996）。在只有一种最优策略的情况下，如目标位置上的是3♥或4♥，双方的合作很容易实现，即由同色玩家来完成目标即可。但当同时有两种最优策略时，如上文提到目标位置的初始牌为4♣时，玩家会发现合作非常困难，因为仅通过观察对方头几步的换牌通常不足以推测其所采用的策略。此时，有可能两个玩家预计要采取的策略是不同的，这时玩家们面临着目标协调的问题。当然，玩家间的目标也可能是一致的，即他们预计选择相同的问题空间中的路径来完成任务。此时，他们需要搜索该策略中的关键牌。但具体的搜索方式不同，这时玩家们则会面临程序协调的问题。

为了更好地说明两种协调方式的特点，根据上述问题空间图，埃吉迪（Egidi，1996）将游戏的牌局分为高低两个难度水平。低水平难度的任务即目标位置上的牌是3♥、4♥或2♣，这时只有一个分支与目标牌2♥相连；高水平难度的任务即目标位置上的牌为3♣或4♣，这时至少有两个分支与目标牌相连。在低水平难度任务条件下，玩家只需进行初级的目标协调，而不需要彼此进行暗示。行动中一方作为领导者，他必须搜索关键牌并且把它放到目标位置上，另一方的角色仅仅是当其手中有目标牌时，将其展示给对方。因此，如果玩家对他们的初级目标具有清醒的认识，无须进一步的信息，他们便能完成任务。而在高难度水平任务条件下，玩家必须在至少两种策略中进行选择，因此每个玩家都必须理解对方所选择的“子任务”以配合他。为了进行合作，玩家们必须利用牌局所产生的信息（即前面所换的牌）来作为信号系统以协调彼此的目标。在高难度任务条件下同样存在负责搜索关键牌的“领导者”及负责展示目标牌的“跟随者”，而当双方的目标明确时，跟随者也会帮助领导者来寻找关键牌。但是，研究发现（Egidi，1996），跟随者的这种帮助领导者寻找目标牌的行动是没有效率的；效率最高的方法是在目标一致的情况下两个玩家同时寻找各自的目标牌。

（4）惯例的影响因素。加拉普和霍拉德（Garap & Hollard，1999）应用TTT游戏探讨了不同奖励方式对惯例的影响。研究对比了基于步数和基于时间的两种奖励方式，发现基于时间的奖励方式下的惯例化程度更高。惯例化程度的提高是通过减少时间，而非资源（步数）来实现的。

国内研究者王建安和张钢（2008）用三人的 TTT 游戏说明了前置问题图式（即问题空间图）对惯例的影响。研究发现，有图式组的惯例化程度整体低于无图式组，但其惯例化程度提高的速度快于后者。

除上述研究外，佩雷拉和帕泰利（Pereira & Patelli，1996）应用这种实验方法分析了惯例的学习过程并构建了基于价值函数的搜索模型。博尼尼和埃吉迪（Bonini & Egidi，1999）还分析了团体决策中的认知陷阱和心智模式。

3. 三人合作问题解决中的惯例——加 10 游戏

（1）游戏简介。本游戏最早由意大利认知和实验经济学家诺瓦雷斯等人（Novarese，2003，2005，2006，2007；Novarese & Rizzello，2004，2005）开发，用于研究团体学习。

这一个需要三人配合完成的游戏，共进行 28、36 局不等，有时还会分为两部分。每完成一局，会获得一定的收益。游戏开始时，电脑程序随机并匿名地组织 3 位玩家。每一局中被试均要从 0、2、3、4、10 五个数字中选择一个。选择的数字将与组中其他两位玩家的所选择的数字相加。基于相加所得的和，每个玩家最终得分将基于如下规则：

if $S(i)=10, I(i)=40-D(i)$

if $S(i)>10, I(i)=30-D(i)$

if $S(i)<10, I(i)=0-D(i)$

其中，$S(i)$ 代表三人总分相加所得分数，$I(i)$ 代表玩家 i 的个人得分，$D(i)$ 代表玩家 i 在本局中选择的分数。

每一局游戏结束，被试都要回答两个问题：①“在 0 至 10 的点量表上评估你对这一局所获得的分数的满意度是多少？”②“你预计下一局你们相加的和是多少？”

游戏由专门的程序开发人员编制相应的网页，在网上进行。其测验界面如图 1-6 所示：

这一游戏是社会和组织生活中许多合作情境的隐喻（Novarese，2007）：个体的行为会有许多可能的结果，整体上或多或少对集体是有益的。例如，对于工厂生产的既定产品，是优质或次优的；完成任务需要成员间不同程度的协作和合作；不同成员之间的分工提前没有计划，需要成员间自己协调；在组织中，个体可以以不同方式贡献力量，而且某些人需要比其他人付出更多的努力。

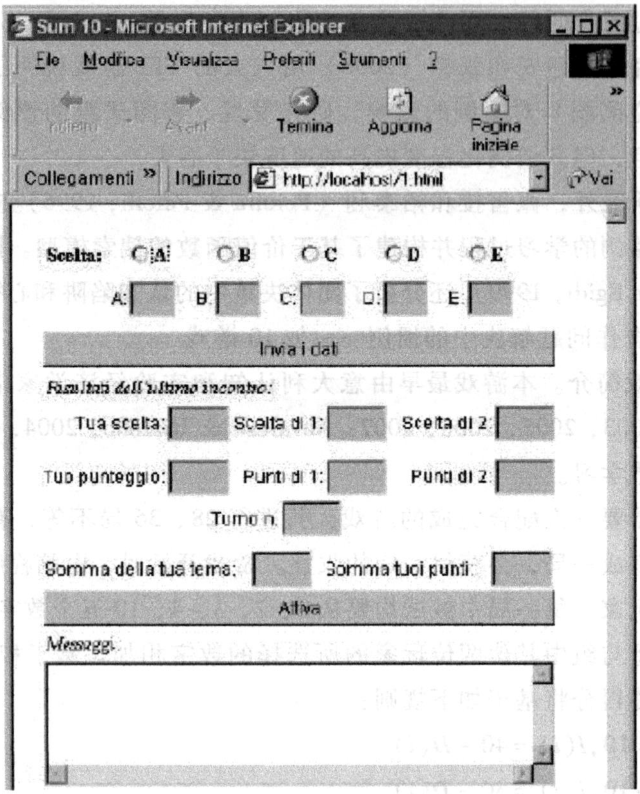

来源：Novarese，2003

图 1－6　加 10 游戏界面示例

（2）基于加 10 游戏的研究。这些研究基于认知和实验经济学的框架，将组织学习和决策视为塑造社会现象的关键因素（Novarese，2003）。诺瓦雷斯（Novarese，2005，2006）通过应用这一任务发现，在这种三人合作问题解决中，个体倾向于形成高度惯例化的行为，并把以往习得的策略扩展到新的情境中去。由此证实了惯例可以作为学习过程的产物，是人类的天性，它可以减少认知努力和环境的不确定。然而，学习过程不是机械地重复相同的选择，测验中的个体可以模仿和重复之前合作者的策略。个体差异可以显著地影响团体行为，同时具备同质性和异质性成员的团队才是最好的团队。

诺瓦雷斯等（Novarese，2003；Novarese & Rizzello，2005）研究了这一任务中个体的满意和获益的关系发现，个体的满意度主要受得分，即获益的影响。然而，它不仅受个人得分，更受团体行为，如他人的机会主义行为的影响。

诺瓦雷斯（Novarese, 2007）还通过在游戏中设置假被试考察了不同社会情境对学习的影响，例如，在有些情境下，一些被试会存在机会主义，选择较小的数字。研究还探讨了知识、不同公平和难度水平的社会情境、满意度，对惯例化行为具有不同的影响。

四、问题解决框架下惯例研究的争议

（一）个体与群体视角的差异

大多数惯例的实验研究均基于个体水平来研究自动化行为。然而，惯例至少自纳尔逊和温特（Nelson & Winter, 1982）之后便一直是组织研究的重点和热点。在问题解决的研究框架下，研究者一般从个体与群体视角的区别上来探讨惯例的作用，但二者没有获得一致的结论。

雷默等（Reimer, Bornstein & Opwis, 2005；Reimer & Opwis, 2002）认为，虽然当解决相互依赖的任务时，惯例可以帮助组织有效地减少协调的需求，但当面临新异的问题情境时，惯例却会带来负迁移，进而影响问题解决的效率。他们发现，在个体和两人组分别完成的汉诺塔任务中，两人组成的群体组更容易进行负迁移，组中个体更坚持已经习得的惯例，表现更差（Reimer & Opwis, 2002）。然而，寇奇和沙特（Kocher & Sutter, 2005）却发现群体行为整体上优于个体行为，只是特别优秀的个体行为会优于群体。同时，也有研究者持中庸观点（Beeker, 2008），他们认为，群体中个体互动的整体效果并不明显，组织的优势只有在任务包括发现最佳解决策略或包含特定信息加工过程的重复性任务的情况下才会显现出来。

要对两种视角下的惯例的实证研究结果进行整合，关键在于创设既适合个人也适合群体完成的实验任务，而非对采用不同任务得出的结果进行比较。群体任务，如 TTT 扑克牌游戏和加 10 游戏只能群体合作完成，不能改编为单人任务，因此未来研究应依据组织的特征创造性地提出更加灵活的群体任务。个体任务，如汉诺塔任务可单人完成，也可像雷默等人一样将其扩展为两人以上来完成。未来研究可将这类个体任务改编为群体任务。

（二）行为与认知视角之争

惯例研究的公开争议之一便是研究者在分析这种现象时所采用的分析角度（Cohen, Burkhart, Dosi et al., 1996）。从行为角度来看，研究者强调行为的模式性以及这些模式的自动化程度，研究中一般测查个体需要采取行动或者决策时的反应。而从认知视角来看，研究者更关心在面对重复性情景时个体所建立的稳定表征，经常寻找以规则为基础的系统和某种典型的策略，并证明个体如何处理结构相似的问题。

充分考虑到这两种视角的区别，才更加全面地理解惯例这种现象。安科恩和巴克达安（Cohen & Bacdayan，1994）认为惯例是模式化的行动序列，而埃吉迪（Egidi，1996）则认为它是基于特定问题策略的行为模式，其可以是不同的行动序列；科恩和巴克达安（Cohen & Bacdayan，1994）的研究证实惯例是程序性记忆，而王建安和张钢（2008）的研究却发现前置问题图式（程序性记忆）会影响惯例形成。这两种看似矛盾的观点只是由于分析视角的不同，前者是从行为的角度，而后者从策略的角度。由此可知，惯例既是一种模式化行为，具有无意识性，又是一种策略或规则，具有一定意识性。

第二章
问题提出

综上所述，作为一种普遍存在的思维和组织现象，近30多年来惯例成为管理学、组织行为学、心理学、社会学的关注热点，不同领域的学者依据自身学科的特点，从不同角度在理论上对其进行解释和描述，从实践中观察并研究它的表现、探索它的应用。然而，这些研究却相对独立，各领域间的结果很少互相引证，甚至几乎不引用对方的文献（Becker，2001）。下面将详细论述以往研究中存在的问题，进而提出本研究的如下目的：

（1）证明惯例这种思维现象的普遍性。第一，建立相应评价指标，对两人TTT扑克牌游戏中的惯例现象进行验证和描述。第二，在两人合作问题解决中建立的评价指标基础上，对三人加10游戏中的惯例显现进行验证和描述，进而完善评价指标体系。

（2）采用微观发生法的分析思路，分别在TTT扑克牌游戏及加10游戏中，描述惯例的产生过程，解释产生的原因。

（3）在上述对惯例本质及产生规律描述的基础上，以加10游戏为依托，探讨合作情境对惯例的影响。

下面结合综述部分，详细论述本研究的研究问题及研究思路。

第一节　以往研究的不足和争议

一、惯例研究中的争议

（一）惯例的意识性

如前所述，关于这个问题有两种截然相反的观点。一种观点认为惯例的执行某种程度上是自动的，人们意识不到它（Cohen，1991；Dosi et al.，2000；Stene，1940）。另一种观点则认为惯例需要意识努力（Pentland & Rueter，1994；Feldman，2000，2003；Feldman & Pentland，2003）。由于两种观点分别基于不同的研究方法，或者是理论思考，或者是实证研究，因此结果之间不可比较。而且研究者们也是从不同的角度理解这一问题的，有人从企业实践的角度（Feldman，2000，2003），有人则是从学习过程的角度（Cohen，1991），社会学家吉登斯还从日常生活中的角度来理解这个概念。

虽然费尔德曼和彭特兰（Feldman & Pentland，2003）从惯例生成观出发，从理论上论述了这两个方面的争议的一致性，但这仅是从惯例形成后的存在形式方面来解释的，并没有深入地解释惯例如何同时具有两面性，也没有说明惯例形成过程中是否以及如何具有两面性。而从安德森（Anderson，1983）及卡米洛夫·史密斯（Kamiloff – Smith，2001）的点来看，惯例作为一种知识，其意识性和无意识性的统一应该是在动态过程中体现的。

（二）惯例的稳定性

变化性和稳定性方面的问题已经成为当前惯例研究的热点，这有助于理解和解释组织和企业的制度、技术、知识的创新和演化，动态能力的形成，组织的学习和适应。基于惯例的生成观（Feldman & Pentland，2003；Pentland & Feldman，2005），当前组织和企业惯例的研究大多应用形式面和执行面的内部动力系统来解释惯例的稳定性和内生变化性，并在生成观的框架下（Becker，2005a）对实践中的惯例进行分析。

然而，实践中对于惯例稳定及变革性的分析更多是理论解释，缺少实验研究的支持，更缺少对具体内生变化过程的描述。这主要源于研究方法和视角的局限：在具体组织中研究惯例大多采用观察法、调查法和档案分析等质性方法，这不仅会受到财力、物力、时间的限制，也会因为组织现象的复杂性而难以深刻揭示惯例的一般规律。

而上述第二种研究视角则避免了上述局限。它不涉及具体的组织，使对惯例形成的实验操纵和观察变得轻而易举。如果采用这种分析视角，结合贝克尔（Becker, 2005）提出的分析框架，是否会对惯例稳定性与变化性的统一提供更深入的解释？是否可以更详细地说明惯例形式面和执行面的互动？

（三）惯例与陈述性知识

科恩和巴克达安（Cohen & Bacdayan, 1994）通过实验证明了惯例通过行动者的合作经过多次重复而形成，并作为程序性记忆存储，后来的研究者大多接受这种观点，并在这个框架下讨论惯例的特点（Becker, 2003, 2004, 2005, 2007）。然而却很少有研究关注惯例形成和变化过程中的陈述性知识。张建安和张钢（2008, 2010）发现，具有陈述性知识成分的前置问题图式可以影响惯例，却没有说明惯例的形成过程中陈述性知识的作用及其与程序性知识的关系。

纵观以往关于陈述性知识和程序性知识关系的研究，共存在四种不同的观点（Schneider & Stern, 2010）：陈述性知识到程序性知识的单向关系、程序性知识到陈述性知识的单向关系、程序性和陈述性知识的双向关系、二者之间没有关系。施耐德和斯特恩（Schneider & Stern, 2010）对十进位小数用不同方法（陈述性知识：评估、表征、比较和解释；程序性知识：准确性、速度、对称性、双任务）进行了测量，结果发现，这 8 种测量方法之间的聚合效度较低，甚至测量同一种知识的 4 种方法间也存在不一致，所以，他们认为上述相互排斥的四种观点在某种程度上均得到了验证。

从学习和知识观的角度出发，惯例的形成过程不仅会涉及程序性知识，陈述性知识也会起到重要作用，例如，惯例的形式面的载体如操作程序，更多的是陈述性知识的成分。尤其在企业和组织中，大多数惯例虽然来源于实践，但总会以规章制度或操作规范的形式固定下来，指导进一步的行动。因此，有必要对惯例形成过程中陈述性知识的获得和作用进行探讨。

从卡米洛夫·史密斯（Kamiloff - Smith, 2001）的表征重述理论出发，知识的获得经历了从程序性知识向陈述性知识的转变过程，而惯例的形成过程中是否也有陈述性知识的参与？以往研究还没有对此进行探讨。

二、惯例研究的不足

（一）缺乏惯例产生的微观过程研究

由上述研究可知，对于惯例的研究，不论是经济学还是管理学、组织科学，均采用了宏观的分析视角，从企业或管理实践出发探讨惯例的特点、转变，却很少从个体的角度构建有关惯例的理论。这违背了马奇和西蒙（March & Simon，1958）从个体微观水平的角度，即个体行为的有限理性的基础之上的组织理论的传统（Felin & Foss，2009）。因此，现在的惯例研究过于强调其集体性，重视对已形成的惯例结果和表现的分析，而缺少从个体的微观水平来解释惯例形成和变化的研究。

不论是从特殊性还是从一般性的角度，当前的惯例研究都关注惯例所造成的结果，区别只是在于关注的是具体的在组织中的表现还是个体层面的思维表现，却很少研究阐述它是如何从无到有形成的。这一方面是由于研究视角的限制，即关注惯例在组织中的实践及其影响；另一方面是研究方法的限制。组织惯例研究中的调查法具有滞后性，只能测查已经存在的惯例。

如前所述，当前这方面的研究条件已经具备：TTT扑克牌游戏构造了一种惯例发生的情境；微观发生法的设计思想和思路，则为惯例产生的刻画提供了方法上的支持；卡米洛夫·史密斯（Kamiloff-Smith，2001）提出的表征重述理论则提供了理论上的支持。微观发生法（The Microgenetic Method）是一种特殊的“发生法（The Genetic Method）”，即纵向追踪法，是对认知变化进行精细研究的一种比较有效的方法，形象地说，可以帮助研究者“聚焦”于认知变化的关键环节，以获得更清晰的理解（辛自强、林崇德，2002）。作为一种更精细的纵向研究设计，根据西格勒和克劳利（Siegler & Crowley，1991）的定义，该方法有三个关键特征：①观察跨越从变化开始到相对稳定的整个期间；②观察的密度与现象的变化率高度一致；③对被观察行为进行精细的反复试验分析（trial by trial analysis），以便于推测产生质变和量变的过程。该方法主要应用于儿童认知发展领域，关注于几天、几周内个体尤其是儿童的认知变化（辛自强、俞国良，2003；辛自强、张丽、林崇德、池丽萍，2006），并对瞬间发生的变化进行探讨，但只要观察的频率与认知变化的频率相符合，理论上它也可以分析这种短期内的认知变化。TTT扑克牌游戏作为一种模拟实验，它可以记录惯例发生的整个过程中发生的所有事件，因此，如果应用微观发生的设计思路对其进行设计和分析，则可以解释惯例的“发生”过程。作为一种精细的实验设计和数据分析的思路，微观发生法相当于一个放大镜，将认知变化的路线、速率等清晰地呈现于人们的视野中。但是，放大镜具体应聚焦于多局游戏（相当于重复进行了多次问题解决）的哪个位置，还需要相应理论的指导。卡米洛夫·史密斯（Kamiloff – Smith，2001）提出的表征重述理论可能满足了这种需要。该理论认为，知识或策略的获得是个体对原有表征不断进行重组、建构，逐渐把行为程序中存储的内隐知识转变为外显知识，并为认知系统其他部分所利用的过程。受这一理论启发，可将多局TTT扑克牌游戏划分为不同阶段，分析每个阶段内行为的变化（张梅等，2013）。因此，本研究中我们将尝试应用微观发生法的设计和分析思路探讨成人问题解决中瞬间形成的知识（即惯例）的发生过程。

（二）惯例的影响因素的探讨不充分

凯里和卡尔森（Cary & Carlson，1999）认为个体问题解决中惯例的影响有内部和外部两个方面，此观点同样适用于合作问题解决情境。从这个观点出发，不同学科领域研究者大多关心外部因素对惯例稳定性或强度的影响，并且获得了比较一致的结论，但缺少对问题解决者本身认知能力的内部限制的研究以及内部和外部因素交互作用的研究。例如，在时间问题上，研究表明，时间间隔对惯例的影响不大（Cohen & Bacdayan，1994），而时间压力（Betsch et al.，1998，1999，2001，2004；Zellmer – Bruhn，1999）则会增加惯例化的程度。但是，研究没有探讨当时间压力与其他因素共同存在时会起什么作用以及这种时间压力下惯例形成的稳定性如何。在实验任务上，研究发现任务的新异性会引起惯例的变化（Cohen & Bacdayan，1994）。然而，虽然埃吉迪（Egidi，1996）从理论上分析了任务难度等级不同时惯例的不同，却没有研究对它进行详细分析和验证。在外部支持上，问题解决领域的研究者考虑证实了对工作记忆的外部支持会增加惯例化程度，然而研究却没有从工作记忆个体差异的内部角度分析它对惯例的影响。

在内部限制上，首先要考虑个体自身的认知特点对惯例的影响，这在以往研究中一直被忽视。由前所述，凯里和卡尔森（Cary & Carlson，1999）发现对工作记忆的外部支持会提高惯例化程度，据此推测个体本身工作记忆能力也会影响惯例。由于合作问题解决涉及多个行动者，不同认知风格个体的不同组合可能会影响问题解决的效率和惯例的强度，以往研究还没有探讨这方面的差异。例如，团队中存在有能力的合作者、成员间达成共享理解、反馈是否均会对合作问题解决的效果产生影响（Tudge，Winterhoff & Hogan，1996）？研究表明（Becker，2003，2004），惯例可以作为休战协定而存在，它可以通过企业中的员工间协调而实现，因此，有必要考虑合作者个体差异及不同的组合以及互动程度、合作双方的配合程度对惯例的影响。

在外部限制上，需要考虑合作问题任务本身特点和问题解决环境的限制。虽然以往曾有研究者（Egidi，1996）从理论上分析了不同任务难度对两人之间合作难度的影响，却未从实证的角度对其加以说明，也未对问题的复杂性程度进行更详细的划分。例如，在上述扑克牌游戏中暗牌的数量作为信息完整性的表现对惯例会有何影响，这在以往研究中未曾探讨过。如前所述，在任务复杂性与惯例化程度的关系上也存在两种截然相反的观点（Becker，2005）。在情境限制上，当前环境提供的信息起着重要作用，例如凯里和卡尔森（Cary & Carlson，1999）发现提供纸笔和问题解决的范例会影响惯例化程度。因此，有必要对影响惯例的因素进行系统探讨。

三、研究方法存在的问题

（一）惯例缺乏实证尤其是实验研究

由上述关于惯例，尤其是组织惯例的综述可知，当前惯例的研究虽然已经是社会科学各领域的研究热点，但这些研究多为田野调查和个案分析，还停留于理论分析层面，缺少实证研究，尤其是实验研究的支持（Becker，2005；Becker & Zirpoli，2008）。例如，贝克尔（Becker，2001）总结了1990—2001年十年惯例的实证研究，在仅有的33篇文献中，实验研究仅有11篇，其中，贝奇等人的任务范式有4篇，而应用扑克牌游戏范式的有5篇。但是两派研究者之间互相没有引用过对方的研究。据此，他推测有关惯例概念和本质的探讨之所以困难重重，至少有一部分原因是缺乏实验研究。国际主流管理学杂志《管理研究杂志》（Journal of Management Studies）和《管理科学》（Organization Science）也分别于2009年和2013年设置专题征稿，呼吁学者开展实证研究，探讨惯例的起源及变革等问题（张梅等，2013）。

虽然上述提到的惯例的语法模型，尤其是生成观模型对惯例及其稳定和变化性进行了详细描述和解释，但对这两个模型的验证性研究很少。大多数研究只是用它们来解释田野调查和个案研究中发现的结果。

（二）缺乏经典的研究范式和分析视角

要想在某个学科领域展开系统的研究，尤其是实证研究，本领域需要有比较成熟的研究范式，以供诸多的研究者在相同框架下进行研究。例如，在认知心理学领域，从西蒙（Simon）开始，许多研究者便采用汉诺塔游戏来探讨问题解决过程。在经济心理学领域，许多研究者均采用博弈论中的囚徒困境博弈来论证人类决策行为的有限理性。然而，在惯例的研究中，却缺乏这样的经典范式或范例。这主要是由于惯例现象的普遍性，即它广泛存在于日常生活中，成为经济学、管理学、组织行为学、心理学等诸多学科的研究对象，这便难以用一种统一的范式来刻画它。要解决这一问题，可借鉴认知心理学的研究思路，即透过研究问题的表象，探索人类普遍的认知规律以及各种现象的内在机制和加工特点。由此，惯例的研究也可以脱离团队、组织的特定情境，从一般意义上探讨其形成和表现的一般心理规律，这便是本研究的第二视角，上述综述的 TTT 扑克牌游戏和加 10 游戏即为符合这种思路的实验任务。

虽然研究者们（Becker, 2008; Becker & Lazaric, 2009）意识到了上述提到的 TTT 扑克牌游戏在惯例实验研究中的重要作用，但自 1999 年之后，这一游戏并没有被广泛采用并引起足够的重视。这里不可避免的原因便是这一任务规则及完成过程的复杂性，使实验操纵和结果解释存在困难，当超过两人时，就变得更加难以控制。虽然在经典的两人 TTT 扑克牌游戏的基础上，国内浙江大学的研究者王建安和张钢（2008, 2010）开发了三人完成的 TTT 扑克牌任务，并构建了相应的问题空间图来分析惯例现象，但是，很显然，如不经过提示（他们的研究中是通过将空间图作为陈述性知识传授给被试的），人们可能很难自己在脑中构建出这样复杂的问题图来解决问题。

其实，从科恩和巴克达安（Cohen & Bacdayan, 1994）提出的惯例的分析思路出发，与决策中复杂的模拟实验相比，还有许多简单的实验任务适于研究惯例。例如，诺瓦雷斯等人（Novarese, 2003, 2005, 2006, 2007; Novarese & Rizzello, 2004, 2005）发明的用于团体学习的“加 10 游戏”近年来也开始应用到惯例的研究中来。由于游戏的双方既不是纯合作也非纯竞争关系，而是一种比经典的博弈任务（如囚徒困境任务）和 TTT 扑克牌游戏更具生态效度的实验任务，即鉴于“加 10 游戏”的简便性和易操纵性，研究可以考虑用它来探讨上述问题。

（三）缺乏对惯例现象的细致描述及其普遍性的论证

TTT 扑克牌游戏作为目前最具代表性的惯例实验研究任务，其对惯例现象的揭示不够深入和具体。例如，研究者（Cohen & Bacdayan，1994）只关心从不同角度、通过假设检验证实这种现象的存在，而缺乏对这种现象本身的描述。他们并未对合作小组及小组内的个体的表现进行细致描述。

当以合作问题解决的视角来看待惯例现象时，研究者关心的首先是每一组被试及个体在合作任务中的表现及所用的策略。在此基础上，再去分析重复的问题解决中是否存在惯例这种普遍的思维现象。具体到 TTT 扑克牌游戏，我们会关心各组被试完成每一局时共用了多少步骤、每一局的得分、所用的策略以及每一局中每一步所用的时间。因此，研究应尝试建立相应的评价体系来细致刻画这一现象。

当前实验研究中对于惯例现象的验证来源于 TTT 扑克牌游戏，缺乏其他任务上的例证。两人之间形成的惯例源于科恩和巴克达安（Cohen & Bacdayan，1994）开创性的研究，国内研究者张钢和王建安（2008，2010）将这一游戏扩展到了三人领域，但由于实验本身的复杂性，造成惯例现象的解释理解起来比较晦涩，不利于测验的推广及其他问题的探讨。在加 10 游戏中，研究者们虽然都提到了惯例现象，但是将其视为学习过程的产物，并未对这种现象进行详细的解释和描述，研究的重点在于研究团体学习。与 TTT 扑克牌游戏相比，加 10 游戏更为简洁，更具生态效度，也更易进行实验操纵。当惯例现象涉及三人以上时，应用这种测验任务要比应用 TTT 扑克牌任务更为合适。因此，本研究尝试将 TTT 扑克牌游戏的分析思路应用于加 10 游戏的分析中，证实惯例现象的普遍性。

第二节　研究内容与研究设计

一、研究定位：合作问题解决视角下的惯例

由综述可知，惯例已经成为多学科、多领域的研究主题。但作为一种思维和心理现象，心理学中对惯例的研究还很有限，主要的研究进展体现于贝奇等

人（1998，1999，2000，2001，2002，2004）在序列或重复决策背景下的实验研究以及问题解决中个体惯例行为的影响因素（Cary & Carlson，1999）和理论解释（Patsenko & Altmann，2010）。这些实验研究与其他企业中的个案和调查研究相比，对惯例特点的揭示更加深入和细致。问题解决的研究至今已历经一个世纪，积累了大量的成功的研究范式和视角，将惯例置于这个大背景下进行研究有助于对其本质和以往未解决的问题进行深入探讨。

若要在问题解决的框架下对惯例进行研究，涉及研究层面的问题。当前问题解决的研究大多是基于个体层面，探讨个体问题解决任务、个体自身或环境特点对问题解决过程及结果的影响。然而惯例具有集体性，它是在多个行动者的互动中形成的，因此问题解决框架下的惯例研究不仅要涉及个体层面还要涉及集体层面。当前合作问题解决中关注的个体间的互动与儿童认知能力发展之间关系的视角为惯例研究提供了启示。合作问题解决必然会涉及合作者间的个体差异和互动对问题解决的影响。对行动者本身的关注也可以弥补上述关于惯例影响因素研究中对内部因素的忽视。

二、研究问题及研究设计

在合作问题解决的框架下，本研究拟探讨以下几个问题：

第一，证明合作问题解决中惯例这种思维现象的普遍性。这主要通过两个子研究来实现：一是通过 TTT 扑克牌游戏任务探讨两人合作问题解决中的惯例现象；二是通过加 10 游戏任务探讨三人合作问题中的惯例。结合以往研究者（Cohen & Bacdayan，1994；王建安、张钢，2008）提出的惯例现象存在的证据，对惯例现象的表现进行进一步描述。这是研究一的内容。

第二，采用微观发生法的思路分析惯例产生的微观过程。与研究一对应，研究二也通过两个子研究分别探讨两人及三人合作问题中的惯例。微观发生法作为分析知识获得和形成的方法，可以揭示心理现象，即惯例从无到有的发生过程，也能细致刻画这个过程中个体行为的变化。通过对这一过程的分析，可以探讨惯例研究中的意识性和无意识性、陈述性与程序性知识的作用等问题。

第三，合作程度对惯例的影响。研究三通过人为设计不同的合作场景来探讨小组成员的合作程度对惯例的影响。研究加 10 游戏这一更容易操纵的实验任务设置了两个组员无条件配合、有条件配合及不配合的情境探讨惯例现象的表现。

总之，本文拟在合作问题解决的背景下，基于个体水平的微观基础，探讨惯例在合作问题解决中的形成过程，并在此基础上探讨“合作”对惯例的影响。为此，本研究设计了3项研究、5个子实验①。

第三节　研究方法和技术

（一）采用互联网技术开发相应测验平台

不论是TTT扑克牌游戏还是加10游戏，均基于互联网技术，搭建相应的测验平台来实现。本研究也基于互联网和编程技术，尝试自主编制相应测验平台实现。

目前，有关TTT扑克牌游戏的汉化版，只有王建安和张钢（2008，2010）开发的三人的游戏平台。对于更容易进行实验操纵和理解的两人游戏平台2011年左右还没有团队开发。结合目前最新的网络互动平台的开发技术，如Microsoft .NET和C#语言可以开发出界面更加友好及后续延展性更强的测验平台。

加10游戏的测验一直基于PHP这种服务器端脚本语言搭建相应交互的网络平台来实现，如图1－6所示。由图可知，其界面的互动性体现并不明显，难以展示加10游戏本身的三人合作过程。因此，本研究尝试设计互动性更加明显的界面，重新开发游戏的平台。

（二）采用微观发生研究惯例的产生

如前所述，作为一种特殊的纵向研究方法，微观发生法可以细致地刻画学习过程如何发生，依据其关键特征，其可通过高密度的观察，对行为或心理现象从变化开始到相对稳定的整个变化历程进行刻画，并可进行精细地反复试验分析以便推测产生质变和量变的过程（辛自强、林崇德，2002；Damon & Lerner，2009；Siegler & Crowley，1991）。惯例作为一种知识，也存在发生过程的问题，尤其从上述介绍的第二种研究视角考虑时。在扑克牌游戏中，惯例的出

① 原博士论文的5个子实验，均已在《心理学报》发表。其中，研究一和研究二中的实验1以“两人问题解决中惯例的测量及其微观发生过程”为题发表于2013年第10期，研究一和研究二中的实验2及研究三以“三人问题解决中的惯例：测量及合作水平的影响”为题发表于2015年第6期。

现是一个瞬间的过程，这一过程中也存在着认知变化，也会有策略、知识的形成，所以理论上微观发生法可以用于分析问题解决中形成的惯例。微观发生法提供了有关变化过程的精细信息，主要有5个方面（辛自强，2005；辛自强、林崇德，2002），它们均可以用于分析问题解决中惯例的形成：

（1）变化的路线。人们在获得某种成熟的能力（如惯例）的过程中是否经历本质上不同的阶段，有哪些阶段，阶段之间的区别何在。

（2）变化的速率。即分析认知变化是快还是慢，是突变还是渐变。惯例的形成在企业或组织中是一个缓慢的过程，通过变化速率的分析，可以解决当将惯例置于问题解决背景下进行微观分析时，它是否会经历突变过程的问题。

（3）变化的广度。即当掌握一种策略或知识后，它的推广程度如何。通过微观发生法实验的迁移阶段就可以考察获得的捷径策略被推广的范围。惯例在企业和组织中存在时，具有推广性，通过这方面的分析可以分析问题解决任务中形成的惯例是否也可以迁移。

（4）变化模式的多样性。与以往研究方法相比，它可以深入考察各种具体的认知行为或认知策略在个体身上的变化模式。

（5）变化的来源。知识经验、提供知识经验的教育或环境特点等都会导致认知变化，微观发生法有助于解释变化的来源。

微观发生法的应用具有很大的灵活性。除上述基本信息外，还可以根据具体的研究目的、研究对象和实验设计的不同获得特定的信息。对这些信息可以进行定量处理，也可以进行定性处理，进而综合对量变和质变进行解释。另外，可以从被试总体的角度进行分析，也可以分析每个被试的认知变化模式。

（三）定性与定量分析相结合

以往有关惯例的研究在组织中大多采用定性分析的方法，通过对这种现象的观察对其进行描述和理论阐释，很少涉及定量分析。相反，在实验心理学的框架下，如TTT扑克牌游戏任务中，惯例现象的描述则更多基于定量的分析，如考察每一局游戏所用的时间、获得的分数等，很少应用定性分析的方法。本研究将结合两种方法的优点，既从量化指标上证实惯例现象的存在，又从事后对被试的访谈中探讨个体对惯例的意识性及其具体表现。

第三章

研究一：合作问题解决中的惯例现象

Cohen 与 Bacdayan（1994）考虑到大多数惯例研究均基于实地观察，缺乏实验室研究的现状，发明了 TTT 扑克牌游戏这一针对组织现实情境的模拟任务，并证实其问题解决中存在惯例现象，具有很高的创造性。作为一个界定良好的问题，组织中的很多问题都可以通过这种临时组成的团体进行模拟。

然而，由于研究者的目的是证实惯例的存储方式是程序性记忆，因而对惯例现象表现的描述不够细致，仅仅从四个指标进行了简单验证。实际上，四个指标均可以继续细化：①对于可靠性这一指标，它本质上代表的是问题解决效率的提高，不仅可以用所有玩家每局换牌的步数的四分位差随局数的增加而减少来衡量，更应该通过问题解决过程中，两人小组的获益来体现。而且四分位差概念的应用虽然有其合理性，却并不好理解，直接采用原始数据步数，更容易理解，也更具生态效度。②对于速度指标，本质上用任务完成时间来体现问题解决的效率，这不仅可以用进行每步换牌所用的平均时间刻画，还应考虑完成每局游戏所用平均步时。③对于重复的行动序列指标，研究者通过定性分析提出，会存在“UU * T”这样的行为模式，除了这一模式之外，是否还存在其他显著的行为模式？能否对这些行为模式加以量化？这都是本研究努力的方向。另外，对于被试每步换牌选择的位置，是否也存在一定的行为固着？以往研究均未涉及。④偶尔的次优性指标，虽然也是基于定性分析，但是最直观地体现惯例现象的指标。研究应尝试选择相应的个案予以分析。

在上述任务的基础上，埃吉迪（Egidi，1996）提出惯例应该理解为基于策略的行为模式，通过关注目标位置牌的移动构建了问题空间图，详细分析了 TTT 扑克牌任务中的各种策略。因此，在惯例现象的描述中，不仅要考虑问题解决效率提高的各项指标，并结合定性分析表明这种现象的顽固性，即偶尔的次优性和重复的行动序列；还要考虑基于策略的坚持性，提出验证惯例现象存在的第5个指标——TTT扑克牌任务中采用的策略。当用问题解决的视角来看待惯例时，它等同于策略。

惯例的概念中涉及多个行动者，它不仅在两人之间存在，在多人之间也存在，甚至表现更明显。TTT扑克牌任务由于规则和完成方式的复杂，超过两人，便很难进行实验室操纵和结果解释。虽然国内研究者王建安和张钢（2008，2010）开发了三人完成的TTT扑克牌任务，并构建了复杂的问题空间图（见图3－1），但显然这一问题空间图过于复杂，完成问题的最优和次优策略过多，三人很难从策略上达成共识。如果不经过提示和培训，三人小组的被试形成惯例的时间和难度究竟有多大？这便不得而知了。由此，是否可以说，由于任务本身的复杂性，超过三人，TTT扑克牌游戏这一实验任务便不再适用于研究惯例现象？因为不论是囚徒困境的博弈任务，还是汉诺塔任务，它本身的规则都是易于理解、任务易于完成、结果易于解释的。惯例现象的实验任务要像个体问题解决中的思维定式那样易于通过证实，才能深入人心，引起重视。

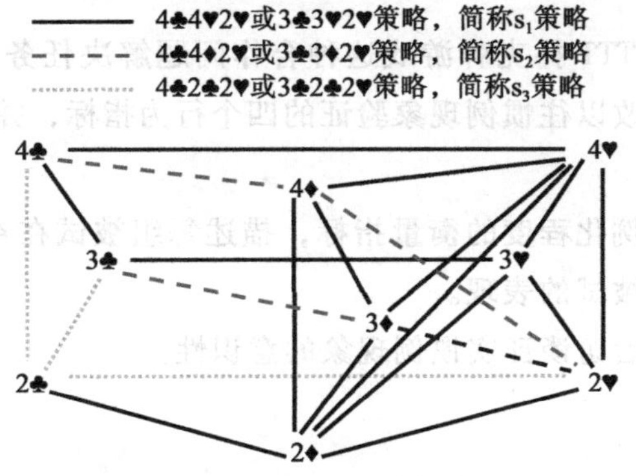

来源：王建安、张钢，2008，P.886

图3－1　三人TTT游戏的问题空间或子目标图

基于上述分析，研究尝试通过上述介绍的加10游戏这一更简单的任务，采用TTT扑克牌任务的分析思路，构建相应指标，来探讨三人问题解决中的惯例。

除了要证实和分析惯例现象，还要进一步刻画惯例化的程度。因为惯例作为一种思维现象，并非全或无的概念，它有程度上的差别。只有将其视为一个连续的变量，才能对不同被试组的表现进行比较分析，才能进一步通过实验操纵相关变量，对其进行深入研究。王建安与张钢（2008）曾尝试采用策略使用率来衡量三人 TTT 扑克牌任务中的惯例。

无论是 TTT 扑克牌任务，还是加 10 游戏，均需借助计算机技术，编制相应的程序来实现。随着近年来互联网技术的发展，将两个任务汉化的过程中，应该对测验界面的友好性、可控制性进一步加强，逐渐形成测验平台的概念，为未来研究的推广打好基础。

基于上述分析和考虑，研究拟通过两个任务，即经典的两人 TTT 扑克牌任务和加 10 游戏，分两个子研究分别证实两人及三人合作问题解决中存在的惯例现象及其表现①。测验通过互联网技术，编制相应的测验平台来实现。

第一节　实验 1：两人合作问题解决中的惯例

一、研究目的

第一，证实在 TTT 扑克牌游戏这种合作问题解决任务中，存在典型的惯例现象。细化并修改以往惯例现象验证的四个行为指标，并将增加基于特定策略的认知指标。

第二，构建惯例化程度的衡量指标，描述每组被试在 40 局游戏中的表现及每局游戏中各组被试的表现。

第三，通过事后访谈证实惯例现象的意识性。

二、研究假设

第一，基于合作组的个体层面分析，发现在 TTT 扑克牌游戏中，不同被试组在 40 局游戏中表现不同，这主要表现在每局的得分、所用时间、所用步数等指标上。

第二，在重复的 5 个模板上，前 5 局和后 5 局在每局得分等各项指标上均

---

① 本部分两个游戏中，有关惯例量化指标测量的内容结合本人在《心理学报》发表的论文并有所改动。

存在显著差异。

第三，基于项目层面的分析，发现每一局游戏中，各组被试的表现不同。

第四，TTT 扑克牌游戏中两人之间会形成惯例。依据前人（Cohen & Bacdayan, 1994；Egid, 1996；王建安、张钢，2008）的研究结果，这主要体现在可靠性的提高、速度的提高、重复的行动序列的出现、偶尔的次优性和基于特定策略的行为模式 5 个指标上。

第五，惯例具有意识性，个体能意识到问题解决中所使用的策略并坚持它。

三、研究设计

（一）被试

选取大学生被试 70 名，两人一组，由计算机随机分为 35 组。其中男—男、男—女和女—女组的人数分别为 8、14、13。经确认，所有被试均未参加过类似测试。

（二）实验设计

TTT 扑克牌游戏的介绍详见综述部分，它由计算机编制的程序来实现。为了使被试每次解决的问题具有相似性，我们基于本游戏的问题空间图（Egidi, 1996）将初始位置的扑克牌固定为 4♣。由于 2♥所在的位置会对初始牌局的难易程度具有重要影响，设计中，对其在除目标位置外的 5 个位置上进行了平衡，即每个位置均出现 5 次。另外，借鉴埃吉迪（Egidi, 1996）的设计思路，40 局中设置 5 局重复的游戏模板，即前 5 局出现的模板，在第 35 至 40 局中重复出现，采用实验心理学中事前事后设计的思路，对比前 5 局和后 5 局被试的反应有何差异。40 局游戏的具体格局详见附录。对每个被试来说，每完成一盘游戏获得 100 分，每走一步扣 2 分。即对每组被试来说，每完成一盘游戏获益为：100 - 步数 ×2。

实验完成之后，按照每组获益给予被试 5 ~ 15 元不等的奖励，并让其填写一份反馈问卷。一是对刚刚游戏的情况进行反馈，包括姓名、用户名、刚刚登录的房间等实验信息；二是对刚刚实验的过程进行访谈，让其回答 3 个问题：

1. 0 代表极度不满意，10 代表十分满意，你对同伴在游戏中与你配合的满意度打多少分？为什么？

2. 完成游戏的过程中，你和同伴是否形成了一定的策略或方法？它是什么？你们两人如何配合达到？

3. 整体上，你觉得这个游戏是有技巧和规律的吗？它是什么？

（三）网络平台开发

本测验由专业的程序员，采用 ASP. NET 和 C#语言在 Windows Server 2008 环境下进行程序开发，使用 IIS7 作为网络服务器开发相应的测验平台。测试时，用户可以通过网址来访问使用，实验数据会自动保存到 SQL 2008 数据库中。

平台开发完毕后，作为管理员，可以在上面依据实验目的进行不同的实验设计。研究人员具体可进行如下操作：

（1）管理实验批次（房间）。这个模块下，通过“新建实验批次”可以设定不同实验学校，使不同组的被试同时测试。实验中，通过“绑定模板”的功能，将已经设计好的游戏模板，选择相应局数绑定到这个实验组之下，并设置 40 局游戏的呈现顺序（见图 3 – 2）。

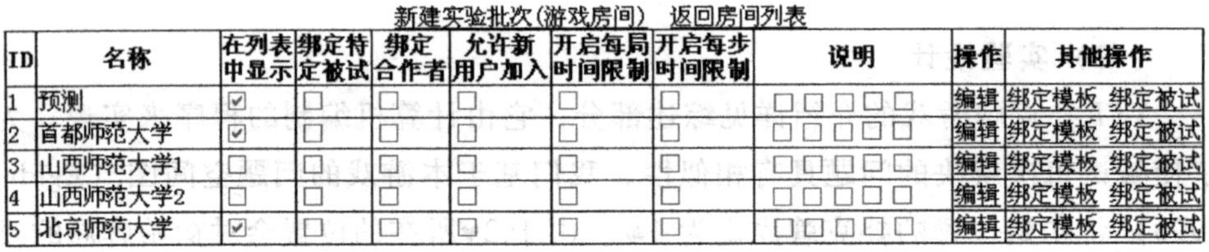
新建实验批次(游戏房间)　返回房间列表

ID	名称	在列表中显示	绑定特定被试	绑定合作者	允许新用户加入	开启每局时间限制	开启每步时间限制	说明	操作	其他操作
1	预测	☑	☐	☐	☐	☐	☐	☐☐☐☐☐	编辑	绑定模板 绑定被试
2	首都师范大学	☑	☐	☐	☐	☐	☐	☐☐☐☐☐	编辑	绑定模板 绑定被试
3	山西师范大学1	☐	☐	☐	☐	☐	☐	☐☐☐☐☐	编辑	绑定模板 绑定被试
4	山西师范大学2	☐	☐	☐	☐	☐	☐	☐☐☐☐☐	编辑	绑定模板 绑定被试
5	北京师范大学	☑	☐	☐	☐	☐	☐	☐☐☐☐☐	编辑	绑定模板 绑定被试

图 3 – 2　游戏中“新建实验批次”实验操作示意图

（2）管理游戏模板。在这个模块下，可以设置不同的游戏牌局（见图 3 – 3）。

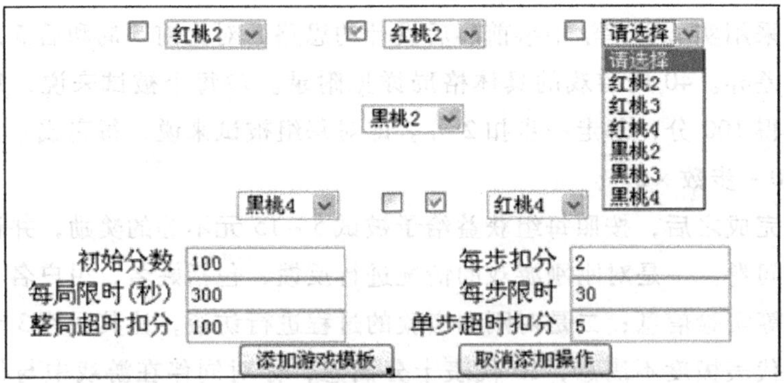

图 3 – 3　游戏中参数设定实验操作示意图

(3) 对游戏进行监控。查看在线的用户，查看每个用户的完成情况等(见图 3-4)。

玩家ID	玩家帐户	玩家昵称	房间ID	房间名称	总游戏局数	完成游戏局数
49	200931060003	张雪梅	5	北京师范大学	43	40
50	201111014032	王瑜	5	北京师范大学	43	40
52	001212	刘宝东	5	北京师范大学	42	40
53	894724	闫怿	5	北京师范大学	42	40
55	2008311548	刘有辉	5	北京师范大学	42	40
56	2010211077	明朗	5	北京师范大学	42	40
59	888888	张强元	5	北京师范大学	40	40
69	200931060010	张庆鹏	5	北京师范大学	51	40
70	000787	小贾	5	北京师范大学	40	40
71	122334	陈陈	5	北京师范大学	51	40
94	2007012514	张雪梅	5	北京师范大学	43	40
101	08203035	王冰	5	北京师范大学	43	40
74	000123	陈丽	5	北京师范大学	44	40
85	200931060013	张俊	5	北京师范大学	52	40
86	999999	田林	5	北京师范大学	52	40
88	211828	刘璐	5	北京师范大学	42	40
89	201031060001	刘元怿	5	北京师范大学	42	40
90	920503	孙愚	5	北京师范大学	14	4
91	127856	贺家昌	5	北京师范大学	17	6
93	201131060008	胡心怡	5	北京师范大学	5	2
94	2007012514	张雪梅	5	北京师范大学	43	40

图 3-4　游戏过程中被试完成情况示意图

(4) 测验数据下载。按照一定条件将实验数据导出为 Excel 格式(见图 3-5)。

图 3-5　实验数据导出操作示意图

（四）实验流程

首先，测验前，对测验规则进行简单介绍，并讲解电脑程序测验流程。之后，让被试在网上依次进行如下操作：

（1）让被试打开网址：http：//www. phyexp. tk/ttt/Account/login. aspx，然后进行注册（见图3－6）。

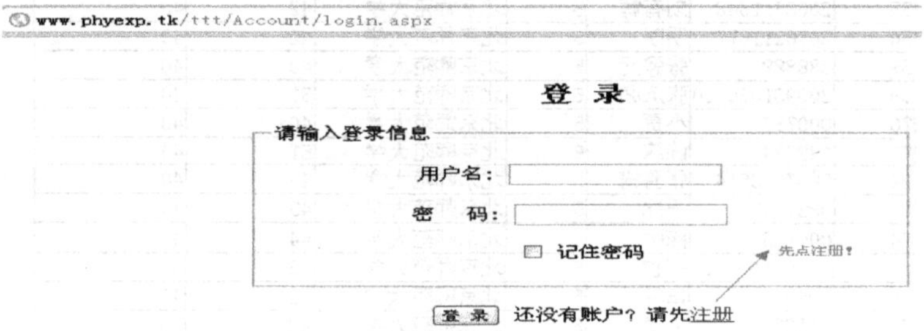

图3－6 正式实验中被试登录和注册操作示意图

（2）进入界面后，首先阅读指导语，然后选择相应的实验学校加入，进入之后，再选择相应的座位加入（见图3－7）。

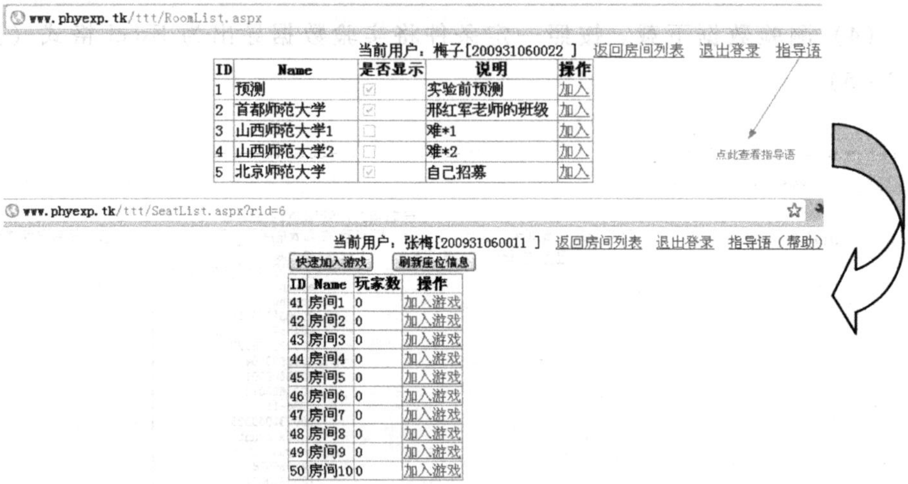

图3－7 正式试验前进入房间的流程示意图

（3）进入游戏界面，点击“开始游戏”，便可开始游戏，其界面如图3－8所示。

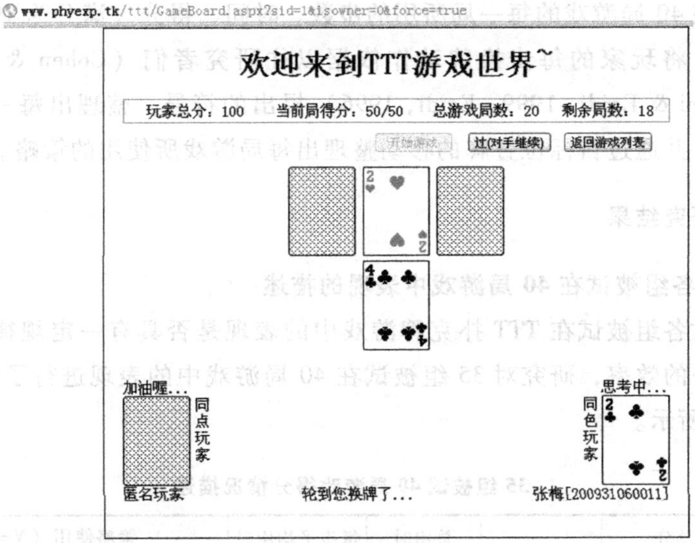

图 3－8　正式实验界面示意图

每一局测试，电脑都自动记录每个玩家换了哪个位置上的牌，用了多长时间，这一局的得分是多少。测验完成之后，在数据库中将上述信息导出为 Excel 格式，如图 3－9 所示。

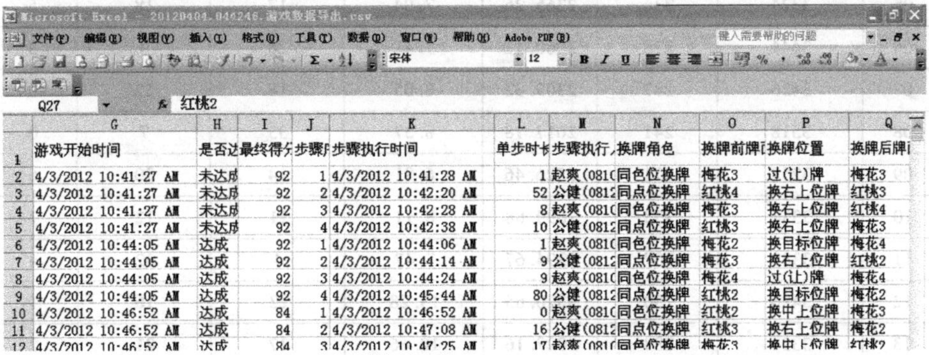

图 3－9　实验后台界面数据记录示意图

（五）数据处理

将电脑自动记录的各项指标以 Excel 的格式从数据库中导出后，首先检查各项指标的错误记录，如对每盘游戏来说，是否有个别“未达成”的记录存在，如有则将其删除。然后，将每条记录以小组为单位进行整理：首先计算每一组被试在40局游戏的每一局所用的步数、时间、得分（满分为100）；通过定性分析，将玩家的每步换牌动作依据以往研究者们（Cohen & Bacdayan, 1994；Bonini & Egidi, 1999；Egidi, 1996）提出的符号，整理出每一局游戏的行动序列，并通过目标位置牌的移动整理出每局游戏所使用的策略。

四、研究结果

（一）各组被试在40局游戏中表现的描述

为探讨各组被试在TTT扑克牌游戏中的表现是否具有一定规律性及探讨其完成任务的效率，研究对35组被试在40局游戏中的表现进行了详细描述，如表3－1所示。

表3－1　35组被试40局游戏得分情况描述

组别	总分（N＝4000）	总步数	总用时（秒）	每步平均用时（秒）	策略使用（N＝40）		
					4♣2♣2♥	4♣4♥2♥	其他
01	3558	223	1276.90	5.73	38	1	1
02	3498	251	1761.34	7.02	30	2	9
03	3528	236	2616.93	11.09	26	3	13
04	3482	259	2174.68	8.40	20	17	3
05	3324	336	2365.26	7.04	17	18	5
06	3444	278	2060.11	7.41	28	9	3
07	3426	287	2309.32	8.05	18	22	0
08	3518	241	2017.18	8.37	33	7	0
09	3258	371	2526.46	6.81	14	20	6
10	3334	333	2699.88	8.11	21	12	7
11	3382	307	2294.67	7.47	4	32	4
12	3496	250	3320.65	13.28	23	16	1
13	3394	284	3027.16	10.66	17	21	2
14	3578	211	2118.80	10.04	21	18	1
15	3460	270	1709.99	6.33	28	12	0
16	3514	243	2966.10	12.21	24	15	1
17	3526	237	1691.08	7.14	22	17	1
18	3586	207	1325.72	6.40	12	27	1
19	3530	235	1480.13	6.30	24	15	1

续表

组别	总分（N=4000）	总步数	总用时（秒）	每步平均用时（秒）	策略使用（N=40）		
					4♣2♣2♥	4♣4♥2♥	其他
20	3568	216	1683.19	7.79	21	19	0
21	3352	324	3046.90	9.40	23	17	0
22	3564	218	1990.61	9.13	21	19	0
23	3402	299	3367.72	11.26	17	16	7
24	3554	222	1676.03	7.55	23	16	1
25	3554	217	2431.82	11.21	15	25	0
26	3398	295	2154.67	7.30	19	15	6
27	3494	251	1541.15	6.14	33	6	1
28	3578	211	2001.41	9.49	21	19	0
29	3538	231	2172.54	9.40	21	17	2
30	3390	305	3422.02	11.22	23	17	0
31	3356	322	2926.68	9.09	33	6	1
32	3580	210	2206.89	10.51	27	13	0
33	3438	281	3557.87	12.66	12	20	8
34	3454	273	2284.63	8.37	29	11	0
35	3524	237	2031.00	8.57	13	22	5
均分	3473.71	262.03	2292.50	8.77	22.00	15.49	2.60

首先，描述每组被试完成测验的绩效情况，即总分、用的总步数、总共用的时间以及平均每步用的时间。由表 3－1 可知，35 组被试 40 局游戏平均得分 3473.71，即平均每局游戏 86.84 分，约为 7 步；平均用时 2292.50 秒，每一步换牌平均用时 8.77 秒。35 组被试中，表现最好的是第 18 组，其 40 局游戏总分 3586，总步数 207，总用时 1325.72 秒，平均每步用时 6.40 秒；表现最差的是第 9 组，其 40 局游戏总分 3258，总步数 371，总用时 2526.46 秒，平均每步用时 6.81 秒。

其次，对每组被试完成 40 局游戏所采用的策略进行描述。由表 3－1 可知，35 组被试在 40 局游戏中大多应用图 1－5 所示的两种最佳策略，即 4♣2♣2♥策略和 4♣4♥2♥策略。其中，4♣2♣2♥策略平均应用 22 次，4♣4♥2♥平均应用 15.49 次，其他的，如目标位置的牌需 3 次变化的 4♣3♣3♥2♥，4♣3♣2♣2♥，4♣3♣2♣2♥策略，需要 4 次、5 次及更多变化的 4♣2♣3♣3♥2♥、4♣4♥3♥3♣2

♣2♥、4♣3♣3♥3♣3♥3♣3♥2♥等策略，平均应用 2.6 次。

（二）每个模板上所有被试的表现差异

通过上述基于小组层面的分析，了解了 35 组被试在 40 局游戏中的表现。为了进一步对各组被试的表现进行分析，研究还从项目层面，即每一局游戏中，来分析被试组的表现。

由表 3－2 可知，40 个游戏模板中，被试组在模板 9 上表现最好，35 组被试平均得分 95.66 ± 2.03 分，平均步数为 2.17 ± 1.01 步，平均用时 9.80 ± 6.63 秒，每步平均用时 2.45 ± 1.66 秒，所有被试组均选择了 4♣2♣2♥策略。被试组在模板 2 上表现最差，35 组被试平均得分 78.97 ± 12.37 分，平均步数为 10.49 ± 6.14 步，平均用时 116.44 ± 85.45 秒，每步平均用时 10.72 ± 4.20 秒。有 16 组被试选择了 4♣2♣2♥策略，有 14 组被试选择了 4♣4♥2♥策略，还有 5 组选择了其他策略。

表 3－2　　40 局游戏中 35 组被试的表现描述

模板	得分	步数（步）	用时（秒）	每步用时（秒）	策略（$N=35$）		
					4♣2♣2♥	4♣4♥2♥	其他
1	84.91 ±10.45	7.31 ±4.79	75.54 ±84.53	8.89 ±5.96	25	7	3
2	78.97 ±12.37	10.49 ±6.14	116.44 ±85.45	10.72 ±4.20	16	14	5
3	87.14 ±7.28	6.43 ±3.64	70.97 ±59.51	10.92 ±7.48	24	8	3
4	80.86 ±10.52	9.57 ±5.26	103.39 ±98.17	9.95 ±4.32	8	25	2
5	86.29 ±9.92	6.86 ±4.96	88.13 ±124.58	10.64 ±7.72	26	3	6
6	83.09 ±11.35	8.46 ±5.67	84.15 ±104.56	21.04 ±26.14	16	17	2
7	84.23 ±10.81	7.66 ±4.33	79.96 ±81.60	19.99 ±20.40	24	9	2
8	87.83 ±7.28	6.09 ±3.64	52.75 ±60.29	13.19 ±15.07	31	3	1
9	95.66 ±2.03	2.17 ±1.01	9.80 ±6.63	2.45 ±1.66	35	0	0
10	84.91 ±5.79	7.54 ±2.89	60.90 ±32.64	15.23 ±8.16	9	24	2
11	85.77 ±3.69	7.11 ±1.84	62.02 ±37.37	15.51 ±9.34	13	20	2
12	88.17 ±3.54	5.91 ±1.77	42.35 ±26.05	10.59 ±6.51	33	2	0
13	84.86 ±7.35	7.54 ±3.64	65.96 ±48.44	16.49 ±12.11	11	22	2
14	91.66 ±4.10	4.14 ±2.06	29.06 ±19.19	7.26 ±4.80	1	34	0
15	88.00 ±4.83	6.00 ±2.41	56.92 ±63.77	14.23 ±15.94	24	5	6
16	86.23 ±9.56	6.83 ±4.77	66.14 ±75.23	16.53 ±18.81	25	7	3

续表

模板	得分	步数（步）	用时（秒）	每步用时（秒）	策略（$N=35$）		
					4♣2♣2♥	4♣4♥2♥	其他
17	87.09 ±8.31	6.46 ±4.15	46.75 ±27.14	11.69 ±6.79	2	32	1
18	84.86 ±7.00	7.57 ±3.50	61.86 ±37.68	15.47 ±9.42	16	19	0
19	83.71 ±6.74	8.11 ±3.34	71.92 ±53.98	17.98 ±13.49	15	18	2
20	91.49 ±20.42	4.26 ±10.21	31.91 ±104.94	7.98 ±26.24	33	0	2
21	86.91 ±8.35	6.60 ±4.12	54.55 ±51.96	13.64 ±12.99	25	8	2
22	84.69 ±8.47	7.66 ±4.24	70.24 ±70.27	17.56 ±17.57	28	6	1
23	88.06 ±5.32	5.94 ±2.63	42.86 ±36.97	10.72 ±9.24	33	2	0
24	84.17 ±6.09	7.91 ±3.04	69.38 ±55.09	17.35 ±13.77	11	23	1
25	88.29 ±5.11	5.86 ±2.56	47.39 ±36.59	11.85 ±9.15	30	5	0
26	92.00 ±6.23	4.00 ±3.12	33.28 ±33.18	8.32 ±8.30	1	34	0
27	86.40 ±6.87	6.80 ±3.44	56.82 ±36.95	14.20 ±9.24	28	4	3
28	88.86 ±5.39	5.51 ±2.57	40.67 ±29.36	10.17 ±7.34	33	2	0
29	89.94 ±7.24	5.03 ±3.62	38.77 ±34.07	9.69 ±8.52	1	29	5
30	86.29 ±4.37	6.86 ±2.18	57.60 ±34.34	14.40 ±8.59	7	25	3
31	85.71 ±3.95	7.14 ±1.97	53.05 ±23.97	13.26 ±5.99	9	26	0
32	86.34 ±6.87	6.77 ±3.34	55.11 ±36.90	13.78 ±9.22	22	13	0
33	91.54 ±4.39	4.23 ±2.20	35.63 ±29.20	8.91 ±7.30	5	29	1
34	87.03 ±2.72	6.46 ±1.34	51.06 ±27.95	12.76 ±6.99	10	25	0
35	87.83 ±5.45	6.09 ±2.73	55.61 ±47.49	13.90 ±11.87	29	4	2
36	86.00 ±9.67	6.91 ±4.87	52.37 ±50.06	6.83 ±2.68	26	6	3
37	84.29 ±6.55	7.86 ±3.27	62.74 ±41.86	7.76 ±3.40	14	18	3
38	90.06 ±2.97	4.97 ±1.48	57.28 ±28.95	8.14 ±6.27	30	4	1
39	84.34 ±4.86	7.57 ±2.20	57.28 ±28.95	7.47 ±3.07	9	26	0
40	89.26 ±4.12	5.34 ±2.04	40.62 ±32.48	7.24 ±3.65	31	3	1
平均	86.84 ±8.21	6.55 ±4.04	57.31 ±59.21	14.33 ±14.80	19.18 ±10.66	14.05 ±10.78	1.78 ±1.67

在应用的策略上，虽然所有模板上都集中于4♣2♣2♥和4♣4♥2♥两种最优策略，但不同模板两种策略的分布不同：在模板1、3、5、7、8、9、12、15、16、20、21、22、23、25、27、28、32、35、36、38、40上大多被试组应用了4♣2♣2♥策略，而在模板4、10、11、13、14、17、24、26、29、30、31、33、34、39上，大多被试组应用了4♣4♥2♥策略。总体来看，35组被试应用

4♣2♣2♥(19.18±10.66) 策略的平均次数要高于4♣4♥2♥。

（三）各组被试前后5局表现的差异

1. 各项得分上前后5局的差异

为了测查是否经过多局反复解决类似的问题，各被试组解决问题的效率得到了提高，我们对40局游戏中的前5局和后5局中被试组的表现进行了对比，为了直观显示，截取表3-2中各项指标绘制图3-10至图3-13。

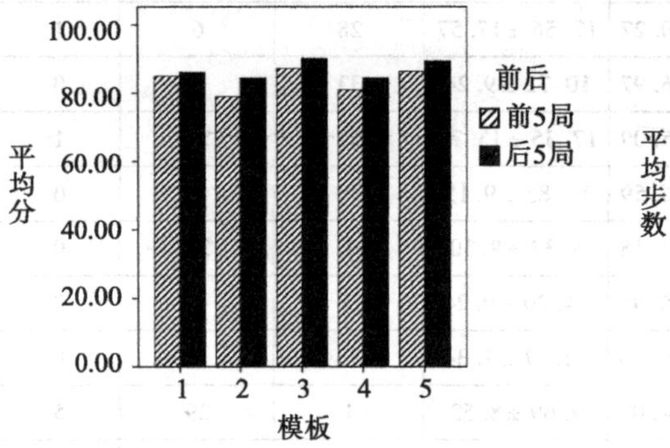

图3-10　5模板前后5局得分的差异

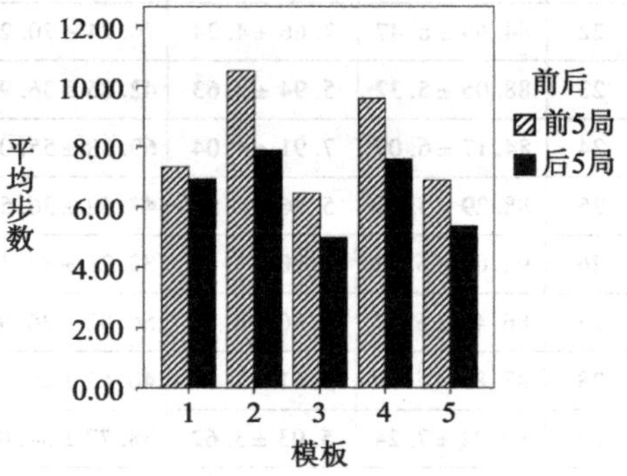

图3-11　5模板前后5局步数的差异

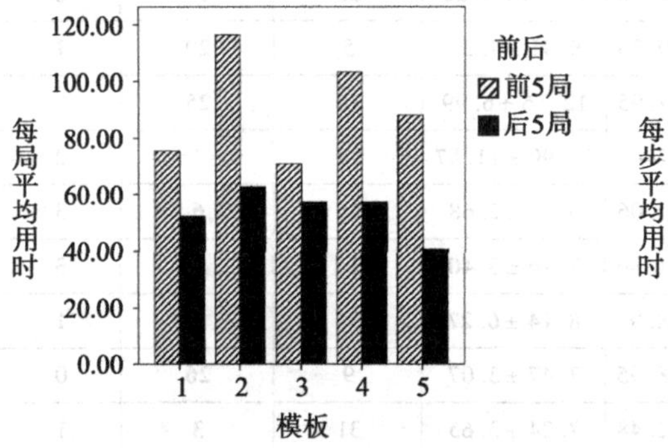

图3-12　5模板前后5局用时差异

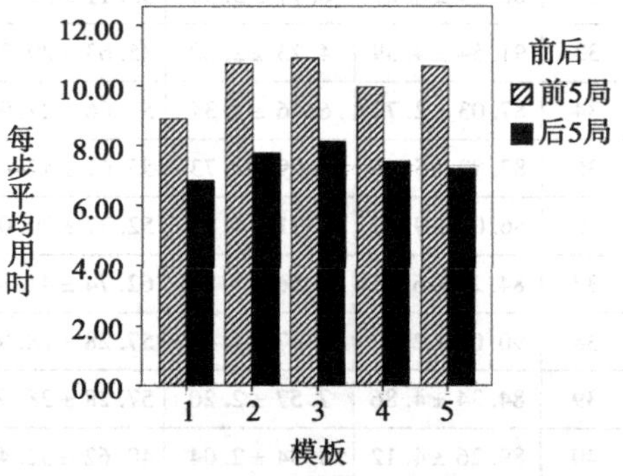

图3-13　5模板前后每步用时差异

结合图和表的分析可知，经过30局重复地解决同一类问题，两人小组成员的默契程度在增加，问题解决的效率也在提高：从均值上看，5个模板上后5局的得分均高于前5局；后5局所用步数均少于前5局；后5局所用时间以及每步平均用时上，均少于前5局。

为了检验前后5个模板上35组被试每局的得分、所用步数、所用时间、每步平均所用时间的均值差异是否达到显著性水平，分别对前后两个模板上的各项均值进行了多次配对样本 t 检验，并对前5局和后5局各项指标的总分进行了配对样本 t 检验。结果见表3－3。

表3－3 各模板配对样本 t 检验结果

模板	得分		步数		用时		每步用时	
	t	df	t	df	t	df	t	df
1 ➔36	-0.53	34	0.42	34	1.55	34	2.06*	34
2 ➔37	-2.13*	34	2.12*	34	3.11**	34	3.53***	34
3 ➔38	-2.27*	34	2.27*	34	1.15	34	3.19**	34
4 ➔39	-1.84	34	2.09*	34	2.71*	34	2.90**	34
5 ➔40	-1.65	34	1.69	34	2.37	34	2.64*	34
5局总	-3.05**	34	-0.88	34	3.96***	34	4.23***	34

首先，分析每个模板上，前后5局的表现：在得分上，虽然后5局均高于前5局，但只有模板2及3上前后5局的差异达到了显著性水平（$t = -2.13$，$t = -2.27$，$ps < 0.05$）；在步数上，在模板2、3、4上前后5局的差异达到了显著性水平，$ps < 0.05$；在每局所用时间上，在模板2（$t = 3.11$，$p < 0.01$）和4（$t = 2.71$，$p < 0.05$）上前后5局的差异达到了显著性水平。在每步的平均用时上，5个模板前后5局的差异均达到了显著性水平。

其次，分析5个模板各项指标的总分在前后5局的差异。由表3－3可知，前5局的总得分显著低于后5局，$t = -3.05$，$p < 0.01$，前5局所用总时间和每步平均用时的总分显著高于后5局，$t = 3.96$，$t = 4.23$，$ps < 0.001$。但是，前5局与后5局所用步数的总分差异不显著，$t = -0.88$，$p > 0.05$。

2. 采用策略上前后5局的差异

由表3－2可知，在策略的使用上，前后5局也存在一定变化。我们采用与上述各项指标得分的比较思路，对策略的变化也从两个层面进行了分析。

首先，分析了每个模板上前后5局35组被试所用策略的差异。为了直观显示各类策略的变化，绘制了图3－14所示的4♣2♣2♥策略、4♣4♥2♥策略、其他策略的使用次数的条形图。

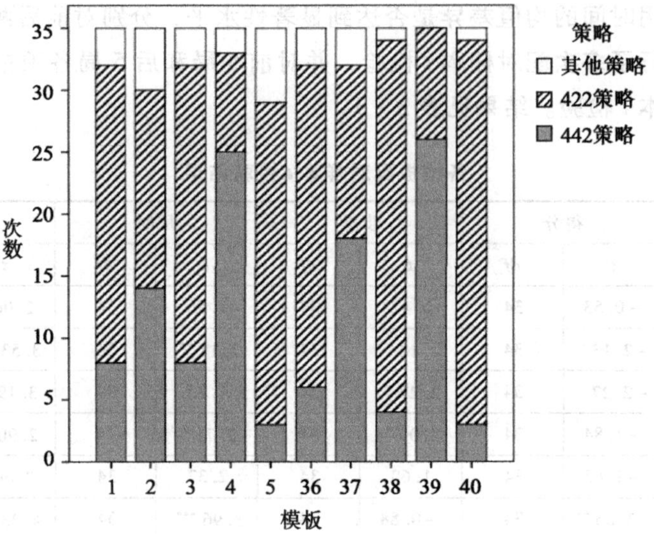

图 3－14 前后 5 个模板上策略使用次数的变化

由图 3－14 及结合表 3－2 的描述可知，模板 36 与模板 1 相比，4♣2♣2♥策略的使用增加了 1 组，其他策略的使用保持不变；模板 37 与模板 2 相比，4♣4♥2♥策略的使用增加了 4 组，4♣2♣2♥与其他策略的使用各减少了2 组；模板 38 与模板 3 相比，4♣2♣2♥策略的使用增加了 6 组，4♣4♥2♥与其他策略的使用分别减少了 4 组和 2 组；模板 39 与模板 4 相比，4♣2♣2♥与 4♣4♥2♥策略的使用各增加了 1 组，其他策略的使用减少了 2 组，即所有被试组均采用了最优策略；模板 40 与模板 5 相比，4♣2♣2♥策略的使用增加了 5 组，其他策略的使用减少了 5 组，4♣4♥2♥策略的使用保持不变。为了检验上述变化是否达到差异显著性水平，对前后 5 局每种策略的使用次数进行了多次卡方检验，结果表明，虽然策略有所变化，但均未达到显著性水平。

其次，分析 5 个模板前后 5 局使用各类策略总数的差异。由图 3－15 可知，在 4♣2♣2♥策略的使用上，后 5 局比前 5 局增加了 11 次；在 4♣4♥2♥策略的使用上，后 5 局与前 5 局无差别；在其他策略的使用上，后 5 局比前 5 局减少了 11 次。为检验上述差异是否达到显著性水平，对每种策略前后 5 局的使用次数进行了卡方检验，结果表明，4♣2♣2♥和 4♣4♥2♥策略的使用次数前后 5 局差异不显著，$\chi^2_{(1)} = 0.41$，$\chi^2_{(1)} = 0.01$，$ps > 0.05$；其他策略的使用次数上，后 5 局显著少于前 5 局，$\chi^2_{(1)} = 4.48$，$p < 0.05$。

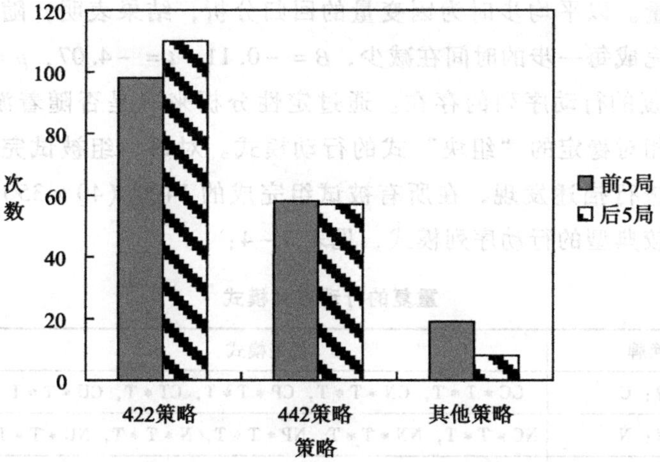

图 3-15 前后 5 个模板上策略使用总次数的变化

（四）两人合作问题解中的惯例

1. 惯例现象的行为及认知表现

通过上述分析可知，无论是在小组水平还是模板项目水平，被试的表现均存在一定的差异，但是这些差异是否可以说明，在这样重复的两人合作问题解决中存在惯例现象？研究分别从以下5个方面来进行检验：

（1）可靠性的增加。它是问题解决效率的提高的指标之一。以往研究中（Cohen & Bacdayan，1994）采用所有玩家玩每盘游戏时所需步数的变异性，即四分位差来体现，使这个指标不太好理解，而且应用的不是原始数据，造成一定的生态谬误。因此，本研究直接以玩家完成每盘游戏所用的步数为因变量，以盘数为自变量进行回归分析，发现随着盘数的增加，完成每局游戏所用步数逐渐减少，$\beta = -0.10$，$t = -3.87$，$p < 0.001$。此外，这一指标还可以每局的获益来体现。以盘数为自变量，以每局获益为因变量的回归分析表明，随着盘数的增加，被试组每局的获益在逐渐提高，$\beta = 0.10$，$t = 3.83$，$p < 0.001$。

（2）速度的提高。它也代表着问题解决效率的提高，这一指标以被试组解决问题所用时间的减少来体现。首先，研究以被试组完成每局游戏所需的时间减少来衡量。以被试组完成每一局所用的时间为因变量，以盘数为自变量进行回归分析，结果表明，随着盘数的增加，被试组完成每一盘游戏所用时间在减少，$\beta = -0.16$，$t = -6.05$，$p < 0.001$。其次，研究还采用玩家每步所用时间的减少，即平均步时（每一局游戏的所用时间除以所用步数）来衡量。以

盘数为自变量。以平均步时为因变量的回归分析，结果表明，随着盘数的增加，被试组完成每一步的时间在减少，$\beta = -0.11$，$t = -4.07$，$p < 0.001$。

（3）重复的行动序列的存在。通过定性分析来看是否随着游戏的进行，玩家形成了相对稳定的“组块”式的行动模式。对每一组被试完成每局游戏的行动序列进行描述发现，在所有被试组完成的 1400（40×35）局游戏中，存在以下比较典型的行动序列模式，见表 3－4：

表 3－4　　重复的行动序列模式

第 1 步换牌	代表模式	次数
右上位牌：C	CC * T * T，CN * T * T，CP * T * T，CT * T，CU * T * T	426
左上位牌：N	NC * T * T，NN * T * T，NP * T * T，N * T * T，NU * T * T	90
过牌：P	PC * T * T，PN * T * T，PPU * T * T，PT * T，PU * T * T	194
目标位置牌：T	TC * T，TN * T，TP * T，TT，TU * T	353
明牌：U	UC * T * T，UN * T * T，UP * T * T，UT * T，UU * T * T	337

由表 3－4 可知，不论玩家第 1 步选择换哪个位置上的牌，都存在一定的行为模式：共有 426 局游戏第 1 步时同色玩家选择换右上位置的牌，同点玩家第 2 步可能选择换右上、左上、目标位置和明牌，然后经过一些步骤的变换再换目标位置的牌；有 90 局游戏第 1 步时同色玩家选择换左上位置的牌，同点玩家第 2 步时可能选择换所有四个位置的牌；有 194 局游戏第 1 步时同色玩家选择过牌不换，第 2 步时同点玩家可能选择换所有四个位置的牌；有 353 局游戏第 1 步时同色玩家选择换目标位置的牌，第 2 步同点玩家可能选择换所有四个位置的牌；有 337 局游戏同色玩家第 1 步时选择换明牌位置的牌，同点玩家第 2 步时，可能选择换所有四个位置的牌。为了检验上述不同换牌行为的次数差异是否达到显著性水平，进行了卡方检验，结果表明，上述 5 组第 1 步换牌次数差异达到了显著性水平：$\chi^2_{(4)} = 262.11$，$p < 0.001$。

除上述模糊的行为模式之外，通过描述性统计，在所有 1400 局游戏中，被试组完成每局游戏的完整的行为模式轨迹也存在重复。表 3－5 为 1400 局游戏中应用次数超过 20 次的行为模式。

由表 3－5 可知，被试组不仅在简单的行为模式上重复，相对复杂一些的行为也存在重复。例如，只用 2 步（TT）便结束了一局游戏的行为模式，被试组重复了 66 次，而 PCPTT、TNPCPT、CUPTT 这样的模式也能重复应用 20 次以上。另外，上述轨迹除了可以单独作为行为模式完成一局游戏外，还可以

表 3－5　　每局游戏行为模式轨迹的应用次数

	TT	PTT	UTT	TUPT	CPTT	UPTT	TCPT	PCPTT	TNPCPT	CUPTT
完整	66	44	42	54	64	37	38	20	22	27
模板	9，20	14，33	26，29	1，21	5，25	28，35	3，23	4	8，23	13，18
包含	808	576	86	153	202	178	55	105	27	30

作为组块体现在其他行为模式轨迹中。例如，“TUPT”这一组块，即“换目标位置牌 ➔换明牌 ➔过牌 ➔换目标位置牌”这一行动序列在202局游戏中都有体现。

（4）基于特定策略的反应模式。由表3－1、表3－2及图3－14的分析可知，不论是基于被试组的分析，还是基于项目的分析，均发现被试在完成40局游戏的过程中，会对4♣2♣2♥策略和4♣4♥2♥策略具有不同程度的依赖性。

（5）偶尔的次优性。即由于惯例的存在，当有更好的问题解决策略时，被试也不采用，而是基于已经形成的策略。经过分析，每个游戏模板上均存在这种现象。这里以模板19为例进行说明。

图3－16为模板19的初始牌。本局游戏中，由于明牌为4♥，是关键牌，最容易配合成功的策略应该为：由同点玩家拿到4♥，将其放到目标位置，再由同色玩家结束游戏，即4♣4♥2♥策略，采用这种策略5步即可。由于关键牌2♣是暗牌，如果采用4♣2♣2♥存在很大的运气成分，需要先寻找2♣，再由同色玩家将其换到目标位置。通过对玩家的分析发现，很多在4♣2♣2♥策略上形成惯例的组，大多进行8步以上的变换，有的甚至达到14步（第05组）之多。

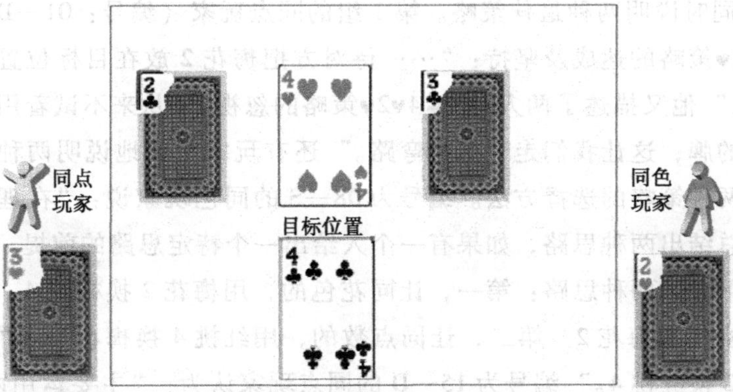

图 3－16　模板19的初始牌局

2. 个体意识到并应用的惯例

上述从被试组的行为及认知表现上确认了惯例现象的存在，它表现为对两种最佳策略的坚持。实际上，被试组中的两人是否意识到了他们的行为是有一定的规律的？通过事后访谈可知，答案是肯定的，很多被试都意识到了上述两种最佳合作策略，只是有的人会选择回答本组采用最多的策略，有的人会回答两种策略。

（1）4♣2♣2♥策略。同色玩家这样描述其策略："我是同色玩家，通常我配合TA比较多，一旦看到梅花2就会替换给目标位置（编号为02—S的玩家）；因为我是同色玩家，如果我拿到梅花2，我会首先放到目标位置，等待对方拿到红桃2来替换，这是多数情况下采用的策略（编号为15—S的玩家）；我是同色玩家，只要找到黑2，并换到目标位置，他就能把红2换过去（编号为28—S的玩家）。"

（2）4♣4♥2♥策略。编号为07—D的同点玩家这样描述："我是同数，她是同花，如果目标位置不是梅花2，我就尽量将红心4放至目标位置，以配合她。"还有同点玩家（编号：03—D）这样描述："我手里如果有红桃4，就会去换目标位置的梅花4，再等着他将红桃2换过去。"

（3）4♣ ➔红色牌 ➔2♥策略。它指将目标位置换成红色由同色玩家结束游戏的规则。如被试09—D所述："同点玩家会选择将目标位置换成红色，再等待同色玩家将其换成红2。"又如被试24—D所述："游戏中我是同号（注：同点）交换，我每次先尽量把红桃放在中间给对方，如果有红桃2的交换条件。"再如被试05—D所述："我是同点，我负责把牌换成红桃，对方负责换成2。"

（4）同时说明两种最佳策略。第1组的同点玩家（编号：01—D）先描述了4♣2♣2♥策略的达成及坚持："……待对方把梅花2放在目标位置，去换以完成游戏。"他又描述了两人对4♣4♥2♥策略的忽视："从来不试着用红桃4来换目标位的牌，这让我们走了不少弯路。"还有玩家明确地说明两种最佳策略及本组对两种策略的选择方法。编号为08—S的同色玩家说："在理解规则的基础上，总结出两种思路，如果有一个人给出一个特定思路的前提，就按照这个思路走下去。两种思路：第一，让同花色的，用梅花2换梅花4，再让同点数的用红桃2换梅花2。第二，让同点数的，用红桃4换梅花4，再让同花色的用红桃2换红桃4。"编号为15—D的同点玩家认为："主要运用两个策略：我是同点，他是同色。策略一是想办法我掌握红心2，他负责把梅花2放到目标位置，然后同点交换；策略二是他想办法掌握红心2，我负责将任意其他红心牌放到目标位置，然后他同色交换。具体用哪种策略视具体情况而定。”

（五）惯例化程度的衡量

由上述5个认知和行为指标的检验证实以及由事后访谈直接确认可知，以TTT扑克牌游戏为任务的两人合作问题解决中存在惯例现象。然而，惯例不是一个“全或无”的概念，而是一个连续变量，会存在水平的差异，即惯例化程度。通过这一连续变量不仅可以描述某种任务惯例化的程度，还可以对不同组的惯例化进行比较。本研究根据TTT扑克牌游戏本身的特点，分别从认知和行为的角度构建了两个衡量惯例化的指标。

1. 行为指标

即除目标位置（T）外，被试组选择换某个位置牌的频率，其计算方式为两人小组在40局游戏中换某个位置牌的次数N占总次数的比率，即N/总次数。N为除目标位置牌外，左上位置（N）、右上位置（C）、明牌（U）、过牌（P）四个行为选择中采用最多的次数；总次数为上述4种选择的次数。之所以用比率而不用绝对次数，是因为在40局游戏中每组被试所用步数都各不相同。

2. 认知指标

策略使用率。即40局游戏中使用最多的最佳策略与最少的最佳策略之差占总策略（即40）的百分比。这改变了以往研究者（王建安、张钢，2008）的做法：使用次数最多策略与最少的策略的采用数之差占总采用数的百分比。他们的计算方法中策略仅仅考虑了最佳策略，忽视了各式各样的次优策略。在TTT扑克牌任务中，通过关注目标位置牌的移动，事后每局游戏都可“追认”不同的策略，因此，策略的总数应该为40；但一般来说，而且经过上述研究的证实，人们的行为都是趋向最优的，因此，40局游戏中应用最少的策略是次优策略，这也可由上述研究结果所证实。所以，惯例的认知指标精确的说法应该是：基于最优策略的行为模式，惯例化的衡量应该用两种最优策略的差占总策略的百分比。下面举例对比两种做法。

假如X组被试采用4♣2♣2♥策略30次，4♣4♥2♥策略0次，其他次优策略10次；Y组被试采用4♣2♣2♥策略20次，4♣4♥2♥策略0次，其他次优策略20次，两组的惯例化程度谁更高？按照以往做法，X、Y组的惯例化程度相同，均为1。按照当前做法，X组的惯例化程度为（30－0）/40＝30/40，是

Y 组惯例化程度（20 - 0）/40 = 20/40 的 1.5 倍。因此，本研究的指标更具鉴别力，其取值范围在 0 至 1 之间。

依据上述两个指标，结合表 3 - 1 的结果，可以对 35 组被试的惯例化程度进行描述，见表 3 - 6。从行为上看，35 组被试换牌动作的惯例集中于右上（6 组）、明牌（11 组）和过牌（18 组）三种情况。惯例化程度最高的为 20 组被试，其过牌行为的惯例化程度为 45.59%；最低的为 01 组，其过牌行为的惯例化程度为 28.87%。从采用的策略上来看，有 9 组被试在 4♣4♥2♥策略上，27 组被试在 4♣2♣2♥策略上形成了惯例，其中惯例化程度最高的为 01 组，为 92.50%；最低的为 05 和 23 组，为 2.5%。

表 3 - 6　　35 组被试的惯例化程度

组别	换牌的位置				惯例化程度			
	N	C	U	P	位置	频率（%）	策略	使用率（%）
01	30	33	38	41	P	28.87	4♣2♣2♥	92.50
02	35	70	40	25	C	41.18	4♣2♣2♥	70.00
03	33	38	52	35	U	32.91	4♣2♣2♥	57.50
04	30	41	53	50	U	30.46	4♣2♣2♥	7.50
05	44	96	50	63	C	37.94	4♣4♥2♥	2.50
06	35	35	78	43	U	40.84	4♣2♣2♥	47.50
07	36	46	70	54	U	33.98	4♣4♥2♥	10.00
08	25	43	50	42	U	31.25	4♣2♣2♥	65.00
09	54	100	102	22	U	36.69	4♣4♥2♥	15.00
10	46	60	40	95	P	39.42	4♣2♣2♥	22.50
11	32	79	51	57	C	36.07	4♣4♥2♥	70.00
12	30	42	45	50	P	29.94	4♣2♣2♥	17.50
13	41	41	73	44	U	36.68	4♣4♥2♥	10.00
14	20	30	28	50	P	39.06	4♣2♣2♥	7.50
15	27	61	86	16	U	45.26	4♣2♣2♥	40.00
16	60	26	14	63	P	38.65	4♣2♣2♥	22.50
17	37	37	21	60	P	38.71	4♣2♣2♥	12.50
18	27	30	18	51	P	40.48	4♣4♥2♥	37.50
19	19	40	34	64	P	40.76	4♣2♣2♥	22.50
20	24	32	18	62	P	45.59	4♣2♣2♥	5.00

续表

组别	换牌的位置				惯例化程度			
	N	C	U	P	位置	频率（%）	策略	使用率（%）
21	52	67	36	88	P	36.21	4♣2♣2♥	15.00
22	18	36	22	60	P	44.12	4♣2♣2♥	5.00
23	49	74	18	62	C	36.45	4♣2♣2♥	2.50
24	25	28	30	58	P	41.13	4♣2♣2♥	17.50
25	19	37	20	60	P	44.12	4♣4♥2♥	25.00
26	42	63	32	70	P	33.82	4♣2♣2♥	10.00
27	50	59	23	36	C	35.12	4♣2♣2♥	67.50
28	23	31	22	55	P	41.98	4♣2♣2♥	5.00
29	26	47	27	48	P	32.43	4♣2♣2♥	10.00
30	50	66	26	84	P	37.17	4♣2♣2♥	15.00
31	70	75	39	57	C	31.12	4♣2♣2♥	67.50
32	17	26	51	34	U	39.84	4♣2♣2♥	35.00
33	28	39	66	56	U	34.92	4♣4♥2♥	20.00
34	36	47	58	53	U	29.90	4♣2♣2♥	45.00
35	26	39	32	54	P	35.76	4♣4♥2♥	22.50

为了探讨两种频率策略的关系，对其进行了相关分析，结果发现两种频率策略之间呈负相关，但并不显著，$r=-0.3$，$p=0.08$，即二者属于不同的描述角度。

五、实验 1 讨论

（一）TTT 扑克牌游戏中惯例现象的多角度验证

与以往研究结果（Bonini & Egidi, 1999；Cohen & Bacdayan, 1994；Egidi, 1996）一致，本研究证实，在重新设计的 40 局 TTT 扑克牌任务中存在明显的惯例现象，这不仅表现在行为指标上，还表现在认知指标上。对此，研究进行了多角度论证，其既有量化的数据分析，也有定性的策略描述，还有事后访谈的直接验证。

（二）行为和认知指标验证

研究首先直观描述了在 TTT 扑克牌游戏所构建的两人合作问题解决任务中，35 个被试组在 40 局游戏中以及每局游戏中 35 组被试的表现。这为后面分析被试组的惯例行为奠定了基础。

在直接采用相关指标来验证惯例现象之前，研究首先改进埃吉迪（Egidi，1996）设置5局重复游戏模板的思路，验证了是否经过30局重复性解决同一类问题，被试组在同一模板上问题解决的效率以及所应用的策略是否有所差异。埃吉迪（Egidi，1996）的研究将5局重复放到了40局的中间，且未对结果进行数据分析。本研究采用实验心理学经典的事前事后设计的思路，将5个模板分别放在了前5局和后5局，这样可以有效地对比两人组的惯例在初始局和结束局的变化。研究采用两种分析视角发现，在问题解决的效率和所采用的方法上，前后5局存在显著差异。第一，从5个模板前后5局的对比来看，在问题解决的效率上，后5局均高于前5局。在每局的得分、所用步数和步时上，前后5局的差异在模板2、3、4上比较明显；在平均步时上各个模板上的差异均非常显著。这主要是因为模板1和5相对简单，不论是否形成惯例，只要理解了游戏规则，完成并不难。而平均步时，这一指标对问题解决效率的体现更为明显，它反映的是被试进行每一步动作的思考时间。如果已经形成惯例，虽然在完成每局游戏所用的总时间上可能变化不大，但每一步的动作的目的性更加突出和明确，因而，降低的幅度也最明显。在问题解决的所用的策略上，虽然5个模板前后5局采用的策略有所差异，但均未达到显著性水平。第二，将前5局视为一个整体，对比其各项指标前后5局的差异后发现，在反映问题解决效率的各项指标上，均是后5局好于前5局，具体体现为总得分的增加、完成每局总时间的减少和完成每步总时间的减少，但在完成每局的总步数上无显著差异。这说明，问题解决效率的提高集中体现于获益和问题解决的速度上，而对于个体所付出的努力，即步数不敏感。在策略的变异上，研究表明策略的变异主要体现在其他策略运用的减少上。这说明被试组在问题解决过程中，逐渐变得更为理性，不再采用次优策略，转而探索最佳策略。

通过被试在前后5个模板5局上表现的对比可知，以TTT扑克牌任务为依托的重复性两人合作问题中，被试组问题解决的效率在不断提高，所采用的策略也逐渐趋向最优化，但这是不是说明惯例现象的存在呢？研究通过以下5个指标进行了验证和描述：

（1）问题解决可靠性的增加。这代表了问题解决质量的提高。本研究对这一指标做了两处改动：首先，改变以往研究（Cohen & Bacdayan，1994）应用四分位差作为衡量指标的做法，直接用玩家完成每盘游戏所用的步数来衡量，使本指标更加易于理解。其次，结合TTT任务本身的特点，将被试组每局游戏得分纳入衡量指标的范围。通过这两个指标的刻画发现，被试组在重复解决问题的过程中，其可靠性在逐渐增加，说明了惯例存在的可能。因为惯例的作用之一便是节省认知资源，而随着惯例的出现，行为越来越自动化，可以空出更多的认知资源进行高水平的思考和更加复杂的决策（Becker, 2003）。

（2）问题解决速度的提高。它是问题解决效率提高的时间指标。本研究对这一指标也进行了两处改动：首先，以往研究（Cohen & Bacdayan, 1994）采用的是完成每局游戏所用的平均时间随盘数变化的趋势来刻画，这采用的不是原始数据，而是经过了一定转换。本研究直接用完成每局游戏的总时间这一原始指标来刻画这一趋势，增加了研究的生态效度，并使数据处理简洁化。其次，研究增加了平均步时这一指标。不同局甚至同一局游戏都可以用不同的步数来完成，每一步换牌所用的时间直接体现了个体的思考时间。若存在惯例，它可以节省找到解决方案的时间（Betsch, Fiedler & Brinkmann, 1998; Betsch, Haberstroh & Höhle, 1999）。分别以两个指标为因变量，以盘数为自变量的回归分析结果均表明，随着盘数的增加，被试组完成每局游戏及每步换牌所用时间均随着盘数的增加而减少，即问题解决的效率在提高。

（3）重复的行动序列的存在。科恩和巴克达安（Cohen & Bacdayan, 1994）的研究对这一指标的说明限于描述，仅列举了UU * T策略。本研究沿着上述思路，不仅总结和描述了被试组在重新设计的TTT扑克牌游戏中其他的模糊的行为模式，还进一步总结了完整的行动序列。由表3-4和3-5可知，通过重复地解决同一类问题，被试组形成了各种各样的行为模式，其集中表现在换右上位置的牌（C）和明牌上。

（4）具有偶尔的次优性。以往研究（Egidi & Narduzzo, 1997）曾证实，惯例具有较强的路径依赖性，这可以通过西蒙（Simon, 1986）提出的有限理性理论来解释。但以往研究（Cohen & Bacdayan, 1994）只是对此进行简单分析，或直接不分析（王建安、张钢，2008）。本研究却通过个案的举例形象说明了惯例的顽固性。从惯例在这一指标上的表现，它可以被理解为一种群体的思维定式（Luchins, 1942）。

（5）基于特定策略的反应模式。惯例不仅表现在行为层面，还表现在认知层面。为了更全面地描述这一现象，研究通过事前基于TTT扑克牌游戏问题空间图（Egidi, 1996）的控制及事后分析探讨了35组被试在问题解决中所用的策略。结果（见表3-1、表3-2及图3-14）的分析表明，与之前预期相一致，被试组在完成任务的过程中，采用了两种最佳策略及一定的次优策略。

通过上述认知及行为层面的分析可以证实，TTT 扑克牌游戏中存在明显的惯例现象，但是，被试是否意识到了这种基于行为和策略的模式呢?

本研究通过事后访谈回答了上述问题，研究发现，被试对于两人采取的策略具有清晰的认知，他们不仅能准确地描述4♣2♣2♥和4♣4♥2♥这两种最佳策略、4♣➔红色牌➔2♥这样的次优策略，还能同时说明两种最优策略。然而，对于自己行为中如表3－4和3－5中所示的行动序列却鲜有涉及。

上述发现，不仅更进一步从认知层面证实了TTT扑克牌游戏中的惯例现象，还在一定程度上回答了以往研究有关惯例意识性的争论。惯例在行为层面，可能是无意识的，惯例的执行者们意识不到自己在采用这样的行为方式，如科恩和巴克达安（Cohen & Bacdayan, 1994）所述，惯例有一部分是作为程序性记忆存储的，这相当于费尔德曼和彭特兰（Feldman & Pentland, 2003; Pentland & Feldman, 2005）提出的惯例的执行面。但在认知层面，惯例的执行者却对其有清晰的认知，是有意为之，而非自然浮现的，这就相当于惯例的形式面。

研究通过访谈证实了惯例生成观（Becker, 2008）的科学性，惯例是由形式面和执行面组成，并由相应载体承载的生成系统。惯例意识性之争在生成观的框架下是可以整合的，两种说法都具有一定的合理性，但都不全面。最恰当的表述应为：惯例是一个既有意识性，又具有无意识性的统一体。

（三）TTT 扑克牌任务总惯例化程度的衡量

通过上述多角度的验证，与以往研究结论（Cohen & Bacdayan, 1994; Egidi, 1996）相一致，研究重新设计的TTT扑克牌游戏中存在显著的惯例现象。然而，通过上述各项验证指标，仅仅能证实和描述这种现象。当涉及对惯例现象的操纵时，需要对不同情况下的惯例现象进行对比时，上述指标便不太恰当了。

本研究继续遵循惯例作为行为和认知现象的思路，设计了两个指标来衡量TTT扑克牌游戏中被试组惯例化的惯例化程度。

首先，研究从行为层面，创造了对每一局游戏中被试每一步换牌的动作进行刻画的指标，即被试组选择换某个位置牌的频率。由表3－4和3－5可知，被试换5个位置的牌时形成了不同的模糊行为模式。但这种模糊行为模式多种多样，本身不好量化，因此不能作为惯例行为层面表现的指标。由于行为模式是由不同换牌动作组成的，因此可以用被试每一步换牌时换次数最多的那个位置数量来代表惯例行为。由于不同被试每局换牌次数不同，故将其用频率来表示。由表 3 - 6 可知，被试在三个换牌的位置上存在显著的惯例行为：①过牌，P。通过事后的访谈可知，被试过牌时意味着手里已经有了关键牌 2。如编号为 S—D 的玩家所述："我是同色玩家……我手里有红桃 2 就会跳过，对方就会知道我手中有红桃 2……当对方跳过时，我便知道其手中有红桃 2，并将梅花 2 换到目标位置。"②明牌，U。通过事后访谈可知，被试选择换明牌，是为了与对方更好地配合。如编号 04—S 的玩家所述："如果出现了不太配合的情况就把红桃 2 换到明牌上，作为一个提示，告诉对方手里是什么牌，这样就可以形成配合了。"③右上位置的牌，C。对于这一现象可以理解为当被试不能换两张明牌时，他会更倾向于选择两种暗牌中右上位置的牌。这种行为主要源于大脑两半球功能的区别，即大多数人都是左脑占优势的（彭聃龄，2003）。一般来说，大脑的左半球是负责数学运算和逻辑推理，它主要指挥右手的活动。TTT 扑克牌任务中，由于个体要思考和依据对方的行为不断进行推理和逻辑分析，因此会无意识地选择右上位置的牌。由此可知，虽然被试对自己的行为模式序列没有清晰的认识，但是对于换某个位置的牌，意识性还是明显的。

其次，从认知，即策略层面，改进以往研究者提出的策略使用率指标。王建安和张钢（2008）在其开发的三人 TTT 扑克牌游戏中提出用策略使用率来刻画惯例化程度。本研究借鉴这一思路，提出了本研究设计的 40 局两人 TTT 扑克牌游戏中惯例化程度的衡量指标，即使用次数最多的最佳策略与使用次数最少的最佳策略之差占总策略（即 40）的百分比。这一计算方式，不仅同时考虑了两种最优策略，还将次优策略考虑在内，与他们研究中仅考虑最优策略的做法相比，更加合理。通过这一指标的衡量发现，被试组的惯例同时基于两种最优策略，35 组被试中有 27 组的惯例是基于 4♣2♣2♥的。这主要源于以往研究者（Egidi，1996）所述的同色和同点玩家地位的不平等。由图 1 - 5 可知，同色玩家可以用 2♣和 3♣来与目标位置的 4♣交换，他由于占有更多的资源，而处于"领导者"的地位，一般由他负责寻找关键牌 2♣。而同点玩家只能用 4♥来换目标位置的牌，除非凑巧 4♥在目标位置，她一般处于服从地位，负责将 2♥拿到手中，等待机会。

研究对上述两个惯例化指标的相关分析表明，二者之间并不存在显著关系。这是由于两个指标说明问题的角度和立场不同。对于认知指标，它确定无疑地代表了惯例的积极作用，作为问题解决的最优策略出现。而对于行为指标，被试的惯例行为既可以说明被试组理解了问题解决的策略，有意识地采用不同的换牌动作，也可以说明被试组在换牌中配合不默契，需要不断地通过过牌和明牌的暗示来提醒对方与自己配合。而根据本研究中两个指标负相关的趋势，35组被试更偏向于后者。因此，惯例化程度需要同时从行为和认知两个指标进行衡量，二者缺一不可。

六、实验1结论

第一，TTT扑克牌游戏中存在明显的惯例现象，其具体表现为认知和行为方面的5个指标上：问题解决可靠性的增加、速度的提高、重复的行动序列的存在、基于特定策略的反应模式和偶尔的次优性。

第二，TTT扑克牌游戏中的惯例化的衡量应采用两个方面的指标：行为上，采用被试行为动作频率，即被试组在每一局游戏的每一步换牌动作中选择换某个位置牌的频率；认知上，采用策略采用率指标，即采用次数最多的最佳策略与最少的最佳策略之差占总策略（即40）的百分比。

第三，TTT扑克牌游戏中，惯例既具有意识性，又具有无意识性。

第二节　实验2：三人合作问题解决中的惯例

一、研究目的

在TTT扑克牌游戏中惯例现象分析的基础上，进一步证实加10游戏中的惯例现象，进一步证明这种现象的普遍性，并完善这种思维现象存在的分析思路。

第一，依据实验1中的行为和认知指标，描述加10游戏中的惯例现象。

第二，建立惯例现象情感方面结果，即个体对结果的满意度及对下一局游戏预期情况的分析思路。

第三，依据实验1的思路，建立加10游戏中惯例化程度的衡量指标。

二、研究假设

第一，不论是从小组层面还是从项目层面分析，在三人合作问题解决的加10游戏中，不同被试组在40局游戏中的表现均存在差异。

第二，三人进行的加10游戏中存在惯例现象，它不仅可以由上述TTT扑克牌游戏中建立的5个指标进行分析，还可以从情感方面进行分析。随着完成局数的增加，个体对每局结果的满意度逐渐提高，对下一局的预期也更加积极。

第三，加10游戏中的惯例现象及惯例化程度亦可从行为和认知层面进行描述衡量。

三、实验设计

（一）被试

通过网络招募普通大学生93名，其中，男生37人，女生56人，涉及英语、化学、教育学等12个专业。实验时，计算机将被试随机分到31个三人小组中，每组完成28局加10游戏。

（二）实验平台及流程

1. 测验平台开发及测验流程

加10游戏任务简介详见综述部分，它由计算机编制的程序来实现。针对以往研究展现出来的互动性不足的问题，本研究采用LAMP技术（即Linux + Apache + Mysql + PHP）软件开发技术，搭建一个动态的网络平台。新搭建的动态网络平台，将数字选择与结果反馈分页呈现，使界面更友好、动态性更强。

本实验开始前，主试向被试简要说明实验流程，并重点说明实验的获益规则，即依据被试28局游戏的得分区间，给予被试5～15元不等的奖励：得分在［-112，196］区间得5元；在［197，504］区间得8元；在［505，812］区间得12元；在［813，1120］区间得15元。之后，测验平台将依次呈现如下页面：

将写好的代码搭建好环境放到主机上之后，即可允许所有用户访问。实验时，游戏的具体流程如下：

让被试打开主机的IP地址：http://172.16.158.38/plusten3/，然后进行

注册。注册后，即跳出游戏的指导语页面，点击相应的超链接即可查看游戏的详细说明并试玩 1 ~2 局游戏（试玩的数据，电脑并不记录）（见图 3 - 17）。

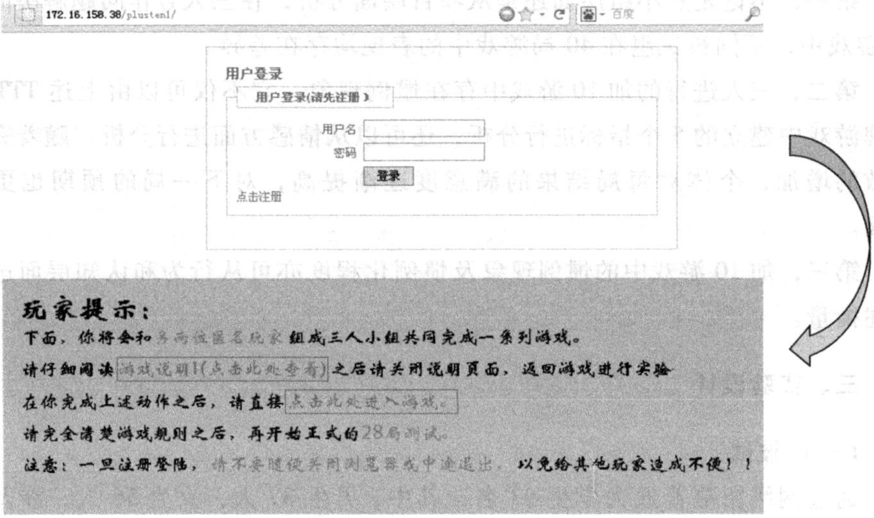

图 3 - 17　被试注册界面及相应实验说明

登录后，页面显示一个有 35 个房间（三人组视为一个“房间”）的页面如图 3 - 18 所示，每个房间必须满 3 个被试才可以开始游戏。理论上，程序可以允许 105 名（即 35 组）被试同时进行实验测试。

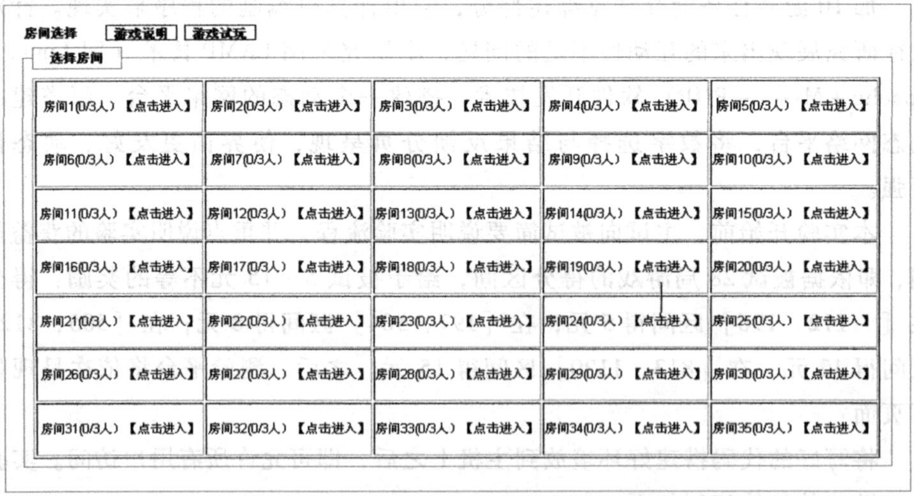

图 3 - 18　实验三人房间设置示意图

每个房间满三人后，即可开始实验，其界面如图 3－19 所示。

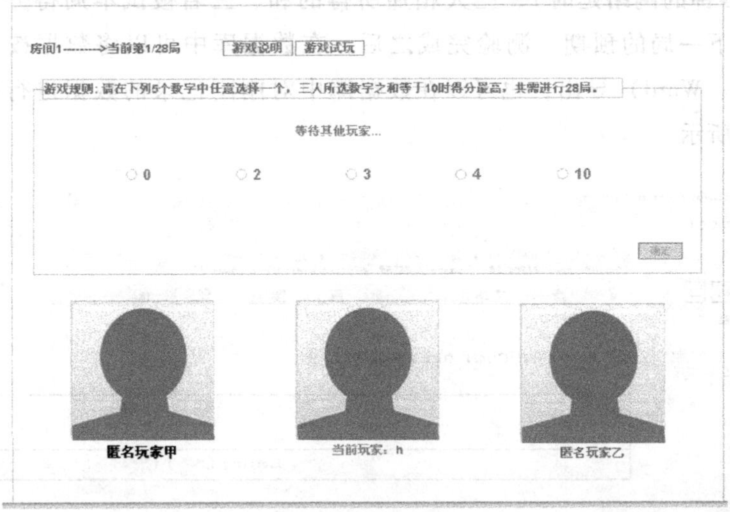

图 3－19　实验界面示意图

页面上有房间号（即组别)、游戏规则、练习按钮及 3 个玩家的头像。被试选择数字前，主试引导被试通过“游戏试玩”页面进行实验练习，保证其理解规则。实验时，被试均在 5 个数字中选择一个，选择快的被试的屏幕上会出现“等待其他玩家”的提示。三名被试均从 5 个数字中选择其中一个之后，电脑给出反馈的页面，被试可以查看自己的分数，并对满意度和下一局三人相加的和进行预期，如图 3－20 所示。

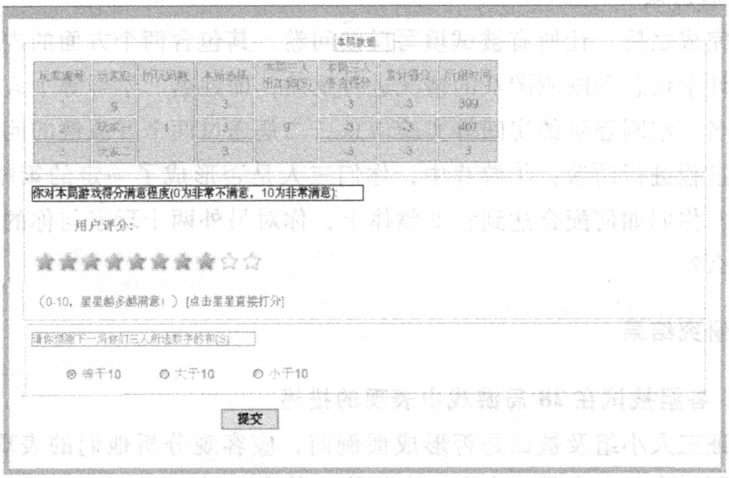

图 3－20　实验反馈及评价页面示意图

每一局测试，电脑都自动记录每个玩家选择了哪个数字、用了多少时间（包括5秒钟的网络延时）、三人相加所得的和、三名被试本局得分、本局满意度、对下一局的预期。测验完成之后，在数据库中可以将数据按一定格式（如Excel、Word）导出，也可以在数据库中对刚刚记录的数据进行操作，如图3－21所示。

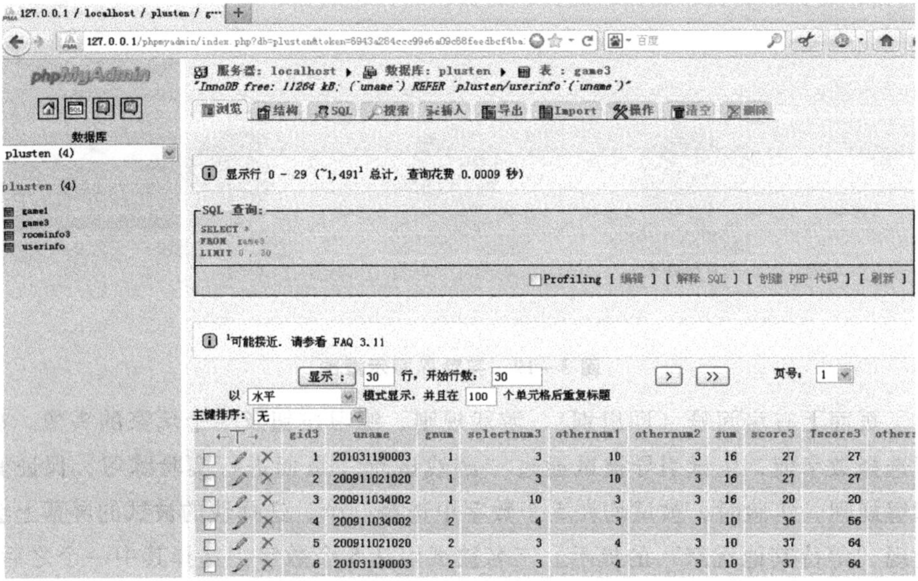

图3－21　实验后台数据记录示意图

2. 事后访谈

实验完成之后，让所有被试填写反馈问卷，其包含两个方面的内容：一是对人口统计学信息和刚刚游戏的情况进行反馈，即姓名、学号等个人基本信息以及用户名、刚刚登录的房间等实验信息；二是通过两个开放性的问题，对刚刚实验的过程进行访谈：①游戏中，你们三人是否形成了一定的策略或方法？它是什么？你们如何配合达到？②整体上，你对另外两个玩家与你的配合满意吗？为什么？

四、研究结果

（一）各组被试在28局游戏中表现的描述

在验证三人小组及被试是否形成惯例前，应客观分析他们的表现在28局重复的问题解决任务中是否存在一定规律。首先，对31组被试在28局游戏中的得分情况进行描述。表 3－7 为 31 组被试在 28 局游戏中三人相加所得和等于、大于和小于 10 的情况以及对每组 28 局游戏总得分以及总满意度情况的说明。其中，$M_{总}$等于小组中的三名被试 28 局游戏累积得分的和除以 3，其区间为 0～1045.33；$M_{满意}$等于小组中三名被试所有 28 局游戏满意度的和（共 28 × 3 = 84 局）除以 84，其区间为 0～10。

表 3－7　　31 组被试 28 局游戏得分情况描述

组别	相加所得（N = 28）			$M_{总}$	$M_{满意}$	对下一局预期（N = 84）			
	= 10	> 10	< 10			> 10	< 10	= 10	缺失
01	7	12	9	525.67	6.40	21	12	23	28
02	13	8	7	664.33	7.94	15	16	52	1
03	8	7	13	438.33	6.00	1	1	80	2
04	4	21	3	652.67	6.74	43	21	16	4
05	16	6	6	781.00	7.11	14	2	61	7
06	2	22	4	615.33	8.57	41	18	18	7
07	9	8	11	507.33	5.01	27	9	40	8
08	20	6	2	885.00	9.12	9	0	74	1
09	6	9	13	418.67	8.10	14	1	66	3
10	26	2	0	1004.00	9.68	3	0	59	22
11	27	0	1	987.00	8.41	1	1	74	8
12	12	12	4	744.67	6.30	30	3	21	30
13	5	8	15	356.00	6.76	33	35	13	3
14	6	5	17	305.00	8.21	13	13	52	6
15	17	8	3	823.33	7.72	9	9	59	7
16	27	1	0	1016.00	9.74	2	1	79	2
17	18	4	5	772.00	8.37	22	3	58	1
18	26	2	0	1006.00	9.69	5	0	75	4
19	24	3	1	954.33	9.01	9	0	71	4
20	28	0	0	1026.67	10.00	1	0	79	4
21	26	2	0	1004.00	9.92	0	0	76	8
22	22	6	0	963.00	9.48	8	0	74	2
23	28	0	0	1075.33	9.97	0	0	79	5
24	11	9	8	573.00	6.03	34	4	45	1
25	20	3	5	797.33	8.82	3	0	78	3

续表

组别	相加所得（$N=28$）			$M_{总}$	$M_{满意}$	对下一局预期（$N=84$）			
	=10	>10	<10			>10	<10	=10	缺失
26	3	14	11	440.33	5.78	55	7	18	4
27	22	3	3	877.00	8.71	1	0	80	3
28	26	2	0	1006.00	9.87	3	0	77	4
29	23	4	1	945.33	7.69	5	1	69	9
30	23	1	4	859.33	8.72	0	4	80	0
31	14	9	5	733.67	6.78	16	0	67	1
总均分	16.77	6.29	4.90	775.53	8.08	14.13	5.19	58.48	6.19

由表 3－7 可知，31 组被试完成的 28 局游戏中，三人相加所得和等于 10 的平均局数为 16.77，大于 10 的平均局数为 6.29，小于 10 的平均局数为 4.90；所有被试的 28 局游戏的总平均分为 775.53，总平均满意度为 8.08。在小组总分上，31 组被试中得分最高的为第 23 组被试，1075.33 分；得分最低的为第 14 组，305 分。从平均满意度上来看，得分最高的为第 20 组，10 分；最低的为第 7 组，5.01 分。从对下一局的预期来看，31 组被试的 28 局游戏中，预测下一局会等于 10 的平均局数为 14.13，小于 10 的局数为 5.19，等于 10 的局数为 58.48。

由上述描述可知，大多三人组被试在 28 局游戏中表现良好，每组被试选择数字相加所得和等于 10 的平均有近 17 局，大于 10 的有近 7 局，小于 10 的才不到 5 局。三人组的平均得分和满意度都超过平均水平，在对下一局的预期上，选择等于 10 的局数也最多。可见，被试在重复任务中存在一定规律，他们形成了一定的策略来解决问题。

（二）各组被试在 28 局游戏中所采用的策略分析

为分析三人小组在合作问题解决中的策略，通过对加 10 游戏的事前分析、被试每局的数字选择及事后访谈的结果印证可知，三人小组在测验中所有策略存在见表 3－8。

由表 3－8 可知，共有 5 类策略来完成每一局游戏。每局游戏中，最优的问题解决策略是使三人所选数字相加所得的和等于 10，此时共有 4，3，3、4，4，2、10，0，0 三种组合；次优的问题解决策略是使三人所选数字相加所得的和大于 10，此时可以至少一人选择 10，或者至少两人选择 4。除上述 4 种情

表 3－8　　　　三人问题解决中的策略描述

策略	含义	典型组
4，3，3	一人选 4，另两个人选 3，保证三人相加的和为 10	23
4，4，2	一人选 2，另两个人选 4，保证三人相加的和为 10	20
10，0，0，	一人选 2，另两个人选 4，保证三人相加的和为 10	9
>10	至少一人选择 10，或至少两人选 4，保证三人相加的和大于 10	6
不明确	三人配合失败，相加小于 10 的所有情况	14

况外，其余所有三人相加所得和小于 10 的情况均可视为不明确的策略。由上述分析可知，具体到每人每一局的数字选择，最优的策略应该是选择 4，因为 4，3，3、4，4，2 和 >10 的策略均与 4 相关；次优的策略是选择 3 或 10，因为 4，3，3 策略会用到 3；选数字 10 的情况下，三人相加所得的和必定会等于或大于 10。

（三）每局游戏中 31 组被试的表现描述

表 3－7 为基于被试组别层面对加 10 游戏完成情况的描述。为进一步了解各组被试的表现，还可基于游戏本身层面，对每一局游戏中各组被试的表现进行描述。表 3－9 为在表 3－8 的基础上，对每一局游戏中所有被试选择数字、采用策略及对下一局预期的分析。

表 3－9　　每一局游戏中被试选择 5 个数字、采用策略及预期的次数

内容	5 个数字（$N=93$）					5 种策略（$N=31$）					预期（$N=93$）			
局数	0	2	3	4	10	4,3,3	4,4,2	10,0,0	>10	不明确	>10	<10	=10	缺失
1	5	8	31	43	6	5	5	1	14	6	36	7	40	10
2	5	10	26	44	8	6	4	1	15	5	37	7	43	6
3	5	10	30	43	5	9	5	1	11	5	26	6	59	2
4	6	7	36	33	11	6	3	2	13	7	25	6	57	5
5	10	8	32	37	6	9	3	2	9	8	22	7	57	7
6	10	10	30	37	6	9	4	1	12	5	16	10	61	6
7	9	10	32	35	7	5	5	1	12	8	18	7	63	5
8	9	13	34	32	5	9	6	3	3	10	18	5	67	3
9	4	14	32	36	7	11	7	2	4	7	16	7	59	11
10	9	10	30	37	7	10	6	3	8	4	20	9	58	6

续表

局数＼内容	5 个数字（N=93）					5 种策略（N=31）					预期（N=93）			
	0	2	3	4	10	4,3,3	4,4,2	10,0,0	>10	不明确	>10	<10	=10	缺失
11	13	11	28	33	8	9	6	3	7	6	17	6	65	5
12	10	12	28	35	8	9	7	3	6	6	12	7	69	5
13	11	11	30	36	5	12	5	4	5	5	15	6	67	5
14	9	12	29	35	8	10	6	3	7	5	14	5	66	8
15	8	12	31	33	9	9	7	3	8	4	11	8	66	8
16	13	13	29	31	7	11	8	4	3	5	10	6	70	7
17	11	11	31	33	7	12	6	4	5	4	11	2	75	5
18	8	12	29	35	9	11	9	3	5	3	16	1	66	10
19	10	9	28	39	7	11	9	2	6	3	9	3	75	6
20	12	15	28	32	6	10	6	2	7	6	11	5	71	6
21	8	15	32	32	6	13	7	3	3	5	10	6	71	6
22	10	14	28	35	6	12	7	3	5	4	12	6	71	4
23	12	12	27	36	6	11	7	3	5	5	9	6	66	12
24	13	11	33	32	4	11	7	3	4	6	10	7	67	9
25	13	9	27	37	7	11	6	4	6	4	9	4	74	6
26	11	11	29	35	7	12	7	3	6	3	11	4	71	7
27	13	13	26	34	7	10	8	2	4	7	7	6	70	10
28	14	9	30	33	7	12	7	3	3	6	10	2	69	12

由表 3-9 可知，第 1 局中，被试在 5 个数字中选择 4 的人数最多，有 43 人，接近一半，选择 3 的人数有 31，为 1/3。第 28 局结束时，选择 4 和 3 的人数仍然最多，分别为 33 和 30 人，均为 1/3 左右。整体上，31 组被试在 28 局游戏中选择 0、2、3、4、10 的频率分别为 10.41%、11.98%、32.10% 和 38.13% 和 7.37%。

从策略上来看，第 1 局时，有 11 组被试达到了最优策略，采用 4,3,3、4,4,2 和 10,0,0 策略的人数分别为 5、5 和 1，并有 14 组被试达到了次优策略，即 >10，未形成明显策略的有 6 组被试。第 28 局时，有 22 组被试形成了最优策略，有 12 组采用 4,3,3 策略，并有 7 组采用 4,4,2 策略，3 组采用 10，0，0 策略；采用次优策略的组数下降为 3 组，未形成明显策略的仍有 6 组被试。

在对下一局的预期上，第1局时，有36名被试预期下一局会大于10，有7名预期下一局会小于10，有40名预期下一局会等于10。到28局时，只有10名预期下一局会大于10，只有2名预期下一局会小于10，69名预期下一局会等于10。

（四）三人合作问题解决中的惯例

1. 惯例现象各项指标验证及其表现分析

通过上述分析，可以看出，经过28局游戏，大多被试显然形成了解决问题的策略。一方面，他们会坚持三人之间形成的最优的问题解决策略，如4,3,3和4,4,2策略，使三人相加所得的和为10；另一方面，他们会选择最容易达到最优策略的数字4和3。这样的问题解决策略一旦形成之后，会一直坚持下去，由于是多人间形成的策略，可以视为组织行为中的惯例。下面从不同角度对此进行分析。

首先，按照研究一建立的判定惯例存在的5个指标进行验证和描述：

（1）可靠性的增加。这可以通过被试每局的获益来体现。以被试每局得分为因变量，以局数为自变量的回归分析表明（见表3－8），随着完成局数的增多，其每局获得的分数在逐渐增加（$\beta=0.12$，$t=6.09$，$p<0.001$）。这说明被试处理问题的效率在逐渐提升。

（2）速度的提高。这可以通过所有被试每局选择某数字反应时的逐渐减少来体现。由表3－7可知，以被试完成每局的时间（秒）为因变量，以盘数为自变量的回归分析表明，随着完成局数的增多，被试完成每局游戏的时间在逐渐减少（$\beta=-0.15$，$t=-7.23$，$p<0.001$）。

（3）重复的行动序列。判定是否随着游戏的进行，玩家形成了相对稳定的“组块”式的行动模式。对此，首先进行主观的判断。通过事后访谈及上述结果的分析发现，28局游戏中被试选择3或4的频率最高，在最初几局的探索之后，他们就固定下自己的选择来。如有的被试说：“我们通过前几局对于同伴的心理出价的试探，结合自己的意愿和判断对出价进行修正或保持，而后在第2次达到总和为10时保持了自己的选择，在往后的二十几局中复制这个局面。”还有人简单描述了他们小组成员惯例形成的过程及形成后的表现：“我们有一次组合为10之后就不变了。我一直选4他们一直选3。”

（4）基于特定策略的行为模式。这已由上述有关问题解决的策略所证实，三人小组在28局游戏中会逐渐形成问题解决的最佳策略，即4,4,2、4,3,3、

10,0,0 和次优策略 >10。这由事后访谈的结果也可以验证。例如，有人这样描述他们的策略的发现："起初的几轮都是处在摸索环节，有时大于10，有时小于10，后来大家发现4-2-4的组合（注：4,4,2策略），可以达到最优配置。很谢谢另外两名队员。"

（5）偶尔的次优性。本指标反映的是对次优策略的坚持。结合加10游戏的特点，研究以10,0,0策略和大于10策略的使用可以说明。例如，对第10组被试来说，他们在第一局偶然达到了三人相加所得和等于10之后，28局游戏均选择了采用10,0,0策略。即使有更好的4,4,2和4,3,3策略，他们也不再去探索了。第6组的表现更加明显，他们在28局游戏中，除最后两局采用10,0,0策略，中间有4次三人相加所得和小于10之外，有22局三人都固定为>10策略。

其次，结合加10游戏任务的特殊性，与TTT扑克牌不同，除上述5个指标之外，本任务还可提供两个情感方面的指标，共形成7项惯例判定指标。

①对每一局游戏结果满意度的增加。以被试每局的满意度得分为因变量，以局数为自变量的回归分析表明（见表3-8），随着完成局数的增多，被试组对每局游戏的满意度在逐渐增加，$\beta=0.15$，$t=7.49$，$p<0.001$。

②对下一局游戏的预期逐渐积极。以局数为自变量，分别以每一局游戏中对大于、小于、等于10三局选择的人数为因变量，进行三次回归分析，结果表明：随着拘束的增加，对下一局预期大于和小于10的人数均显著减少，$\beta=-0.94$，$t=-140.14$；$\beta=-0.96$，$t=-166.206$；$ps<0.001$；对下一局预期等于10的人在显著增多，$\beta=0.98$，$t=238.40$，$p<0.001$。

综合上述7个指标，可以全面验证和描述加10游戏中的惯例现象。然而，若研究仅需粗略判断惯例现象的存在，而非对其详细描述，则需要更为简洁、快速的方法。延续以往研究（张梅等，2013）利用猜测率分析惯例的思路，可从以下两个层面进行整体判定：

一是个体层面。计算每局有5种选择的28局游戏中，被试选择某数字多少次，才能证明他不是猜测，而是形成了惯例？利用二项分布原理，在加10游戏中，事件重复的次数 $n=28$，每局游戏选择某数字的概率 $p=1/5=0.2$，不选择本数字的概率 $q=1-p=0.8$，由于 $np>5$，此二项分布接近正态分布，故：$\mu=np=5.6$，$\sigma=\sqrt{npq}=\sqrt{28\times0.2\times0.8}=2.12$。根据正态分布概率，当 $Z=1.645$ 时，该点以下包含了全体的95%。$\mu+1.645\sigma=9.08\approx10$。即完全凭猜测，28局游戏偶然选择某数字10次以下的概率为95%，选择10次及以上的概率只有 5%。据此可推论，加 10 游戏中选择某数字 10 次及以上就不是猜测，而是形成了惯例。经计算，93 名被试中绝大多数人均形成了惯例，即选择某个数字超过 10 次。其中，数字 4（33.33%）和 3（29.03%）上形成的惯例最多，数字 10 上形成的惯例最少，为 6.45%，有 5 人同时在两个数字（3 和 4、2 和 3）上形成了惯例。

二是群体层面。计算每局由表 3－8 所示的 4 种选择的 28 局游戏中，三人小组选择某策略多少次，才能证明小组形成了惯例，而不是偶然猜测？依据上述计算方法，$n=28$，$p=0.25$，$q=0.75$，$np>5$，此二项分布接近正态分布，故：$\mu=np=7$，$\sigma=2.29$。根据正态分布原理，$\mu+1.645\sigma=10.77\approx11$。即完全凭猜测，28 局游戏，偶然猜测选择某策略 11～28 次的概率只有 5%。因此，可推论 28 局游戏中某小组采用某策略 11 次及以上就不是凭猜测，而是形成了惯例。经计算，31 个三人小组中的大多数均形成了惯例，采用某策略超过 11 次。其中采用最多的策略是 4,3,3 策略，占 35.48%，其次为 4,4,2 策略，占 19.35%，采用最少的策略为 10,0,0 策略，还有一组被试同时形成了采用 4,4,2 和 10,0,0 策略的惯例。

2. 惯例化程度的衡量

由上述分析可知，通过 7 个指标的检验证实，以加 10 游戏为任务的三人合作问题解决中存在惯例现象。如何衡量个体及小组之间惯例水平的差异？这涉及惯例化程度的概念。如实验 1 所述，惯例不是一个全或无的概念，它是一个连续变量，代表了惯例从无到有的不同水平。因此，惯例化程度也涉及个体与群体、行为和认知两个维度，共四个方面。结合加 10 游戏的自身特点，个体层面仅能测量数字选择的行为表现，无法分析具体策略，群体层面仅能测量三人共同采用的策略，无法分析具体的行动序列，因此，惯例化程度的测量指标有以下两个层面：

一是数字惯例化程度。它指被试在 28 局游戏中选择某数字的频率。从个体角度来看，其计算方式为：每名被试在 28 局游戏中选择次数最多的数字的次数除以 28；从三人小组的整体角度来看，其计算方式为所有被试在 28 局游戏中选择次数最多的数字的次数占总选择次数（即 3 人 ×28 局 =84 次）的比率。经计算，93 名被试惯例化程度最高的为 100%（16 人），最低的为 32.14%，在 50% 以下的有 11 人，90%～100% 有 42 人。31 个三人组整体来看（见表 3－10），惯例化程度最高的为 25 组，为 69.05%；最低的是 06 组，为 32.14%。所选数字上，31 组被试在选择数字 0（4 组）、3（14 组）、4（9

组）、10（4组）上存在惯例行为，数字2上却不存在。

表3-10　　31组被试的惯例化程度描述

组别	对5个数字的选择（N=84）					惯例化程度			
	0	2	3	4	10	数字	频率（%）	策略	使用率（%）
01	3	12	29	33	7	4	39.29	>10	46.43
02	41	4	9	8	22	0	48.81	10,0,0	53.57
03	2	11	37	33	1	3	44.05	4,3,3	14.29
04	29	3	4	10	38	10	45.24	>10	75.00
05	1	23	10	46	4	4	54.76	4,4,2	57.14
06	17	24	8	8	27	10	32.14	>10	57.14
07	5	24	8	44	3	4	52.38	4,4,2	71.43
08	0	0	51	33	0	3	60.71	4,3,3	71.43
09	0	12	38	34	0	3	45.24	>10	32.14
10	54	0	0	2	28	0	64.29	10,0,0	85.71
11	0	0	57	27	0	3	67.86	4,3,3	96.43
12	3	12	14	55	0	4	65.48	>10	42.86
13	35	6	10	20	13	0	41.67	>10	28.57
14	12	30	3	34	5	4	40.48	>10	21.43
15	0	0	52	31	1	3	61.90	4,3,3	60.71
16	0	0	54	30	0	3	64.29	4,3,3	96.43
17	3	26	2	49	4	4	58.33	4,4,2	57.14
18	0	26	2	56	0	4	66.67	4,4,2	92.86
19	0	1	53	29	1	3	63.10	4,3,3	89.29
20	0	28	0	56	0	4	66.67	4,4,2	100.00
21	0	0	54	29	1	3	64.29	4,3,3	100.00
22	0	0	51	32	1	3	60.71	4,3,3	78.57
23	0	0	56	28	0	3	66.67	4,3,3	100.00
24	0	5	47	30	2	3	55.95	4,3,3	32.14
25	0	0	58	26	0	3	69.05	4,3,3	71.43
26	10	9	27	30	8	4	35.71	>10	50.00
27	0	4	49	31	0	3	58.33	4,3,3	78.57
28	0	26	2	56	0	10	66.67	4,4,2	92.86
29	0	22	8	54	0	10	64.29	4,4,2	75.00
30	53	0	2	4	25	0	63.10	10,0,0	82.14
31	1	4	41	37	1	3	48.81	4,3,3	50.00

二是策略惯例化程度。它是三人小组在28局游戏中坚持的策略，依据表3-8的事前分析，其计算方法为三人小组在28局游戏中采用最多的策略除以28。与TTT扑克牌游戏不同，由于加10游戏每局除最优、次优策略外，还有没有策略的情况，因此，本研究没有采用最佳策略之差占总策略百分比的计算方法。这里，总策略不仅包括三种相加等于10的策略（4,4,2、4,3,3、10,0,0），还包括大于10和不明确的策略，但不包括不明确的策略。采用这种衡量方法的优势是，虽然不同组被试采用不同策略来解决问题，但只要坚持自己的选择，就代表存在惯例。其取值范围在0至1之间。经计算，31组被试中有8组在大于10策略上、3组在10,0,0策略上、7组在4,4,2策略上、13组在4,3,3策略上存在惯例。其中，惯例程度化最高的为20、21和23组，为100%，最低的为03组，为14.29%。

为了探讨上述两类指标的关系，对两种频率进行了相关分析，结果表明，两种频率之间相关显著，$r=0.71$，$R^2=0.50$，$p<0.001$。

五、实验2讨论

（一）加10游戏测验平台的改进

加10游戏的测验任务还未开发过中文版本，本研究按照实验要求，对其进行了重新设计。与以往实验平台一样，采用PHP编程技术，编制一个界面更加友好、动态性更强的平台。以往的测验平台（Novarese, 2003, 2005, 2006, 2007; Novarese & Rizzello, 2004, 2005）只有一个页面，数字选择、下一局的预测、满意度均在一个页面上实现。本研究在设计过程中，分两个页面来呈现任务。数字选择单独列一个界面，结果的统计以及对结果的反馈单独列一个界面。这样的设计不仅更能体现互动性的效果，还能增加真实性，让被试感受到自己与两个玩家真的在玩游戏，同时趣味性也更强了。

（二）加10游戏中的惯例及其表现

加10游戏由于简洁及可控性强的特点，不仅可以用于分析团体学习，还可作为合作问题解决的任务。当采用问题解决的思路和视角来分析这一任务中被试组及个体表现时，可基于个体层面和项目层面进行分析。由上述分析可知，加10游戏中存在明显的惯例现象，这不仅表现在每一局游戏中数字的选择上，还体现在三人小组共同采用的策略上。本研究采用实验1建立的指标对惯例现象进行了验证和描述：

（1）问题解决可靠性的增加。由于加 10 游戏本身的特点，每一局游戏只需要一步即可完成，不存在 TTT 扑克牌游戏中的步数问题，只需描述每局游戏的获益即可体现这一指标。这进一步证实了实验 1 中增加获益指标的合理性。与以往 TTT 扑克牌游戏的（Cohen & Bacdayan，1994）的结果相一致，随着完成局数的增多，所有被试组每局获得的分数在逐渐增加。

（2）问题解决速度的提高。与 TTT 扑克牌游戏不同，加 10 游戏总时间和每步所用时间是重合的，因此本研究以盘数为自变量，以所用时间为因变量，进行了回归分析。结果表明，与以往 TTT 扑克牌游戏（Cohen & Bacdayan，1994）的研究结果相一致，随着完成局数的增加，所有被试组完成每局游戏所用的时间在逐渐减少。

（3）重复的行动序列的存在。与 TTT 扑克牌游戏不同，加 10 游戏中重复的行动序列表现为持续选择某个数字。因此，这一指标可以从主观和客观两个层面进行衡量。主观上，通过事后访谈，大多数被试都报告了自己对数字 3 和 4 的坚持。而客观上，本研究创造性地提出了利用二项分布原理计算猜测率的方法来判断对某数字的持续选择次数是否达到惯例水平。这一指标可以单独使用，直接判断三人组小组在 28 局游戏中是否形成了惯例。

（4）偶尔的次优性。与 TTT 扑克牌游戏中的个案分析不同，本研究可以通过几个最优策略本身的特点的解释来说明这一现象。研究发现，只要三人小组成员形成问题解决的策略，他们对策略的探索行为便停止，不再探索获益更高的 4,3,3、4,4,2 策略。这符合马奇和西蒙（March & Simon，1963）对惯例化行为的定义，即“选择被简化为对特定刺激的固定反应”；并可由（Egidi，1996）西蒙（Simon，1972）提出的有限理性理论来解释：由于认知资源的有限性，个体并不对问题空间内所有问题解决路径进行搜索，只是对部分问题空间进行了探索。虽然惯例并不是问题解决的最优策略，但是它确实是最恰当、最节省认知资源的恰当策略。

（5）基于特定策略的反应模式。加 10 游戏中惯例与 TTT 扑克牌游戏一样，不仅表现在行为的固着，还表现在策略的坚持。通过事前的任务分析及事后被试的反馈发现，研究中的被试表现与预期相一致，加 10 游戏中三种最优策略，即 4,3,3、4,4,2、10,0,0 均有不同程度地采用；次优策略 >10 也被应用。

除上述 5 个指标外，本研究还结合实验 1 中的 TTT 扑克牌游戏，建立了快速判断加 10 游戏中惯例形成的两个指标，即单个被试在 28 局游戏中，只要选择某数字 10 次及以上就不是猜测，而是形成了惯例；某三人小组采用某策略 11 次及以上就不是凭猜测，而是形成了惯例。这种简单的判定方法，有利于快速判断合作任务中是否存在惯例，与以往研究相比，此方法更为简洁便利。

此外，加 10 游戏设计之初，便设置了情感方面的变量。一个是对这一局游戏的满意度，一个是对下一局的预期。研究发现，随着局数的增加，被试对每局得分的满意度在逐渐增加；对一局的预期上，大于和小于 10 的人数均在减少，等于 10 的人数在增加。这说明，随着局数的增加，三人组成的小组解决问题的效率和速度都在增加，成员之间的配合更加默契，对结果的满意度也在上升。情感方面指标的考虑，改变了以往（Cohen & Bacdayan，1994）对惯例结果的分析大多停留于提高工作效率的状况，从情感层面深化了惯例的作用。

（三）加 10 游戏中惯例化程度的衡量

通过上述指标的验证可知，加 10 游戏中存在明显的惯例现象，其主要表现在对数字选择及所用策略的坚持上。与 TTT 扑克牌任务一样，仅仅知道存在这一现象并描述它，这还不够，因为科学研究的目的是描述、解释、预测和控制（董奇，2004，p. 6）。构建惯例现象的 5 个指标的验证，仅仅完成了描述和解释的目的，要实现预测，尤其是对这一现象的控制，还需要对惯例化的程度进行度量。因此，与实验 1 的思路一致，本研究构建了衡量加 10 游戏中惯例化程度的两个指标并对 31 组被试的惯例化程度进行了描述。

首先，本研究从行为层面，构建了选择某数字的频率这一指标。由表 3 - 10 可知，31 组被试的惯例化行为体现在 0，3，4，10 上，不包括数字 2。这主要是因为许多被试在事后访谈中提到的，大家一般默认为选择 3 和 4 三人相加所得和为 10 的可能性比较大。如有被试所述："我根据游戏规则预测，他们只会选择'3'或者'4'，所以防止我们三个之和小于 10，我快速选择了数字'4'。"

其次，本研究从认知层面，依据 TTT 扑克牌游戏中建立的策略使用率指标，建立了加 10 游戏中策略使用率的计算方式。由于加 10 游戏中除了最优策略、次优策略，还存在没有策略的情况。惯例不仅表现在对三种最优策略的坚持，更加明显的表现为对次优策略 > 10 的坚持，因此，策略使用率不能像 TTT 扑克牌游戏一样，仅仅考虑两种最佳策略，计算总策略时需要将这些没有策略的情况考虑在内。而在 TTT 扑克牌游戏中，那些次优策略其实是被视为不存在策略的。因此，以后在其他任务中确立本指标的计算方式时，要综合考虑任务中的各种最优和次优策略及是否存在没有策略的情况。通过这一指标的衡量发现，31 组被试使用最多的是 4，3，3 策略，因为许多研究者认为这一策略最公平。

（四）惯例意识性地再思考

综合实验1 和2 的结果发现，在 TTT 扑克牌游戏中，被试虽然对策略具有清晰的认知，但对自己采用的行动序列并不明确。在加 10 游戏中，被试不仅对自己与两位同伴选择的策略具有清晰认知，自己每局游戏选择的数字也是有意的。这似乎与上述关于惯例形式面与执行面（Feldman & Pentland，2003）的论述有矛盾。其实，造成这种不同结果的原因在于两种任务的不同特点。加 10 游戏与 TTT 扑克牌相比，操作简单，不存在行动序列，只需要一步即可完成任务。被试对数字的选择本质上还是在考虑解决问题的策略。这可以由上述两个描述惯例化的指标之间相关显著所证实。而在 TTT 扑克牌游戏中，由于两个指标衡量的是惯例的不同层面，因此两个指标相关并不显著。

因此，实验 2 只是进一步证明了惯例一方面——意识性。从这个角度来说，加 10 游戏虽然简洁易施测，但在全面展示惯例现象上还是有一定缺陷的。

六、实验 2 结论

第一，加 10 游戏中存在明显的惯例现象，其与 TTT 扑克牌游戏中 5 个指标相一致，体现在行为和认知层面。另外，惯例还表现在两个情感指标上：随着完成局数的增加，个体对每局结果的满意度逐渐提高，对一下局的预期也更加积极。

第二，加 10 游戏中的惯例化程度也可以通过行为和认知指标进行衡量。此外，结合游戏本身的特点，通过利用二项分布原理计算猜测率的方法计算出惯例的直接判断指标：三人的 28 局游戏中，超过 30 次选择某个数字表示形成惯例。

第三，加 10 游戏中，惯例的意识性表现明显。被试在事后访谈中不仅能描述所选数字上的惯例，还能描述每局游戏采用的策略。

第四章
研究二：惯例的微观发生研究

经过研究一两个子研究证实，不论是在两人纯合作问题解决中，还是在存在一定竞争关系的三人合作问题解决中，均存在明显的惯例现象。这一现象表现在行为、认知和情感的各个方面。既然这种现象如此普遍，那它是如何从无到有产生的？

以往虽然对惯例的研究遍及管理学、组织行为等各个领域（Becker，2007；March & Simon，1958；Nelson & Winter，1982；Stene，1940），却鲜有研究从实证角度对上述问题进行回答。这一方面是源于研究视角的限制，即研究者们一般更注重对惯例的理论描述（生成观），或其在组织中的表现。只有从更加一般的角度，将这一现象抽象化，探讨一般规律才有可能解决这一问题。基于后一种思路，本研究采用的TTT扑克牌游戏和加10游戏，均为抽象的实验任务，不涉及任何具体的组织。它们均可以模拟惯例现象的产生。另一方面是研究方法及分析视角的限制。如果缺乏规范和成熟的分析思路，即使有研究者致力于研究惯例的产生，也只限于描述，不具备系统性。当前心理学研究中刻画认知变化及学习过程的微观发生法可能是最恰当的方法。微观发生法目前不仅已广泛应用于问题解决、记忆、科学推理等认知发展研究中，还已渗透到社会性发展方面。而且以往也有成功应用于社会协作的问题解决研究的成功实例，如母婴相互作用、5～9岁儿童配对学习天平问题等（Damon & Lerner，2009）。本研究尝试将其应用于惯例这种思维现象的发生分析。

微观发生法作为一种精细的研究儿童认知发展的实验设计和数据分析思路，如前所述，仅仅相当于一个放大镜，将个体认知变化的路线、速率等清晰地呈现于人们的视野中。然而，TTT扑克牌游戏或加10游戏任务涉及多个行动者，要将这一过程刻画清楚，必须考虑有理论的指导，说明该将哪个位置放大，如何观察和精细描述。卡米洛夫·史密斯（Kamiloff - Smith，2001）提出的表征重述理论很好地解释了这一问题，本理论从表征和知识获得路径的角度，阐释了知识动态变化的过程。以往已有研究（辛自强、张丽，2006；辛自强、张丽、林崇德、池丽萍，2006）将微观发生法与表征重述理论相结合探讨了个体问题解决过程中表征的变化。本研究亦尝试将二者结合，将40局和28局重复的问题解决过程划分出相应的阶段，分析表征的重述也是否是惯例产生的原因。

表征重述理论不仅描述了知识的产生过程，还对这个过程中知识的意识性、其属于陈述性还是程序性知识进行了分析。若惯例的产生符合表征重述理论所描述的过程，它便既具有无意识性也具有意识性，既是程序性知识也是陈述性知识，只是知识状态的不同阶段性质表现不同而已。因此，通过惯例产生过程的分析，还可以深化对惯例本质的认识。

综上，本研究拟分别对TTT扑克牌游戏和加10游戏中惯例的产生过程在表征重述理论的指导下，采用微观发生法的分析思路，进行详细刻画。

第一节　实验1：两人合作问题解决中惯例的微观发生研究

一、研究目的

第一，采用微观发生的分析思路，从策略及行为轨迹的变化路线、变化的速率、变化模式及变化来源四个角度描述TTT扑克牌游戏中惯例的形成过程。

第二，采用卡米洛夫·史密斯（Kamiloff - Smith，2001）的表征重述理论将任务划分为不同阶段，对比不同阶段惯例的表现，并解释惯例产生的原因。

第三，通过惯例产生过程的描述，对惯例现象中程序性知识与陈述性知识、意识性与无意识性争议进行辨析。

二、研究假设

第一，被试组在 TTT 扑克牌任务的四个不同实验阶段中的表现不同，头两个阶段被试问题解决的效率有明显的提升。根据卡米洛夫·史密斯（Karmiloff - Smith, 2001）提出的表征重述理论，人类对知识的表征的第一个水平 I 会产生正确的行为，达到行为的掌握；表征水平 E2 会在第一个水平 I 的基础上变得外显和灵活。通过这两个阶段，个体行为达到掌握水平。后两个阶段体现为策略的优化。

第二，在变化的路线上，被试组在不同阶段策略的使用率及每局游戏的移动轨迹发生了变化；每组被试策略及行为变化的顺序呈现出不同的变化模式。

第三，在变化的速率上，策略的发生是突变的。经过前两个阶段，被试组问题解决的效率明显提高，后两个阶段都是在行为掌握的基础上，对策略的再表征。

第四，每个阶段内及每个被试组的不同阶段，所采用策略的变化模式均呈现出多样性的特点。

第五，TTT 扑克牌任务中，策略变化的来源有多种，集中体现在个人和合作层面。

三、研究设计

（一）被试

同研究一中的实验 1。

（二）实验设计及流程

同研究一中的实验 1。

四、研究结果

（一）TTT 扑克牌任务的阶段划分

由研究一可知，35 组被试在约 40 多分钟完成了 40 局重复的合作问题解决任务，且逐渐形成了惯例，使问题解决的效率逐步提升。这一过程符合微观发生法的分析要求，因此，为了细致地刻画这一过程是如何逐渐发生的，按照该方法的要求（Kamiloff - Smith, 2001），将 35 组玩家进行的 40 局游戏与表征重述理论中的无意识到意识的四个阶段（I ➔E1 ➔E2 ➔E3）相对应，划分为四个阶段，每阶段包含 10 局游戏。通过对 4 个阶段合作问题解决的策略的分析，探讨惯例的产生过程，尤其是策略的形成和变化。

对四个阶段被试组行为表现的描述结果如表 4－1 所示。由表 4－1 可知，四个阶段各项指标的变化模式是统一的。从得分上看，四个阶段依次升高，阶段Ⅰ最低，平均 84.04±12.36 分；阶段Ⅳ最高，平均 88.00±5.32 分。从每局所需步数、每局所用时间、每步所用时间上来看，四个阶段依次降低，阶段Ⅰ最高，分别为平均 7.95±6.14 步、87.48±93.07 秒、10.15±6.07 秒；阶段Ⅳ最低，分别为平均 5.96±2.63 步、45.18±37.44 秒、7.19±4.19 秒。

表 4－1　　不同阶段 35 组被试的表现

阶段	得分（分）	步数（步）	每局用时（秒）	每步用时（秒）
阶段Ⅰ（1～10 局）	84.04±12.36	7.95±6.14	87.48±93.07	10.15±6.07
阶段Ⅱ（11～20 局）	87.60±6.03	6.18±2.99	50.25±39.36	7.74±3.66
阶段Ⅲ（21～30 局）	87.73±6.49	6.11±3.06	46.34±34.77	7.22±3.12
阶段Ⅳ（31～40 局）	88.00±5.32	5.96±2.63	45.18±37.44	7.19±4.10

为了检测上述各项指标平均分的差异是否达到显著性水平，分别以每局得分、步数、用时、每局用时为因变量，以四个不同阶段为自变量进行单因素重复测量的方差分析，其结果与单因素随机区组设计的结果完全一致（莫雷、温忠鳞、陈彩奇，2007. P. 73），结果整理为表 4－2。

表 4－2　　不同阶段 35 组被试的表现的方差分析

自变量：阶段	得分（分）	步数（步）	每局用时（秒）	每步用时（秒）
F	19.00***	19.60***	44.67***	36.03***
df	3，1396	3，1396	3，1396	3，1396
η^2	0.04	0.04	0.09	0.07

由表 4－2 可知，阶段的主效应在四个因变量上均达到了显著性水平（$ps < 0.001$）。为进一步分析各阶段的差异，进行了事后检验（LSD），结果如下：

从不同阶段每局得分来看，四个不同阶段存在显著差异，$F(3, 1396) = 19.00$，$p < 0.001$，$\eta^2 = 0.04$。事后分析及图 4－1 的结果表明，阶段Ⅰ中每局得分显著低于其他 3 个阶段，但是 3 个阶段之间的得分差异不显著。

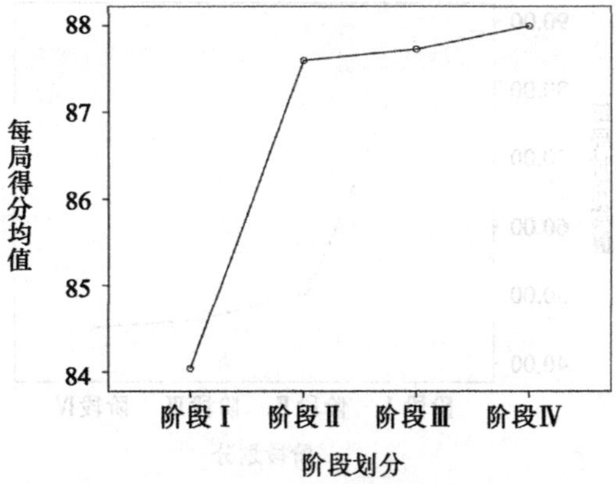

图 4-1 不同阶段每局得分的差异

从不同阶段每局游戏所用步数来看，四个阶段存在显著差异，$F(3, 1396) = 44.67$，$p < 0.001$，$\eta^2 = 0.09$。事后分析及图 4-2 的结果表明，阶段Ⅰ中每局所用步数显著高于其他 3 个阶段，但是 3 个阶段之间不存在显著差异。

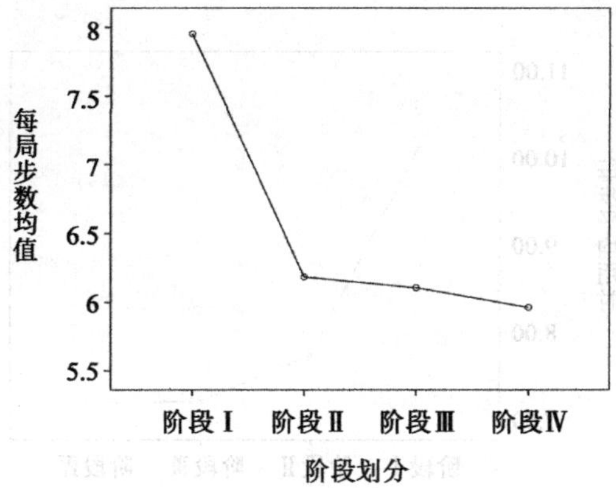

图 4-2 不同阶段每局所用步数的差异

从不同阶段每局游戏所用时间来看，四个阶段存在显著差异，$F(3, 1396) = 13.17$，$p < 0.001$，$\eta^2 = 0.03$。事后分析及图 4-3 的结果表明，阶段Ⅰ中每局所用时间显著多于其他 3 个阶段，但是 3 个阶段之间不存在显著差异。

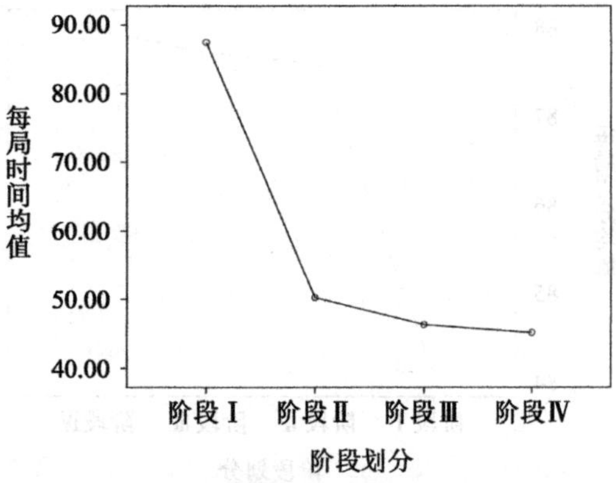

图 4-3 不同阶段每局所用时间的差异

从不同阶段每局游戏所用时间来看，四个阶段存在显著差异，$F(3, 1396)=36.03$，$p<0.001$，$\eta^2=0.07$。事后分析及图 4-4 的结果表明，阶段Ⅰ中每步所用时间显著多于其他 3 个阶段，但是 3 个阶段之间不存在显著差异。

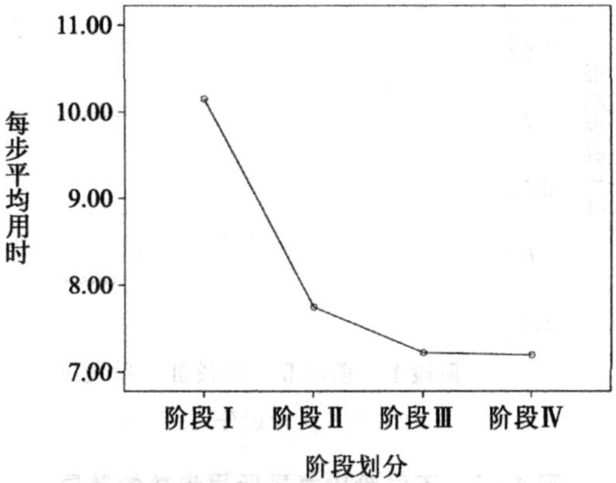

图 4-4 不同阶段每步所用时间的差异

（二）惯例形成的微观发生分析

由上述分析可知，在四个阶段内，被试组的行为表现的各项指标均发生了变化，但变化究竟如何发生以及变化的内容具体是什么？可以采用微观发生法的分析视角予以解释：

1. 变化的路线

（1）四个阶段策略使用率的变化。本研究 TTT 扑克牌任务中，惯例的表现之一就是对策略的坚持。因此，首先对四个阶段被试组对不同策略的使用情况进行分析。

表4－3为四个阶段中不同策略的使用次数及频率。其中，次数为阶段内某策略使用的次数，每个阶段的总次数为各组被试乘以阶段内的局数，为35×10＝350次；频率为本阶段内某策略的使用次数除以350。

表4－3　　　　四个阶段中不同策略的使用次数和频率

阶段	4♣2♣2♥		4♣4♥2♥		其他策略		总计
	次数	频率（%）	次数	频率（%）	次数	频率（%）	350
阶段Ⅰ（1～10局）	196	0.56	117	0.33	37	0.11	350
阶段Ⅱ（11～20局）	182	0.52	153	0.44	15	0.04	350
阶段Ⅲ（21～30局）	183	0.52	156	0.45	11	0.03	350
阶段Ⅳ（31～40局）	207	0.59	136	0.39	7	0.02	350
总计	768	0.55	562	0.40	70	0.05	1400

为了更直观地表示不同阶段策略的变化，使用频率绘制图4－5。

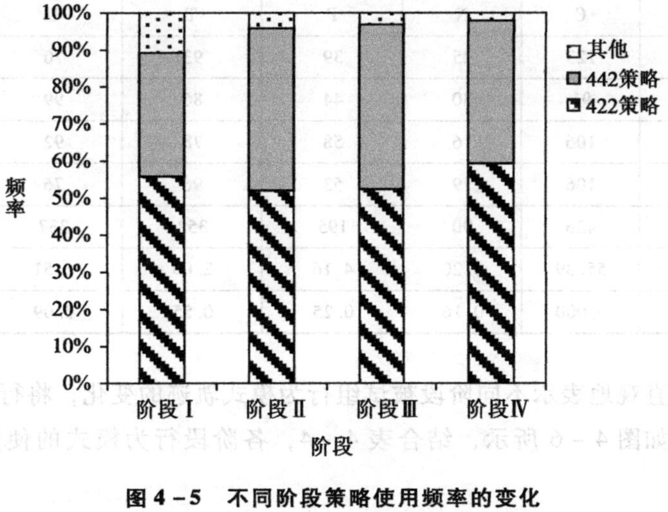

图4－5　不同阶段策略使用频率的变化

由图4－5可知，在最佳策略4♣2♣2♥的使用上，阶段Ⅰ时，使用次数为196次，频率为196/350＝56%，阶段Ⅱ时降为52%，阶段Ⅲ保持52%不变，阶段Ⅳ略上升为59%。为了检验四个阶段本策略使用的差异是否达到显著性水平，对四个阶段内本策略使用的次数进行了卡方检验，结果发现，四个阶段

4♣2♣2♥策略的使用无显著差异，$\chi^2_{(3)}=2.20$，$p>0.05$。

在最佳策略4♣4♥2♥的使用上，阶段Ⅰ时，使用次数为117次，频率为33%，阶段Ⅱ时上升为44%，阶段Ⅲ上升为45%，阶段Ⅳ下降为39%。为检验上述四个阶段内本策略使用的差异是否达到显著性水平，对四个阶段内本策略使用的次数进行了卡方检验，结果发现，四个阶段4♣4♥2♥策略的使用无显著差异，$\chi^2_{(3)}=6.90$，$p>0.05$。

在其他策略的使用上，阶段Ⅰ时，使用次数为37次，频率为11%，阶段Ⅱ时下降为4%，阶段Ⅲ继续下降为3%的使用频率，阶段Ⅳ继续下降为2%。为检验上述四个阶段内此类策略使用的差异是否达到显著性水平，对四个阶段内本策略使用的次数进行了卡方检验，结果表明，四个阶段其他策略的使用存在显著差异，$\chi^2_{(3)}=30.80$，$p<0.001$。

（2）四个阶段每局游戏移动轨迹的变化。其次，对不同阶段被试组完成每局游戏的行为模式轨迹进行描述。表4－4为不同阶段被试组5类不同移动轨迹（其具体含义见表4－4）的次数。

表4－4　　　　不同阶段被试组行为模式轨迹的差异

第1步	C	N	P	T	U	总计
阶段Ⅰ	123	25	39	93	70	350
阶段Ⅱ	91	30	44	86	99	350
阶段Ⅲ	106	16	58	78	92	350
阶段Ⅳ	106	19	53	96	76	350
总计	426	90	195	352	337	1400
χ^2	55.39	5.20	4.16	2.09	6.51	
p	0.000	0.16	0.25	0.55	0.09	

为了更直观地表示不同阶段被试组行为模式轨迹的变化，将行为模式出现的频率绘制如图4－6所示，结合表4－4，各阶段行为模式的使用情况分析如下：

第1步同色玩家选择换右上位置的牌的各种行为模式（C）的使用次数从阶段Ⅰ的123次，即频率35%，到阶段Ⅳ时下降为106次，频率30%。卡方检验的结果表明，四个阶段选择换本位置牌的各种行为模式次数的下降达到了显著性水平，$\chi^2_{(3)}=55.39$，$p<0.001$。

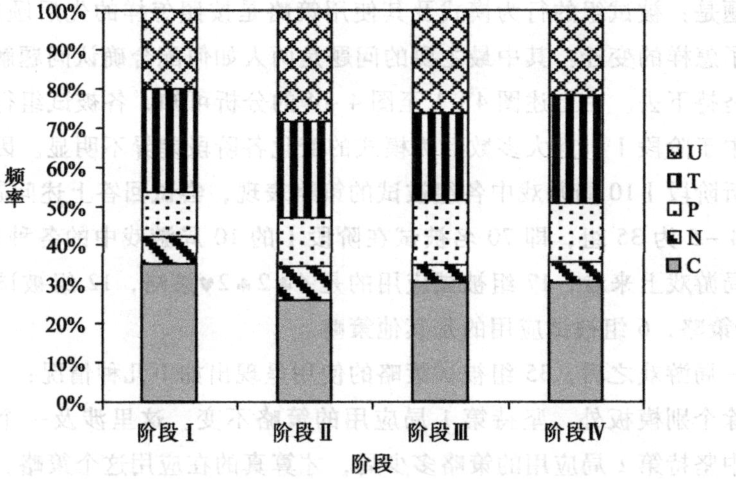

图4-6　不同阶段行为模式轨迹使用频率的变化

第1步同色玩家选择换左上位置牌（N）的各种行为模式的使用次数由最初的25次，即频率7%，上升为频率9%，又在两个阶段下降为频率5%。卡方检验的结果表明，虽然四个阶段选择次数存在一定差异，但未达到显著性水平，$\chi^2_{(3)}=5.20$，$p>0.05$。

第1步同色玩家选择过牌（P）的各种行为模式的使用次数，从阶段Ⅰ的39次，即频率11%，上升为阶段Ⅳ的53次，频率15%。卡方检验的结果表明，虽然四个阶段内选择本位置牌的各种行为模式次数上有所差异，但未达到显著性水平，$\chi^2_{(3)}=4.56$，$p>0.05$。

第1步同色玩家选择换目标位置牌（T）的各种行为模式的使用次数从阶段Ⅰ的93次（频率27%），下降为阶段Ⅱ的86次（频率25%）、阶段Ⅲ的78次（频率22%），又上升为阶段Ⅳ的96次（频率27%）。卡方检验的结果表明，虽然四个阶段选择本位置牌的各种行为模式次数上有所差异，但未达到显著性水平，$\chi^2_{(3)}=2.18$，$p>0.05$。

第1步选择换明牌（U）的各种行为模式的使用次数从阶段Ⅰ的70次（频率20%），增加到阶段Ⅱ的99次（频率28%），阶段Ⅲ下降为96次（频率26%），阶段Ⅳ继续下降为76次（频率22%）。卡方检验的结果表明，虽然四个阶段选择本位置牌的各种行为模式次数上有所差异，但未达到显著性水平，$\chi^2_{(3)}=29.59$，$p>0.05$。

（3）策略变化的顺序——聚焦于阶段Ⅰ。与策略和变化路线密切相关的一个问题是：被试组的行为模式及其使用策略是按照怎样的先后顺序出现的？又经历了怎样的变迁？其中最主要的问题是两人如何配合确认问题解决的最优策略并坚持下去。由上述图 4－1 至图 4－4 的分析可知，各被试组行为的变化主要集中于阶段Ⅰ，且大多数行为模式的变化各阶段差异不明显。因此，研究通过分析阶段Ⅰ10 局游戏中各组被试的策略表现，尝试回答上述问题。

表 4－5 为 35 组，即 70 名被试在阶段Ⅰ的 10 局游戏中的各种行为指标。从第 1 局游戏上来看，17 组被试应用的是 4♣2♣2♥策略，12 组被试应用的是 4♣4♥2♥策略，6 组被试应用的是其他策略。

第一局游戏之后，35 组被试策略的使用呈现出如下几种情况：

①除个别模板外，坚持第 1 局应用的策略不变。这里涉及一个问题：10 局游戏中坚持第 1 局应用的策略多少局，才算真的在应用这个策略，而非偶然或者猜测？这一问题可以采用二项分布的原理将问题转化为：在 10 次重复的选择中，被试每次在 4♣2♣2♥、4♣4♥2♥、其他策略 3 个选项中选择的次数为多少时，才证明他不是猜测？其原理是计算依据二项分布原理计算猜测的概率，其公式（张厚璨、徐建平，2004）如下：

$$b\ (x.\ n.\ p)\ = C_n^x p^x q^{n-x}$$

结合本游戏的特点可知，$n=10$，$p=\frac{1}{3}=0.33$，$q=\frac{2}{3}=0.67$，由于 $np<5$，故此题不接近正态分布，不能用正态分布计算概率，而应直接用二项分布函数计算猜对各题数的概率：

$$b(10,10,0.33)=C_{10}^{0}\times 0.33^{10}=0.00001531579$$

$$b(9,10,0.33)=C_{10}^{1}\times 0.33^{9}\times 0.67^{1}=10\times 0.33^{9}\times 0.67^{1}=0.000310957$$

$$b(8,10,0.33)=C_{10}^{2}\times 0.33^{8}\times 0.67^{2}=10\times 0.33^{8}\times 0.67^{2}=0.002841016$$

$$b(7,10,0.33)=C_{10}^{3}\times 0.33^{7}\times 0.67^{3}=10\times 0.33^{7}\times 0.67^{3}=0.015381661$$

$$b(6,10,0.33)=C_{10}^{4}\times 0.33^{6}\times 0.67^{4}=10\times 0.33^{6}\times 0.67^{4}=0.054651507$$

根据以上计算的每局游戏猜对某策略的概率，可用概率加法求得猜对本策略 7 题以上的概率为 0.018549，不足 5%。因此，10 局游戏中，有 7 题及 7 题以上选择某策略才算真的已经意识到本策略，不是偶然或者猜测，作此结论上有 95% 犯错误的可能。

由表 4－5 可知，共有 8 个被试组在阶段Ⅰ坚持应用了 4♣2♣2♥策略，它们分别为：01 组（9 局）、06 组（9 局）、08 组（7 局）、15（8 局）、17（8 局）、22（7 局）、28（8 局）、29（7 局）。例如，01 组被试，除模板 4 采用了

表 4－5　两人小组在阶段 I 的 10 局游戏中使用的策略

组	第 1 局	第 2 局	第 3 局	第 4 局	第 5 局	第 6 局	第 7 局	第 8 局	第 9 局	第 10 局
01	4♣2♣2♥	4♣2♣2♥	4♣3♣2♣2♥	4♣2♣2♥	4♣2♣2♥	4♣2♣2♥	4♣2♣2♥	4♣2♣2♥	4♣2♣2♥	4♣2♣2♥
02	4♣4♥2♥	4♣2♣2♥	4♣2♣2♥	4♣2♣2♥	4♣2♣2♥	4♣4♥3♥2♥	4♣2♣2♥	4♣2♣2♥	4♣2♣2♥	4♣4♥2♥
03	4♣3♣2♣2♥	4♣2♣2♥	4♣2♣2♥	4♣2♣2♥	4♣2♣2♥	4♣4♥2♥	4♣2♣2♥	4♣2♣2♥	4♣2♣2♥	4♣4♥2♥
04	4♣3♣3♥2♥	4♣4♥2♥	4♣2♣2♥	4♣2♣2♥	4♣4♥2♥	4♣2♣3♣ 2♣2♥	4♣4♥2♥	4♣2♣2♥	4♣2♣2♥	4♣2♣2♥
05	4♣4♥2♥	4♣4♥2♥	4♣3♣3♥2♥	4♣3♣3♥3♣ 3♥3♣3♥2♥	4♣4♥2♥	4♣4♥2♥	4♣2♣2♥	4♣2♣2♥	4♣4♥2♥	4♣2♣2♥
06	4♣2♣2♥	4♣2♣2♥	4♣2♣2♥	4♣2♣2♥	4♣2♣2♥	4♣2♣2♥	4♣2♣2♥	4♣2♣2♥	4♣4♥2♥	4♣2♣2♥
07	4♣4♥2♥	4♣4♥2♥	4♣4♥2♥	4♣4♥2♥	4♣4♥2♥	4♣2♣2♥	4♣2♣2♥	4♣4♥2♥	4♣2♣2♥	4♣4♥2♥
08	4♣2♣2♥	4♣4♥2♥	4♣2♣2♥	4♣4♥2♥	4♣2♣2♥	4♣4♥2♥	4♣2♣2♥	4♣4♥2♥	4♣4♥2♥	4♣2♣2♥
09	4♣2♣2♥	4♣3♣3♥ 3♣3♥2♥	4♣2♣4♣ 4♥2♥	4♣4♥2♥	4♣2♣4♣ 2♣2♥	4♣3♣3♥2♥	4♣4♥2♥	4♣4♥2♥	4♣4♥4♣ 4♥2♥	4♣4♥2♥
10	4♣4♥2♥	4♣3♣4♣ 3♣2♣2♥	4♣3♣4♣ 2♣2♥	4♣4♥2♥	4♣2♣2♥	4♣2♣2♥	4♣3♣2♣2♥	4♣2♣2♥	4♣2♣4♣ 2♣2♥	4♣2♣2♥
11	4♣4♥2♥	4♣2♣2♥	4♣4♥3♥2♥	4♣2♣4♣ 4♥2♥	4♣3♣3♥2♥	4♣4♥2♥	4♣4♥2♥	4♣4♥2♥	4♣4♥2♥	4♣4♥2♥
12	4♣2♣2♥	4♣4♥2♥	4♣2♣2♥	4♣4♥2♥	4♣2♣4♣ 4♥2♥	4♣2♣2♥	4♣2♣2♥	4♣2♣2♥	4♣4♥2♥	4♣2♣2♥
13	4♣4♥2♥	4♣4♥4♣4♥ 4♣4♥2♥	4♣4♥2♥	4♣4♥2♥	4♣2♣2♥	4♣2♣2♥	4♣2♣2♥	4♣2♣2♥	4♣2♣2♥	4♣4♥2♥

续表

组	第 1 局	第 2 局	第 3 局	第 4 局	第 5 局	第 6 局	第 7 局	第 8 局	第 9 局	第 10 局
14	4♣4♥2♥	4♣4♥2♥	4♣4♥2♥	4♣2♣4♣ 4♥2♥	4♣2♣2♥	4♣2♣2♥	4♣2♣2♥	4♣2♣2♥	4♣4♥2♥	4♣2♣2♥
15	4♣2♣2♥	4♣2♣2♥	4♣4♥2♥	4♣2♣2♥	4♣2♣2♥	4♣2♣2♥	4♣2♣2♥	4♣2♣2♥	4♣2♣2♥	4♣4♥2♥
16	4♣2♣2♥	4♣2♣2♥	4♣4♥2♥	4♣4♥2♥	4♣2♣2♥	4♣2♣2♥	4♣2♣2♥	4♣2♣2♥	4♣4♥2♥	4♣4♥2♥
17	4♣2♣2♥	4♣2♣2♥	4♣4♥2♥	4♣2♣2♥	4♣2♣2♥	4♣2♣2♥	4♣2♣2♥	4♣2♣2♥	4♣2♣3♣ 3♥2♥	4♣2♣2♥
18	4♣4♥2♥	4♣4♥2♥	4♣4♥2♥	4♣3♣2♣2♥	4♣2♣2♥	4♣4♥2♥	4♣4♥2♥	4♣2♣2♥	4♣4♥2♥	4♣4♥2♥
19	4♣2♣2♥	4♣4♥2♥	4♣2♣4♣ 2♣2♥	4♣2♣2♥	4♣4♥2♥	4♣4♥2♥	4♣2♣2♥	4♣2♣2♥	4♣2♣2♥	4♣2♣2♥
20	4♣4♥2♥	4♣4♥2♥	4♣2♣2♥	4♣2♣2♥	4♣2♣2♥	4♣2♣2♥	4♣2♣2♥	4♣4♥2♥	4♣2♣2♥	4♣2♣2♥
21	4♣2♣2♥	4♣2♣2♥	4♣4♥2♥	4♣2♣2♥	4♣2♣2♥	4♣4♥2♥	4♣2♣2♥	4♣4♥2♥	4♣2♣2♥	4♣4♥2♥
22	4♣2♣2♥	4♣2♣2♥	4♣2♣2♥	4♣2♣2♥	4♣4♥2♥	4♣4♥2♥	4♣4♥2♥	4♣2♣2♥	4♣2♣2♥	4♣2♣2♥
23	4♣2♣2♥	4♣4♥2♥	4♣2♣4♣4♥ 4♣4♥2♥	4♣3♣4♣ 4♥2♥	4♣2♣4♣4♥ 4♣4♥2♥	4♣2♣2♥	4♣4♥2♥	4♣2♣2♥	4♣4♥2♥	4♣2♣2♥
24	4♣2♣2♥	4♣2♣2♥	4♣4♥2♥	4♣2♣2♥	4♣4♥2♥	4♣2♣2♥	4♣2♣2♥	4♣2♣2♥	4♣4♥2♥	4♣4♥2♥
25	4♣4♥2♥	4♣2♣2♥	4♣4♥2♥	4♣4♥2♥	4♣2♣2♥	4♣2♣2♥	4♣2♣2♥	4♣4♥2♥	4♣4♥2♥	4♣2♣2♥
26	4♣2♣3♣ 3♥2♥	4♣4♥2♥	4♣2♣2♥	4♣2♣2♥	4♣4♥2♥	4♣3♣2♣2♥	4♣4♥2♥	4♣3♣3♥2♥	4♣2♣2♥	4♣2♣2♥
27	4♣3♣2♣ 3♣2♣2♥	4♣2♣2♥	4♣2♣2♥	4♣2♣2♥	4♣2♣2♥	4♣2♣2♥	4♣2♣2♥	4♣2♣2♥	4♣2♣2♥	4♣2♣2♥

续表

组	第1局	第2局	第3局	第4局	第5局	第6局	第7局	第8局	第9局	第10局
28	4♣2♣2♥	4♣4♥2♥	4♣2♣2♥	4♣2♣2♥	4♣2♣2♥	4♣2♣2♥	4♣2♣2♥	4♣2♣2♥	4♣4♥2♥	4♣2♣2♥
29	4♣2♣2♥	4♣4♥2♥	4♣2♣2♥	4♣2♣2♥	4♣2♣2♥	4♣2♣2♥	4♣4♥2♥	4♣4♥2♥	4♣2♣2♥	4♣2♣2♥
30	4♣2♣2♥	4♣4♥2♥	4♣4♥2♥	4♣2♣2♥	4♣2♣2♥	4♣2♣2♥	4♣2♣2♥	4♣4♥2♥	4♣2♣2♥	4♣4♥2♥
31	4♣4♥4♣4♥2♥	4♣4♥2♥	4♣2♣2♥	4♣2♣2♥	4♣2♣2♥	4♣2♣2♥	4♣2♣2♥	4♣2♣2♥	4♣2♣2♥	4♣4♥2♥
32	4♣2♣2♥	4♣2♣2♥	4♣4♥2♥	4♣4♥2♥	4♣2♣2♥	4♣4♥2♥	4♣2♣2♥	4♣4♥2♥	4♣2♣2♥	4♣2♣2♥
33	4♣2♣4♣2♣2♥	4♣3♣3♣2♣2♥	4♣4♥2♥	4♣2♣2♥	4♣2♣2♥	4♣4♥2♥	4♣4♥2♥	4♣4♥2♥	4♣2♣2♥	4♣2♣2♥
34	4♣4♥2♥	4♣4♥2♥	4♣2♣2♥	4♣2♣2♥	4♣2♣2♥	4♣2♣2♥	4♣4♥2♥	4♣2♣2♥	4♣2♣2♥	4♣2♣2♥
35	4♣4♥2♥	4♣3♣3♥2♥	4♣4♥2♥	4♣2♣3♣3♥2♥	4♣4♥2♥	4♣4♥2♥	4♣2♣2♥	4♣2♣2♥	4♣4♥2♥	4♣2♣2♥

4♣3♣2♣2♥策略外，有 9 局游戏采用了这一策略。而 4♣3♣2♣2♥策略实际上还是 4♣2♣2♥策略的变形，因为两种策略最后一步均是由同点玩家用 2♥与目标位置的 2♣交换来结束任务。

另外，07 组和 18 组被试应用了 4♣4♥2♥策略。07 组被试从第 1 局一直坚持应用了 5 次本策略，虽然后面有所改变，但 10 局游戏中有 7 局应用了本策略。18 组被试连续 3 局采用本策略后，经过 4♣3♣2♣2♥策略调整，变为 4♣2♣2♥策略后，仍然又回到本策略，使用了 4 次。

②将第 1 局应用的策略进行调整，变为其他策略。应用上述计算猜测率的原理，可以计算出除第 1 局外的 9 局游戏中选择某策略 6 局及以上不是猜测，而是对策略的坚持：

$b(9,9,0.33)=C_9^0\times0.33^9=0.00004641148$

$b(8,9,0.33)=C_9^1\times0.33^8\times0.67^1=9\times0.33^8\times0.67^1=0.00084806440$

$b(7,9,0.33)=C_9^2\times0.33^7\times0.67^2=36\times0.33^7\times0.67^2=0.00688731086$

$b(6,9,0.33)=C_9^3\times0.33^6\times0.67^3=84\times0.33^6\times0.67^3=0.03262776558$

$b(5,9,0.33)=C_9^4\times0.33^5\times0.67^4=126\times0.33^5\times0.67^4=0.09936637701$

由表 4－5 可知，第 35 组被试主要是由 4♣4♥2♥策略或其他策略变为4♣2♣2♥策略，具体情况见表 4－6。02 组紧随第 1 局采用 4♣4♥2♥策略，连续 4 局、共 8 局采用了 4♣2♣2♥策略；20 组前 2 局采用 4♣4♥2♥策略，随后连续 4 局、共 7 局采用了 4♣2♣2♥策略；03 组紧随第 1 局采用 4♣3♣2♣2♥，连续 4 局、共 7 局采用了 4♣2♣2♥策略；27 组在第一局采用 4♣3♣2♣3♣2♣2♥之后，随后 9 局都采用了 4♣2♣2♥策略；31 组在第 1 局采用 4♣4♥4♣4♥2♥策略，第 2 局采用4♣4♥2♥策略后，连续 7 局采用了 4♣2♣2♥策略。

表 4－6　　第 1 局后变为其他策略的情况

转变之前		代表	中间状态	转变完成	局数（$N=9$）
4♣4♥2♥策略		02	无	第 2 局	8
		20，34	4♣4♥2♥1 局	第 3 局	7
其他策略	4♣3♣2♣2♥	03	无	第 2 局	7
	4♣3♣2♣3♣2♣2♥	27	无	第 2 局	9
	4♣4♥4♣4♥2♥	31	4♣4♥2♥1 局	第 3 局	7

③偏向两种最佳策略之一。除上述情况两种 10 局游戏中有固定或转变为固定策略的 14 组被试外，还有 19 局被试的策略并不固定，其具体情况见表

4－7。首先，有8组被试偏向4♣2♣2♥策略：04组被试第1局后，将4♣2♣3♣2♣2♥视为变式（均为由同点玩家用2♥与目标位置的2♣交换结束任务）后，9局中有6局采用本策略；19组被试将4♣2♣4♣2♣2♥视为变式，后10局中有7局采用本策略；另有6组被试在第1局便应用了本策略，且10局游戏中有6次采用了本策略。其次，有3组被试偏向4♣4♥2♥策略，11组被试第1局便采用本策略，后5局应用的均为本策略，且3次调整均可视为本策略的变式；05组和35组将10局中的其他策略视为本策略变式后，便有7局采用本策略。

表4－7　阶段Ⅰ没有固定策略的19组被试不同情况分析

分类	代表组	归类原因
偏向4♣2♣2♥	12，16，21 24，30，32	第1局使用且10局中有6次使用本策略
	4	将4♣2♣3♣2♣2♥视为变式，9局中有6局采用本策略
	19	将4♣2♣4♣2♣2♥视为变式，10局中有7局采用本策略
偏向4♣4♥2♥	11	第1局使用、连续5次采用本策略，且3次调整均可视为本策略变式
	5	4♣3♣3♥2♥和4♣3♣3♥3♣3♥3♣3♥2♥视为变式，10局有7局采用本策略
	35	4♣3♣3♥2♥和4♣2♣3♣3♥2♥视为变式，10局有7局采用本策略
两最佳策略并存	25	两种策略各使用5次，无其他策略
	33	除前2局采用其他策略，两策略各使用4次
	13，14	将4♣4♥4♣4♥4♣4♥2♥和4♣2♣4♣4♥2♥视为4♣4♥2♥变式后，两策略各使用5次
	23	将3种其他策略视为4♣4♥2♥变式后，两策略各使用5次
	26	将4♣2♣3♣3♥2♥、4♣3♣3♥2♥视为4♣4♥2♥变式，4♣3♣2♣2♥视为4♣2♣2♥变式后，两种策略各使用5次
一直摸索中	09	10局中经历了5次策略调整，不偏向任何一种最佳策略
	10	第1局后进行了4次调整，不偏向任何一种最佳策略

④两种最佳策略并存，并不偏向其中任何一种。共有6组属于这种情况：第25组被试两种策略各使用5次，且无其他策略；第33组被试除前2局采用其他策略，两策略各使用4次；第13、14、23和26组被试将其中其他策略视为不同变式后，两策略的使用次数相等。

⑤一直处在摸索中，没有固定策略。共有 2 组被试属于这种情况：10 局游戏中 09 组被试有 5 次、10 组被试有 4 次使用其他策略，即进行策略的调整，且它们并不统一偏向任一最佳策略。

2. 策略变化的速率

在 TTT 扑克牌任务中，对于每一局游戏，事后均可追认为两种最佳策略和其他策略。可能刚开始被试组中的两人并没有意识到自己在采用策略，是什么时候开始，他们意识并坚持了自己的策略。通过分析相邻两个阶段内两种最优策略的使用可以解决这一疑问，即惯例产生是渐变还是突变的？

本研究具体采用对四个阶段内 3 种不同策略使用的次数作为指标，对相邻两个阶段内策略的使用情况进行卡方检验，结果如表 4－8 所示，结合表 4－3 发现，在两个三个阶段之间，只有阶段Ⅰ和阶段Ⅱ中 4♣4♥2♥策略的增加及其他策略的减少达到了显著性差异：$\chi^2_{(1)} = 4.80$，$p < 0.05$；$\chi^2_{(1)} = 9.31$，$p < 0.01$。其他两两阶段的对比中，三类策略均无显著性差异。

表 4－8　　35 组被试不同阶段策略使用情况的卡方检验结果

策略	阶段Ⅰ ➔阶段Ⅱ	阶段Ⅱ ➔阶段Ⅲ	阶段Ⅲ ➔阶段Ⅳ
4♣2♣2♥	0.52	0.00	1.48
4♣4♥2♥	4.80*	0.03	1.37
其他策略	9.31**	0.62	0.89

3. 策略变化模式的多样性

这个指标可以与变化路线的指标项相结合来分析，考察每个实验期间策略使用类型的多样性和被试策略使用和变化模式的个体差异。结合本研究任务的特点，将四个测验阶段及被试组的异同作为两个维度，可以将变化的分析划分为图 4－7 所示的四类：

在上述四个阶段的划分中，研究分析了不同阶段相同被试组及不同被试组在得分、用时、策略等各项指标上表现的差异；在上述变化路线的分析中，研究以阶段Ⅰ中 35 组被试的表现为例说明了相同阶段不同被试组及同一被试组表现的多样性。由上述分析可知，对于 35 组被试来说，他们在四个不同阶段及同一阶段使用的策略均不一样，这可以通过表 4－1 进行描述；对同一组被试来说，他们在不同阶段以及同一阶段的不同局中（见表 4－5），所采取的策

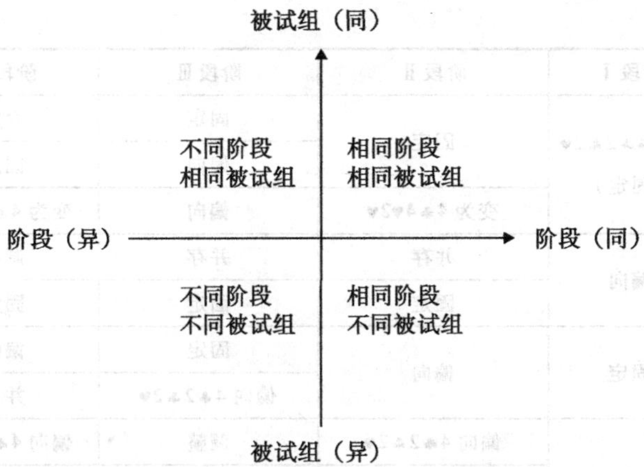

图 4－7　变化模式多样性的划分

略和表现也不一样。下面从策略变化的角度，追踪同一组被试在四个测验期间策略的变化情况，通过对 35 组被试的分析，说明策略变化的多样性，见表 4－9：

表 4－9　35 组被试在四个阶段的所用策略的变化模式

第 1 局	阶段 I	阶段Ⅱ	阶段Ⅲ	阶段Ⅳ	被试组
4♣2♣2♥	固定	固定	固定	固定	01，08
4♣2♣2♥	固定	固定	偏向 4♣4♥2♥	固定	22
4♣2♣2♥	固定	固定	调整	偏向 4♣2♣2♥	29
4♣2♣2♥	固定	并存	固定	固定	15
4♣2♣2♥	固定	偏向 4♣4♥2♥	并存	并存	17
4♣2♣2♥	固定	变为 4♣4♥2♥	并存	偏向	28
4♣2♣2♥	固定	偏向	偏向	固定	6
4♣2♣2♥	调整	偏向 4♣4♥2♥	偏向 4♣4♥2♥	偏向 4♣2♣2♥	9
4♣2♣2♥	调整	偏向 4♣4♥2♥	调整	偏向	23
4♣2♣2♥	偏向	并存	偏向	并存	12
4♣2♣2♥	偏向	并存	偏向	固定	16
4♣2♣2♥	偏向	并存	固定	并存	29
4♣2♣2♥	偏向	偏向	偏向 4♣4♥2♥	固定	21
4♣2♣2♥	偏向	偏向	偏向	固定	32
4♣2♣2♥	偏向	并存	并存	固定	30
4♣2♣2♥	偏向	固定	偏向	并存	19

续表

第1局	阶段Ⅰ	阶段Ⅱ	阶段Ⅲ	阶段Ⅳ	被试组
4♣4♥2♥	变为4♣2♣2♥（固定）	固定	固定	固定	2
			偏向	固定	34
		变为4♣4♥2♥	偏向	变为4♣2♣2♥	20
	偏向	并存	并存	调整	5
		固定	固定	固定	11
	固定	偏向	固定	偏向	18
			偏向4♣2♣2♥	并存	7
	调整	偏向4♣2♣2♥	调整	偏向4♣2♣2♥	10
		变为4♣2♣2♥	并存	变为4♣4♥2♥	14
		偏向	偏向	并存	13
		调整	固定	调整	35
	并存	固定	偏向4♣2♣2♥	变为4♣4♥2♥	25
其他策略	变为4♣2♣2♥（固定）	调整	固定	并存	3
		固定	固定	固定	27，31
	调整	偏向4♣4♥2♥	固定为4♣4♥2♥	偏向4♣2♣2♥	4
		并存	并存	偏向4♣2♣2♥	26
		调整	变为4♣4♥2♥	偏向4♣2♣2♥	33

其中，“固定”的含义为由上述二项分布原理计算的猜测率，即被试实验期间的10局游戏中，7局及以上选择了某策略才算真正理解并坚持了策略，而非猜测。“变为”是指除开始的1局外，剩下9局中有6局及以上采用了策略。“调整”的含义为10局中坚持某策略不到7局。“偏向”的含义为将一些其他策略视为本策略后10局中便有7局使用本策略，或者10局中有6局使用本策略；“并存”的含义为两种最佳策略各采用5次，或去掉其他策略后，使用两种策略的次数相等。

由表4－9可知，35组在四个实验期间表现出33种变化模式，可谓复杂多变。第1局时，共有17组被试采用了4♣2♣2♥策略，有12组被试采用了4♣4♥2♥策略，并有6组被试采用了其他策略。我们以此为起点来具体分析每组的表现。

包括第1局，阶段Ⅰ中共有16组被试固定了采用的策略，其中，14组被试将策略固定为4♣2♣2♥，2组（18、7）被试将策略固定为4♣4♥2♥；有9组被试偏向某一种策略，其中7组偏向4♣2♣2♥策略，2组偏向4♣4♥2♥策略；有10组被试使用调整策略；还有1组被试两种最佳策略各采用5次。即使在第1阶段便固定策略的被试组，在后3个阶段中，他们还会按照不同的模式调整策略，具体表现如图4-8所示。

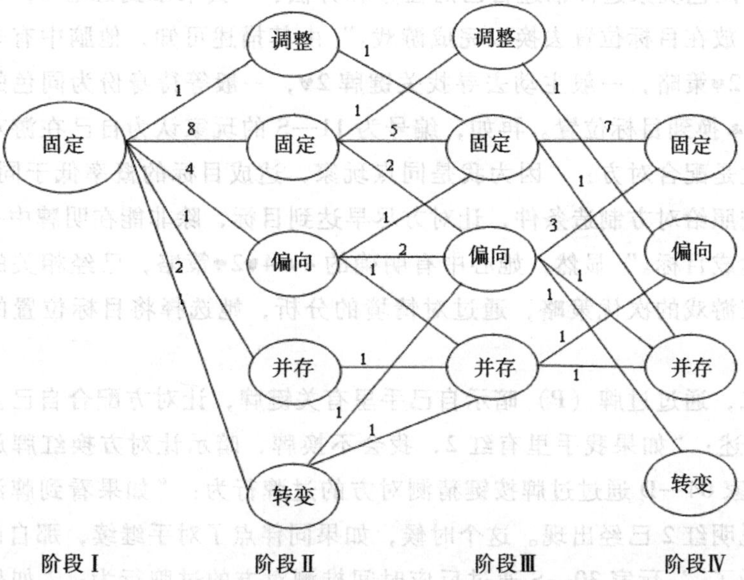

图4-8　阶段Ⅰ中固定策略的16组被试在后三个阶段的策略变化

由图4-8可知，固定策略的16组被试在阶段Ⅱ只有8组选择继续固定，其余8组被试会选择变化原先策略。通过图4-8可以具体分析不同组在后续两个阶段的表现：选择两组策略并存的被试，在后续的两个阶段均是采用了两种策略并存的表现模式；选择调整策略的组，在后续两个阶段又固定下来了自己的选择。前两个阶段均固定了策略的8组被试，在阶段Ⅲ只有5组继续固定，3组则变化了原先的策略。由上图还可以分析每个阶段选择某种情况的组数，例如，阶段Ⅳ中有7组被试固定了自己选择的策略，1组被试同时采用两种策略。

4. 策略变化的来源

通过研究一的分析发现，个体在TTT扑克牌任务后期对自己所采用的策略具有较强的意识性。通过对上述策略变化的路线、速率及变化模式多样性的分析可知，这种对策略的清晰意识经历了一个过程，在四个测验的阶段，被试组的表现有所差异。即这种惯例形成过程会造成策略的变化，另外，配合方面存在的问题，也是策略变化的原因。通过事后访谈，我们研究总结出被试如何形成策略以及策略变化的原因。

(1) 策略的形成。

第一，心中有明确的策略，主动创造条件配合对方或等待机会。如编号为01—D的同色玩家这样描述自己的任务和方法："我来拿到红心2，等待对方把梅花2放在目标位置去换以完成游戏。"由其描述可知，他脑中有非常清晰的4♣2♣2♥策略，一般主动去寻找关键牌2♥，一般等待身份为同色的同伴将手里的2♣换到目标位置。再如，编号为11—S的玩家认为自己在游戏中主要的任务就是配合对方："因为我是同点玩家，达成目标的概率低于同色玩家，故基本按照给对方制造条件，让对方尽早达到目标，除非能在明牌中一眼看出我可以达成目标。"显然，她心中有明确的4♣4♥2♥策略，已经相关的由同色玩家结束游戏的次优策略，通过对情境的分析，她选择将目标位置的牌换成同色。

第二，通过过牌（P）暗示自己手里有关键牌，让对方配合自己。如玩家03—S所述："如果我手里有红2，我会不换牌，暗示让对方换红牌放目标位置。"玩家04—D通过过牌按键猜测对方的过牌行为："如果看到牌没有什么变化，说明红2已经出现。这个时候，如果同伴点了对手继续，那自己就知道该怎么做了。"玩家30—S通过反应时间推测对方的过牌行为："如果对家一直'过'（很快地轮到我，我能判断他是过了），这就说明，他手中有目标位置的牌了。"玩家22—D则描述了通过过牌达到的默契："我在游戏中是同点玩家，每当他过牌时，我知道他手里有红桃2，就会快速地将目标位置换为红桃；当我过牌时，我手里有红桃2，他会快速地将梅花2换到目标位置。"

第三，通过明牌（U）来提示对方，达到无声交流的目的。如同点玩家07—D这样处理关键牌："如果手上有红心2但是自己又不能达到目的，就放在亮牌位置，方便对方换取，完成任务。"又如玩家13—S的描述："如果一方拿到目标牌暂时无法实现任务时，就把目标牌放在名牌的位置，看谁更快完成谁就先拿目标牌。"编号为12—D的被试没有关键牌时也会采用这种方法："开始的时候，我们会先换明牌，以让对方了解自己手中的牌。"

第四，揣摩对方的行为模式，选择配合的策略。玩家25—S通过观察对方的行为模式，自己"被动"配合即可："多做几次就发现他比较喜欢先把草花4换成红的，如果我的第一张牌不是2，我会先换成草花2或者红2，如果我们手上是这张牌，一般都懒得换，直接等对手换到合适的牌。"玩家32—S描述了复杂的采用哪种最佳策略的推理过程："通过同色玩家出的第一张牌，来暗示'目标位置'是用同色完成还是同点完成，这就需要同色玩家先有计划，哪种方法用的步骤最少。然后同点玩家要通过同色玩家的换牌推测他的计划，确定谁来完成最后一步，谁来做辅助。"

（2）策略的变化或配合不当的原因。

第一，规则的熟悉及应用需要一定时间。虽然测验前已经详细讲解了游戏规则并举例进行说明，但是开始几局，玩家对自己的身份特点还是应用不熟练，玩家 10—D："游戏开始几道题不是很默契，总是不清楚自己扮演的角色。"也有玩家总是控制不住竞争的心理："刚开始的时候不是很熟悉游戏规则和方法，以为我和同伴是竞争对手的关系，没有相互配合。"还有玩家 09—D 提出："这是一个必经的过程，我觉得这个测验分为三个阶段，首先是熟悉游戏和探索配合方法，然后再去寻找策略，最后基本稳定。"

第二，一方过于"理性"导致的合作不良。按照 TTT 初始牌局的特点，分不同情况，有不同反应，如对方不能跟上自己的节奏，就会出现配合不流畅的情况；即使跟上了，也会存在两种最佳策略并存的情况，而不会形成策略层面的惯例。如编号为 04—S 的玩家描述了 4 种情况下该如何反应："我们是比较灵活的配合，谁手里有红桃 2 的话就先不走，手里没有红桃 2 的人就尽量给对方做牌，把目标位置换成对方能换的牌，然后让对方来走。如果这两点都不符合的话就换两张暗牌。如果出现了不太配合的情况就把红桃 2 换到明牌上，作为一个提示，告诉对方手里是什么牌，这样就可以形成配合了。"再如编号为 16—S 的玩家从行为层面描述了换牌的技巧："一是同点方不能要黑 2，拿了马上扔；二是同色方如果拿红 2，且明牌全红，则等待即可；三是同色方拿黑 2，且明牌没红 2，则尽量向目标牌转移；四是若明牌为黑红 2，则同点方静等，同色方布局……还有太多技巧，就不一一列举了。"

第三，双方想法不匹配。有的是"太想配合"而导致的"不配合"，如玩家 12—S 所述："我们没有形成固定的策略，有时都想给对方提供换牌的可能，结果弄巧成拙。"有的是对双方的分工有不同理解，如玩家 08—S 所述："双方需要在游戏当中形成分工，一个人做牌（注：将目标位置换成 2♣ 或 4♥），一个人胡牌（用 2♥换牌）。但是同色应该比同点容易胡牌，但我的队友好像没太意识到，总在等着我给他做牌。"又如玩家 12—D 所述的双方地位的不同："尽快找到双方在合作中的角色和配合方式，是非常重要的。开始时，主动置换明牌的一方，是有策略、在合作中居于领导和主动地位的，另一方就是跟随者，这样就容易合作。如果双方在合作中争夺主导权，不能默契配合，会走很多冤枉路。”

五、实验1讨论

（一）TTT扑克牌任务的四个阶段

为了详细描述惯例的形成过程，需要对40局TTT扑克牌游戏进行一定的阶段划分。因为40局游戏相当于进行了40次类似的测验。依据表征重述理论（Kamiloff - Smith，2001），正是这种重复性的问题解决促使个体进行了表征重述，促进了惯例的形成。因此，与表征重述理论所描述的四个阶段对应，本研究也划分了四个阶段。

由表4－1和表4－2以及图4－1至图4－4的统计分析可知，四个阶段内，个体在10局游戏的平均得分、步数、每局用时、每步用时上存在差异，但通过事后检验，只有阶段Ⅰ的得分显著低于其他三个阶段，用时和步数显著高于其他三个阶段。这是由于阶段Ⅰ属于行为掌握阶段（Kamiloff - Smith，2001)，被试组的行为努力集中于达到换牌的成功。如事后访谈所述，“游戏开始几道题不是很默契”这个阶段被试还需要进一步熟悉和消化游戏规则。

由于阶段Ⅰ的变化如此明显，在随后的微观发生分析中，应更加关注这10局被试发生的变化，将分析的重点聚焦于本阶段。

（二）TTT扑克牌游戏中惯例形成的微观发生过程分析

经过上述综合指标的分析可知，两人小组在解决TTT扑克牌游戏中，随着局数的增加，问题解决的效率逐步提升，最终形成了惯例。研究以微观发生法的思路聚焦于策略及行为的变化，从四个不同角度详细解析了这一过程。

1. 策略及行为变化的路线

对于路线的描述，研究依据微观发生法分析的角度（辛自强，2005；辛自强、林崇德，2002)，结合TTT扑克牌任务的特点，选取了四个阶段策略使用率的变化、四个阶段移动轨迹的变化、阶段Ⅰ策略变化顺序三个角度。

由表4－3和图4－5可知，三种策略在四个阶段有所变化：最佳策略4♣2♣2♥的使用率是上升的，最佳策略4♣4♥2♥前三个阶段上升，后一阶段下降；但是上述两种最佳策略的变动趋势未达到显著性水平。只有其他策略的使用在四个阶段内是持续下降的。之所以呈现出这样的模式，是因为随着游戏的进行，被试在行为掌握基础上进行表征重述，逐渐优化问题解决策略，所以最佳策略在阶段Ⅱ和阶段Ⅲ同步增长，这相当于表征重述模型中的 E1 和 E2 阶段。阶段Ⅳ时，如研究一所述，更容易实现的 4♣2♣2♥策略的使用次数有所上升，4♣4♥2♥策略有所下降。两种最优策略之间的细微调整和转变，是造成它们四个阶段使用次数差异不显著的原因。

由表 4－4 和图 4－6，被试组在四个阶段换牌的 5 种方式，只有换右上位置（C）的变化达到了显著性水平。而换这一位置的牌对策略的形成并无积极的暗示或功能上的帮助，如研究一所述只是一种思维习惯结果。虽然其余位置的行为未达到显著性差异，但可以看出，能体现策略换目标位置牌、过牌和明牌三个位置次数整体是在上升的。由此可知，TTT 扑克牌游戏中的惯例更多地体现为对策略的坚持。由此，在对变化顺序分析时，每一局游戏中策略的变化、后面变化速率、变化模式多样性、变化来源的分析只关注于策略具有合理性。

对于变化的顺序，由于阶段Ⅰ变化更为显著，研究全面展示了本阶段 10 局游戏所用的策略。由表 4－5 至表 4－7 的分析可知，35 组被试中只有 8 组坚持了某种最佳策略，其余 19 组都处在策略调整之中。由于策略是事后追认的，结合表 4－9 的结果可知，这 8 组被试中也只有 2 组被试有意识地将发现的策略坚持到底。可见，如卡米洛夫·史密斯（Kamiloff－Smith, 2001）所述，这一阶段的行为掌握还未通达意识层面。由此，本阶段策略的调整和探索是主题。对于每个阶段内策略的变化和坚持上，本研究依据研究一中利用二项分布计算猜测率的方法，为其确定了量化标准，使分析更具科学性。

2. 策略变化的速率

由表 4－3 和表 4－8 对相邻两个阶段内策略使用差异的检验可知，策略的变化主要体现在阶段Ⅰ和阶段Ⅱ之间，即其他策略的减少和 4♣4♥2♥策略的增加上；4♣2♣2♥虽在增加，却未达到显著性水平。这说明行为的掌握体现为次优策略的减少、两种最优策略同时使用的趋势，还说明阶段Ⅱ中 E1 水平表征灵活性增加的趋势，即两种最优策略开始同时使用（Kamiloff－Smith，2001），因为这种最优策略均为完成策略的最佳方式，被试已经开始抽象出两种最优策略。阶段Ⅱ和阶段Ⅲ中其他策略持续减少，两种最优策略同时增加，但均未达到显著性水平。阶段Ⅲ和阶段Ⅳ中，其他策略及 4♣4♥2♥策略均减少，最优策略 4♣2♣2♥的使用次数有所增加，但它们的差异均未达到显著性水平。造成这种后三个阶段策略使用次数两两差异不显著的原因，如卡米洛夫·史密斯（Kamiloff－Smith, 2001）所述，阶段Ⅲ的表征已经通达意识，因此两个阶段中两种策略会同时存在，且增加的趋势不偏向其中一方。

3. 策略变化模式的多样性

本指标是变化路线的进一步拓展，用以全面展示实验期间内策略变化的全貌。研究依据 TTT 扑克牌游戏绘制了图 4－7 所示的分析视角，并将所有变化的个体差异和阶段差异展现为表 4－9，追踪了每个被试组 3 种策略不同实验期间的变化。

由表 4－9 及随后的图 4－8 所列举的第 1 阶段固定策略的 16 组被试在随后 3 个阶段的表现可知，TTT 扑克牌游戏中，被试组策略的变化模式复杂多变，集中体现为不同实验期间策略的固定、调整、偏向某一策略、两种策略并存的不同选择。图 4－8 中 16 组被试的表现进一步证实了卡米洛夫·史密斯（Kamiloff－Smith，2001）所述的阶段 I 的表征只是行为掌握，还未通达意识。

4. 策略变化的来源

通过上述几个指标的描述可知，策略经过几个阶段的探索，固定下来形成了惯例，这一过程变化的原因是什么？微观发生法作为一种特殊的发生法实验设计方法，一般不存在实验干预，对于变异来源的分析一般源于观察和口语报告。但是以往测验由于需多次口语报告，面临一定的批评，认为这会影响策略的使用和其他方面的表现（Damon & Lerner，2009）。然而，在本研究中，微观发生的时间更短，重复测验发生在 1 分钟之内（即完成每局游戏的时间），不存在上述问题。通过事后的言语反馈，可以分析策略形成及变化的所有原因。

本研究通过对 70 名被试反馈结果的分析，总结出策略形成和变化的原因。首先，个体依据规则随着游戏的进行，总结出如综述部分图 1－5 所示的问题空间图，明确两种最优策略，即不会去搜索和记忆所有的问题空间及可能路径（Egidi，1996）。其次，通过一定的技巧，与同伴协调将策略固定下来。这主要通过过牌暗示自己手里有关键牌，通过明牌位置（U）来提示对方关键信息。策略变化的原因则主要表现在个人对规则的不熟悉而造成的配合紊乱以及配合方面的问题，集中表现为思考过多，或者是过于理性而导致的对方跟不上步伐，或者双方都是太想配合而导致的配合不当。可见，策略的形成是个体努力和群体配合的结果。

（三）表征重述模型框架下的惯例变化

由上述分析可知，四个阶段内被试组的行为模式，尤其是策略呈现出不同变化，最终形成了惯例。这是一个认知表征由无意识走向意识，由程序性走向陈述性知识的过程，符合惯例卡米洛夫·史密斯（Kamiloff – Smith，2001）提出的表征重述的过程。

行为掌握的表征水平Ⅰ➔E1：本阶段的任务是行为的掌握。在此基础上，被试继续进行表征的重述。因此，在这一阶段，被试各方面的表现与后三个阶段有明显的差异。这已由四阶段得分、所用时间、所用步数和每步用时的对比所证实。通过对上述策略变化路线、速率、模式多样性的分析可知，水平E1在水平Ⅰ的基础上表征水平突然提高（见图4－1至图4－5、表4－8），后面的两个阶段在此基础上进一步优化，可见策略的发现是突变的。

表征重述过程E2➔E3。表征的重述体现为对策略的调整。水平E2的典型表现是策略在E1水平上行为的进一步优化，两种最佳策略同时使用。水平E3时，被试在随后的访谈中，已能将策略进行言语表述，与水平E2相比，更多被试选择更易达到的最优策略4♣2♣2♥（见表4－8）。

因此，从发展的眼光来看待惯例时，在不同的发展阶段，惯例呈现出不同的意识性；不同阶段惯例的知识性质有所差别，并不总是以程序性知识存储的（Cohen & Bacdayan，1994）。

六、实验1结论

研究采用微观发生法的分析思路，分析了TTT扑克牌游戏中惯例的形成。研究发现：

第一，四个不同阶段，被试组在TTT扑克牌任务中的表现不同，合作问题解决的效率不断提升。

第二，惯例的产生集中体现在策略及行为轨迹的变化、策略变化速率的差异、策略变化模式的多样性方面。而策略变化的原因集中体现在小组成员的合作上。

第三，TTT扑克牌游戏中惯例的产生过程符合卡米洛夫·史密斯（Kamiloff – Smith，2001）提出的表征重述理论。惯例经由行为掌握（表征水平Ⅰ➔E1）阶段和表征重述的三个阶段（表征水平E2➔E3），经历了无意识到意识的转换，由程序性知识转化为陈述性知识，并在事后访谈中体现出来。

第二节　实验2：三人合作问题解决中惯例的微观发生研究

一、研究目的

第一，采用微观发生的分析思路，从策略及行为轨迹变化的路线、变化的速率、变化模式及变化来源四个角度描述加10游戏中惯例的形成过程。

第二，采用卡米洛夫·史密斯（Karmiloff - Smith，2001）的表征重述理论解释加10游戏中惯例的表现，并解释惯例现象产生的原因。

第三，进一步探讨加10游戏中惯例的意识性问题。

二、研究假设

第一，被试组在加10游戏的四个阶段内的各项表现均存在显著差异。阶段Ⅰ和阶段Ⅱ之间及它们与后两个阶段之间差异明显，但后两个阶段不存在显著差异。这不仅体现为问题解决效率提高的各项指标，还体现为满意度和预期的情感指标。

第二，在变化路线上，惯例的发生主要体现为策略使用率的变化并呈现出不同的变化顺序和模式。

第三，在变化的速率上，变化体现在阶段Ⅰ和阶段Ⅱ之间策略使用的突变上。

第四，同一组被试在不同实验阶段以及同一实验阶段内每组被试的表现均呈现出多样性的特点。

第五，从变化的来源上来看，一方面，加10游戏中的惯例具有明显的意识性，个人的努力集中于如何经过不断磨合，实现合作；另一方面，变化主要源于个体追逐自身利益最大化的行为。

三、研究设计

（一）被试

同研究一中的实验2。

（二）实验材料及程序

同研究一中的实验2。

（三）实验设计

同研究一中的实验2。

四、研究结果

（一）加10游戏的阶段划分及被试表现差异

在本研究中，被试在简短的十几分钟完成了28局重复的合作问题解决任务，且逐渐形成了惯例，使问题解决的效率逐步提升。这一过程符合微观发生法的分析要求，因此，为了细致地刻画这一过程，我们结合实验2的结果，将31组玩家进行的28局游戏也划分为四个阶段，每阶段包含7局游戏。

首先，对四个阶段31组被试的表现进行描述，结果见表4－10。由表4－10可知，每局游戏的得分、满意度的变化趋势是一致的，均为阶段Ⅰ最低，阶段Ⅱ和阶段Ⅲ不断增高，阶段Ⅳ有所下降。在用时上，阶段Ⅰ时最高，阶段Ⅱ和阶段Ⅲ持续降低，阶段Ⅳ又有所升高。对于每个阶段31组被试7局游戏（$N=31\times7=217$）相加所得和上，大于和小于10的趋势相似，均为阶段Ⅰ最多，阶段Ⅱ和阶段Ⅲ持续减少，阶段Ⅳ有所上升；等于10上，阶段Ⅰ最少，阶段Ⅱ和阶段Ⅲ持续增多，阶段Ⅳ有所下降。在31组被试7局游戏对下一局的预测上（$N=31\times3\times7=651$），也是大于和小于10的趋势一致，等于10的趋势一致。

表4－10　　不同阶段31组被试表现的差异

阶段	得分（分）	满意度（分）	用时（秒）	相加所得和（$N=217$）			预测（$N=651$）			
				=10	>10	<10	=10	>10	<10	缺失
阶段Ⅰ	24.17 ±14.66	6.66±3.59	30.25±28.48	87	85	45	380	180	50	41
阶段Ⅱ	26.86 ±15.24	7.13 ±3.62	20.58±20.65	133	42	42	451	112	45	43
阶段Ⅲ	29.31 ±13.56	7.59 ±3.58	19.50±26.40	150	37	30	494	78	31	48
阶段Ⅳ	28.70 ±14.25	7.47 ±3.79	19.72±28.16	149	33	35	488	68	35	60

其次，为检测上述差异是否显著，需分别进行差异检验，结果分述如下：

为检测每局得分的差异是否达到显著性水平，以得分为因变量，以阶段为自变量，进行方差分析，结果表明，31 组被试不同阶段的得分存在显著差异，$F(3, 2600) = 16.64$，$p < 0.001$，$\eta^2 = 0.02$。事后分析结果表明（见图 4－9），在每局得分上，阶段Ⅰ显著低于其他 3 个阶段，阶段Ⅱ显著低于其他两个阶段，阶段Ⅲ和阶段Ⅳ之间无显著差异。

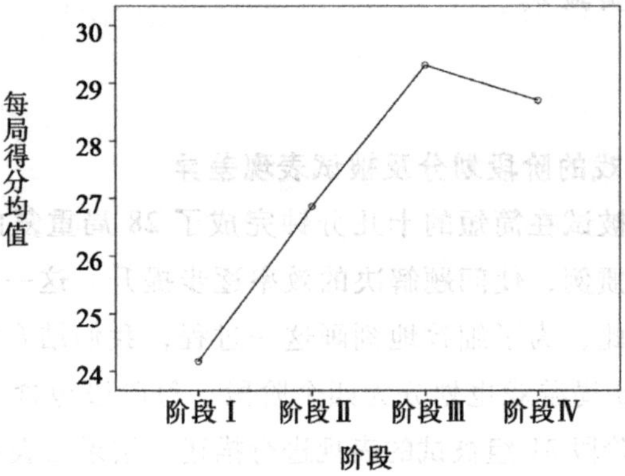

图 4－9　不同阶段每局得分的差异

为检测每局得分的满意度差异是否达到显著性水平，以满意度为因变量，以阶段为自变量，进行方差分析，结果表明，31 组被试不同阶段对得分的满意度存在显著差异，$F(3, 2600) = 8.54$，$p < 0.001$，$\eta^2 = 0.01$。事后分析结果表明（见图 4－10），在对每局得分的满意度上，阶段Ⅰ显著低于其他 3 个阶段，阶段Ⅱ显著低于其他两个阶段，阶段Ⅲ和阶段Ⅳ之间无显著差异。

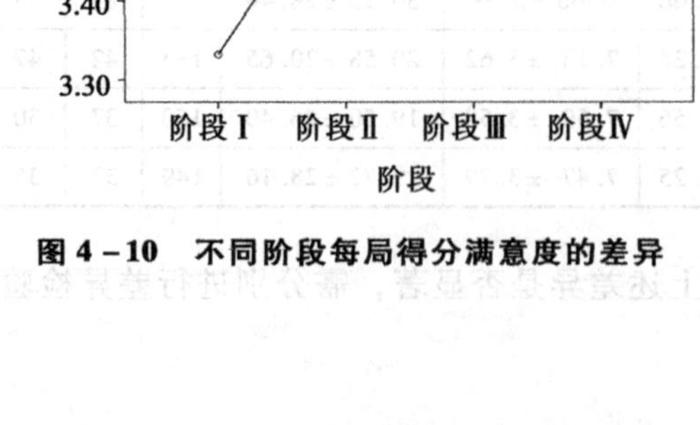

图 4－10　不同阶段每局得分满意度的差异

为检测每局所用时间的差异是否达到显著性水平，以每局所用时间为因变量，以阶段为自变量，进行方差分析，结果表明，31 组被试不同阶段每局游戏所用时间存在显著差异，$F(3, 2600) = 22.61$，$p < 0.001$，$\eta^2 = 0.03$。事后分析结果表明（见图 4－11），在每局所用时间上，阶段Ⅰ显著高于其他 3 个阶段，阶段Ⅱ显著高于其他两个阶段，阶段Ⅲ和阶段Ⅳ之间无显著差异。

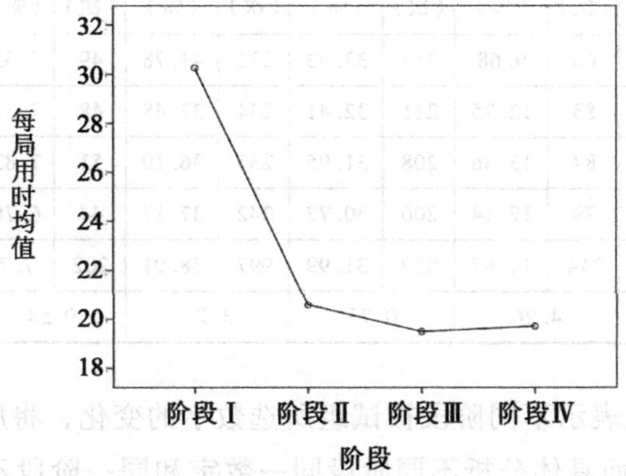

图 4－11　不同阶段每局所用时间的差异

为检测 31 组被试不同阶段的 7 局游戏中，相加所得和不同情况的次数是否存在显著差异，进行了卡方检验，结果表明，四个不同阶段每局游戏相加所得和等于和大于 10 的次数存在显著差异，$\chi^2_{(3)} = 20.18$，$\chi^2_{(3)} = 35.43$，$ps \leqslant 0.001$；小于 10 的次数无显著性差异，$\chi^2_{(3)} = 3.63$，$p > 0.05$。

为检测不同阶段被试对下一局游戏预期的不同情况的次数的差异是否达到显著性水平，同样进行了卡方检验，结果表明，四个不同阶段被试对下一局的预期等于和大于 10 的次数存在显著差异，$\chi^2_{(3)} = 18.18$，$\chi^2_{(3)} = 70.24$，$ps \leqslant 0.001$；小于 10 的次数无显著性差异，$\chi^2_{(3)} = 5.673$，$p > 0.05$。

（二）惯例形成的微观发生分析

由上述分析可知，在四个阶段内，被试组的行为表现的各项指标均发生了变化，由研究一的结果可知，它们最终导致了惯例的形成。下面按照微观发生法的分析思路进行解释。

1. 变化的路线

（1）每个实验期间所选数字的变化。在加 10 游戏中，惯例首先表现为对所选数字的坚持。因此，首先分析每个阶段内所选择的数字。每一局游戏中，每名被试均有 5 种选择数字的方式，四个阶段 7 局游戏共有 217 次选择，其结果如表 4 - 11 所示。

表 4 - 11　　不同阶段 31 组被试策略所选数字的次数及频率

策略	0		2		3		4		10		总计（次）	χ^2
	次数（次）	频率（%）	次数（次）	频率（%）	次数（次）	频率（%）	次数（次）	频率（%）	次数（次）	频率（%）		
阶段Ⅰ	50	7.68	63	9.68	217	33.33	272	41.78	49	7.53	651	347.03***
阶段Ⅱ	65	9.98	83	12.75	211	32.41	244	37.48	48	7.37	651	251.27***
阶段Ⅲ	70	10.75	87	13.36	208	31.95	235	36.10	51	7.83	651	221.19***
阶段Ⅳ	86	13.21	79	12.14	200	30.72	242	37.17	44	6.76	651	225.63***
总计	271	10.33	314	11.97	839	31.99	997	38.01	202	7.7	2623	
χ^2	9.75*		4.26		0.72		3.21		0.54			

为了更直观地表示不同阶段被试组所选数字的变化，将所选数字的频率绘制为图 4 - 12。下面具体分析不同阶段同一数字和同一阶段不同数字选择次数差异。

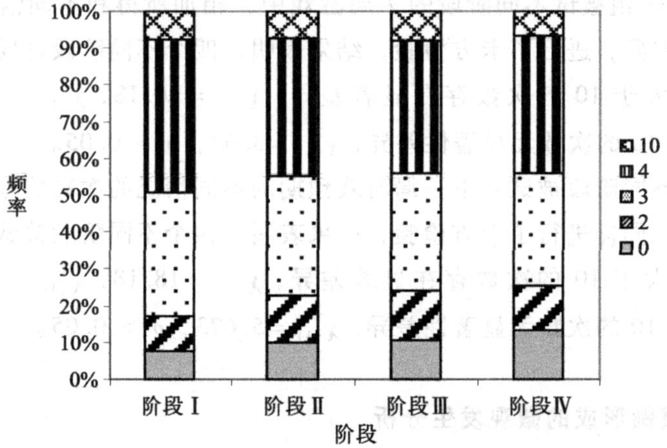

图 4 - 12　不同阶段被试选择所选数字频率的变化

在数字 0 的选择上，阶段Ⅰ最少，选择次数为 50 次，频率为 7.68%，后 3 个阶段持续增多，阶段Ⅳ时上升为 86 次，频率为 13.21%。为检验上述四个阶段内的次数差异是否达到显著性，进行了卡方检验，结果表明，四个阶段内对数字 0 的选择次数的差异达到了显著性水平，$\chi^2_{(3)} = 9.75$，$p < 0.05$。在数字

2 的选择上，阶段Ⅰ时最少，为 63 次，频率为 9.68%，后两个阶段持续增多，阶段Ⅳ时有所下降。为检验上述差异是否达到显著性，进行了卡方检验，结果表明，四个阶段内对数字 2 的选择次数无显著性差异，$\chi^2_{(3)}=4.26$，$p>0.05$。在数字 3 和数字 4 的选择上，均为阶段Ⅰ时最高，分别为 217 次（频率为 33.33%）和 272 次（频率为 41.78%），后 3 个阶段持续减少，阶段Ⅳ时分别减少为 200 次（频率为 30.72%）和 242 次（频率为 37.17%）。为检验上述差异是否达到显著性，进行了卡方检验，结果表明，四个阶段内对数字 3 的选择次数无显著性差异，$\chi^2_{(3)}=0.72$，$\chi^2_{(3)}=3.21$，$ps>0.05$。在数字 10 的选择上，阶段Ⅱ选择次数最低，为 48 次，频率为 7.37%，阶段Ⅲ时选择次数最多，为 51 次，频率为 7.83%。卡方检验的结果表明，四个阶段对数字 10 的选择次数无显著性差异，$\chi^2_{(3)}=0.54$，$p>0.05$。

从每个阶段 5 个数字的选择上来看，经卡方检验，5 个数字选择次数均达到显著性水平，$ps<0.001$。四个阶段均为选择数字 4 的次数最高，选择 3 次之，选择 10 最少。在 0 和 2 的次数选择上，阶段Ⅰ至阶段Ⅲ均为选择 2 的次数最多，阶段Ⅳ变为选择 0 的次数最多。

（2）每个期间策略使用率的变化。在加 10 游戏中，惯例的另一个表现是对策略的坚持。表 4－12 为四个不同阶段所有被试策略的使用情况。为了更加直观地说明各种策略的使用情况，将其使用率绘制为图 4－13。下面具体分别分析每个阶段 5 种策略使用次数的差异及不同阶段同一策略使用次数的差异。

表 4－12　　不同阶段 31 组被试策略使用的次数及频率

策略	不明确		4，3，3		4，4，2		10，0，0		>10		总计（次）	χ^2
	次数（次）	频率（%）	次数（次）	频率（%）	次数（次）	频率（%）	次数（次）	频率（%）	次数（次）	频率（%）		
阶段Ⅰ	44	20.28	49	22.58	29	13.36	9	4.15	86	39.63	217	74.59***
阶段Ⅱ	43	19.82	70	32.26	43	19.82	21	9.68	40	18.43	217	47.28***
阶段Ⅲ	29	13.36	80	36.87	53	24.42	22	10.14	33	15.21	217	50.81***
阶段Ⅳ	35	16.13	79	36.41	49	22.58	21	9.68	33	15.21	217	45.60***
总计	151	17.4	278	32.03	174	20.05	73	8.41	192	22.12	868	
χ^2	3.99		8.94*		7.61*		22.71***		16.63***			

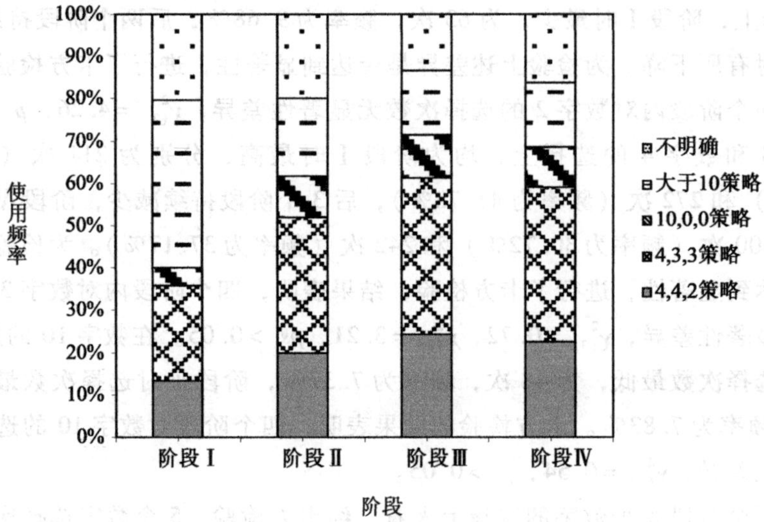

图 4－13　不同期间策略使用率的变化

从每一阶段被试选择的 5 种策略的次数来看，经卡方检验发现，达到了显著性水平，*ps*＜0.001。阶段Ⅰ，被试使用最多的策略是大于 10 策略，共使用 86 次，总次数为 31×7＝217 次，即使用频率为 39.63%；使用最少的策略是 10,0,0 策略，使用频率为 4.15%，4,3,3 和 4,4,2 策略使用频率分别为 22.58% 和 13.36%，没有明确策略的频率为 20.28%；其次为 4,4,2 策略，使用频率为 19.82%。阶段Ⅱ中，被试使用最多的策略为 4,3,3，共 70 次，使用频率为 32.26%，＞10 策略的次数下降了近一半，变为 40 次，使用频率为 18.43%，10,0,0 策略迅速增加，变为 21 次，使用频率为 9.68%，4,4,2 策略的次数也增加为 43 次，使用频率为 19.82%。阶段Ⅲ中，三人相加所得和等于 10 的策略继续增加，使用最多的策略仍为 4,3,3，其次数上升为 80 次，使用频率为 36.87%，4,4,2 策略上升为 53 次，使用频率为 24.42%，10,0,0 策略上升为 22 次，使用频率为 10.14%；＞10 及不明确策略的使用次数继续下降，分别为 33 次（使用频率为 15.21%）、29 次（使用频率为 13.36%）。阶段Ⅳ中，不明确策略的次数有所反弹，变为 35 次，使用频率为 16.13%；三人相加所得和等于 10 的 4,3,3、4,4,2 和 10,0,0 策略均稍有下降，分别变为 79 次（使用频率为 36.41%）、49 次（使用频率为 22.58%）、21 次（使用频率为 9.68%）；＞10 策略保持不变。

再来分析不同阶段同一策略的使用次数。从不明确策略的使用次数来看，阶段Ⅰ最多，为44次，使用频率为20.28%。后两个阶段持续较少，阶段Ⅲ最少，为29次，使用频率为13.36%，阶段Ⅳ又略增为35次，使用频率为16.13%。上述差异经卡方检验，未达到显著性水平，$\chi^2_{(3)}=4.99$，$p>0.05$。从4,3,3、4,4,2和10,0,0三个最优策略的使用次数看，它们符合相同的变化模式，即阶段Ⅰ最低，分别为49次（使用频率为22.58%）、29次（使用频率为13.36%）和9次（使用频率为4.15%），后两个阶段持续增加，分别为80次（使用频率为36.87%）、53次（使用频率为24.42%）和22次（使用频率为10.14%），而阶段Ⅳ时又均有所下降。为检验上述差异是否达到显著性水平，进行了卡方检验，结果表明三种最优策略在不同阶段使用次数的差异均达到了显著性水平：4,3,3策略上，$\chi^2_{(3)}=8.94$，$p<0.05$；4,4,2策略上，$\chi^2_{(3)}=7.61$，达到边缘性显著，$p=0.055$，$\chi^2_{(3)}=22.71$；10,0,0策略上，$\chi^2_{(3)}=22.71$，$p<0.001$。而大于10策略上，阶段Ⅰ使用次数最多，为86次，使用频率为39.63%，阶段Ⅱ时，下降为40次，使用频率为18.43%，阶段Ⅲ继续下降为33次，使用频率为15.21%，阶段Ⅳ保持不变。经卡方检验表明，上述次数达到了显著性水平，$\chi^2_{(3)}=16.63$，$p<0.001$。

（3）变化的顺序。与变化路线相关的问题是策略使用的先后顺序，其中主要的问题是：三人组如何进行配合找到解决问题的最优策略。下面通过分析31组被试在策略形成的阶段Ⅰ中的表现来回答这个问题。

表4－13为93名被试在28局游戏中所选择的数字及其策略，表中阴影部分为三人所选数字相加所得和等于10的局。由表4－13可知，第一局时，有11组被试偶然间使用了策略4,4,2（5组）、4,3,3策略（5组）和10,0,0策略（1组）；有14组被试使用了大于10策略，其中，5组被试有意使用（即三人中有人故意选择10，使相加所得和大于或等于10）了大于10策略，有9组在向最佳策略靠拢时至少两人选择了4，形成大于10策略；还有6组被试相加所得和小于10，其中有3人选择了可让其在三人组中获益最多的数字0[①]。

第一局之后，各小组除有3组被试（第10、20和23组）一直坚持最初偶然获得的最佳策略外，都在后面某局或某几局继续进行尝试。依据表4－13，可以将他们的行为尝试划分为如下几种情况：

---

① 例如，若玩家 i 选择数字0，当三人所选数字相加所得和为10时，玩家 i 的个人得分为40减去0，即得到40分，而本组选择数字10的玩家，获益只有30分。

表 4－13　　三人小组在阶段 I 的 7 局游戏中所选择的数字

组别	第 1 局	第 2 局	第 3 局	第 4 局	第 5 局	第 6 局	第 7 局
1	3,2,4	4,4,2	3,4,2	3,4,4	4,3,3	4,3,3	4,3,3
2	3,3,10	4,3,10	4,4,3	2,3,10	0,3,10	0,0,0	3,2,3
3	4,4,2	2,2,3	4,3,3	4,4,0	4,3,3	4,4,3	3,3,3
4	4,3,2	4,4,3	3,10,10	10,10,10	0,10,10	0,0,0	0,10,10
5	4,4,10	2,3,10	0,3,2	2,3,4	2,3,4	2,3,4	3,4,10
6	3,3,0	0,4,10	4,2,10	3,4,10	0,4,4	2,2,10	3,2,10
7	4,4,3	2,4,10	2,3,4	4,4,3	4,3,3	2,3,3	4,4,4
8	4,4,3	4,4,4	4,3,3	4,3,3	3,3,3	4,4,3	4,4,3
9	4,4,3	2,3,4	4,3,3	4,4,3	4,4,3	4,4,3	4,4,3
10	10,0,0	10,0,0	10,0,0	10,0,0	10,0,0	10,0,0	10,0,0
11	4,3,3	4,3,3	4,3,3	4,3,3	4,3,3	4,3,3	3,3,3
12	4,4,2	4,4,2	4,4,2	4,4,3	4,4,4	4,4,3	4,4,3
13	4,3,3	0,4,4	3,4,10	4,10,10	0,4,10	4,4,10	4,4,0
14	4,4,2	4,4,2	2,4,0	2,4,10	4,2,2	4,0,2	4,0,2
15	3,3,10	4,3,3	4,4,3	4,4,3	4,3,3	4,4,3	3,3,3
16	4,4,4	4,3,3	4,3,3	4,3,3	4,3,3	4,3,3	4,3,3
17	4,0,2	4,4,10	4,4,2	2,4,10	4,2,2	4,4,2	4,4,2
18	4,4,3	4,4,3	4,4,2	4,4,2	4,4,2	4,4,2	4,4,2
19	4,3,4	4,3,3	4,3,3	4,4,3	4,3,3	4,3,3	4,3,3
20	4,4,2	4,4,2	4,4,2	4,4,2	4,4,2	4,4,2	4,4,2
21	4,3,10	4,4,3	4,3,3	4,3,3	4,3,3	4,3,3	4,3,3
22	4,4,3	4,4,3	4,4,3	4,3,3	4,4,3	4,3,3	4,4,3
23	4,3,3	4,3,3	4,3,3	4,3,3	4,3,3	4,3,3	4,3,3
24	4,3,3	3,3,10	4,3,3	3,3,3	4,3,3	4,3,3	3,3,10
25	3,3,3	4,4,3	4,4,3	3,3,3	4,4,3	3,3,3	3,3,3
26	4,4,10	4,4,3	4,4,4	>10	0,3,4	4,2,10	2,3,10
27	4,4,2	3,2,4	4,4,3	3,3,2	3,2,3	4,4,4	4,4,3
28	4,4,3	4,3,4	4,4,2	4,4,2	4,4,2	4,4,2	4,4,2
29	4,4,4	4,3,3	4,4,3	3,3,2	4,3,4	4,4,3	4,4,2
30	3,0,3	4,4,0	4,4,0	10,0,0	10,0,0	0,10,10	0,0,0
31	4,3,3	4,4,10	4,4,3	0,3,4	2,3,4	4,3,3	4,4,3

①经过调整，找到最佳策略。其内涵为：第1局没有发现本策略，后几局发现并坚持使用3局以上。这以第16、18、19、28组被试组为代表。例如，第18组在前两局，三人所选数字均为4,4,3，相加所得和大于10，第3局，他们调整为4,4,2，相加所得和等于10，在后面几局，每个人的选择不变。

②发现最佳策略后，仍然调整。其内涵为某局已经出现了三人相加所得和为10的策略，坚持不到3局，继续调整。这以暂时调整成功的第1、3组（将4,4,2策略调整为4,3,3策略）、暂时调整失败的第8、9、14、15、22组以及不断反复的17、24、31组为代表。

③一直在调整中。整个期间没有出现三人相加所得和为10的情况，一直不断变化选择的数字。这以第2、4、5、6、7、25、26组、共7组被试为代表。

通过上述分析可知，阶段Ⅰ中，大多数被试的数字选择还是比较随机的，没有形成固定的策略，即惯例，对最优策略的使用以无意识居多，这由发现最优策略后，大多数组仍然继续调整可证实。

2. 变化的速率

各种策略究竟是如何变化的？是突然发生的，还是逐渐增加的？

首先，这可以通过分析相邻两个阶段0,2,3,4,10五个数字的选择次数来回答。结果如表4－14，经卡方检验表明，前后两个阶段五个数字选择的次数无显著差异，$ps > 0.05$。

表4－14　　四个不同阶段被试选择数字次数的卡方检验

所选数字	阶段Ⅰ→阶段Ⅱ	阶段Ⅱ→阶段Ⅲ	阶段Ⅲ→阶段Ⅳ
0	1.96	0.19	1.57
2	2.74	0.09	1.64
3	0.08	0.02	0.39
4	1.52	0.17	0.16
10	0.01	0.09	0.10

其次，这也可以通过分析相邻两个阶段五种策略使用次数情况的比较来分析并回答。对相邻两个阶段五种策略的使用次数进行卡方检验，结合表4－11的结果，如表4－15所示。

由表4－15可知，在三个最优策略上，虽然从阶段Ⅰ到阶段Ⅳ使用的次数都在增加，经卡方检验，只有阶段Ⅰ和阶段Ⅱ中4,3,3策略达到了边缘性显著，$\chi^2_{(1)}=3.71$，$p=0.054$；10，0，0 策略、大于 10 策略和总的最优策略的使用次数上均达到了显著性水平，$\chi^2_{(1)}=4.80$，$p<0.05$；$\chi^2_{(1)}=4.16$，$p<0.05$；$\chi^2_{(1)}=16.79$，$p<0.05$。

表 4－15　　　四个不同阶段被试选择策略次数的卡方检验

所选数字	阶段Ⅰ→阶段Ⅱ	阶段Ⅱ→阶段Ⅲ	阶段Ⅲ→阶段Ⅳ
4,2,2	2.72	1.04	0.16
4,3,3	3.71*	0.67	0.01
10,0,0	4.80*	0.02	0.02
最优策略	4.16*	0.11	0.00
>10	16.79***	0.67	—
<10	0.01	2.72	0.56

3. 策略变化模式的多样性

由上述分析可知，惯例形成的变化主要体现在策略方面。因此，本指标可以通过分析策略的变化来体现。其分析思路如实验 1 中图 4－7 所述的四个角度。

对同一组被试来说，他们在不同阶段以及同一阶段的不同局中，所采取的策略和表现不一样。通过表 4－13“三人小组在阶段Ⅰ的 7 局游戏中所选择的数字”的分析可以看出，同样是同一组被试，有的组，如第 10 组，在策略形成（即 10,0,0）策略之后，就不再变动了；而有的组，如第 1 组，在策略形成之后，还要不断变换；还有的组，第Ⅰ阶段不停地改变所选数字，没有形成最佳策略。

下面继续分析，同一组被试在不同阶段策略变化模式的多样性。总结每组被试在 28 局游戏即四个阶段中的表现后，可将 31 组被试划分为以下几种情况，如表 4－16 所示。

表 4－16　　　31 组被试在四个阶段的最佳策略的变化模式

<table>
<tr><th>第 1 局</th><th>阶段Ⅰ</th><th>阶段Ⅱ</th><th>阶段Ⅲ</th><th>阶段Ⅳ</th><th>被试组</th></tr>
<tr><td rowspan="4">等于 10</td><td>固定</td><td>固定</td><td>固定</td><td>固定</td><td>10,20,23</td></tr>
<tr><td rowspan="3">调整</td><td>固定</td><td>固定</td><td>固定</td><td>11,27</td></tr>
<tr><td rowspan="2">调整</td><td>固定</td><td>固定</td><td>31</td></tr>
<tr><td>调整</td><td>调整</td><td>3,12,13,14,24</td></tr>
</table>

续表

第1局	阶段Ⅰ	阶段Ⅱ	阶段Ⅲ	阶段Ⅳ	被试组
不等于10	找到	固定	固定	固定	16,18,19,21,28
		调整	固定	固定	17
			调整	调整	1
	未找到	找到	固定	固定	2,8,22,25,29,30
		未找到	找到	固定	5,15
			未找到	未找到	6,7,9,4,26

表4－16详细刻画了每组被试策略变换的情况。其中，“固定”的含义是每个阶段有4局及以上选择同一个策略。这一数字依据上述研究中所用的二项分布的原理计算猜测率的方法测得，计算过程如下：依据概率加法，4局及以上采用某策略才不是猜测，做出这一推断犯错误的概率约为3.33%。

$b(7,7,0.2)=C_7^0\times0.2^7=0.0000128$

$b(6,7,0.2)=C_7^1\times0.2^6\times0.8^1=7\times0.2^6\times0.8^1=0.0003584$

$b(5,7,0.2)=C_7^2\times0.2^5\times0.8^2=21\times0.2^5\times0.8^2=0.00344064$

$b(4,7,0.2)=C_7^3\times0.2^4\times0.8^3=35\times0.2^4\times0.8^3=0.028672$

$b(3,7,0.2)=C_7^4\times0.2^3\times0.8^4=35\times0.2^3\times0.8^4=0.114688$

相应地，“调整”的含义为发现某问题解决策略后，坚持不到4局便调整；“找到”策略的含义为发现三人所选数字相加所得和为10的三个最佳策略之一，并连续3局都坚持这一策略；相应地，“未找到”的含义为没有找到任何三个最佳策略之一，或是偶然应用了策略，却坚持不到3局便改变了。

由表4－16可知，有三组被试（第10、20、23组）从第1局找到最佳问题解决策略后，就不再改变了，坚持28局游戏节数。有的被试组偶然发现等于10的策略后，在阶段Ⅰ（第11、27组）或前两个阶段（第31组）仍继续探索其他问题解决策略，但在后面的几个阶段将最佳策略固定下来并坚持。有的被试组最初没有发现问题解决的最佳策略，经过阶段Ⅰ（第16、18、19、21、28组）、前两个阶段（第2、8、22、25、29、30组）或前三个阶段（第5、15组）的探索，找到策略并在后面的阶段一直坚持下去，或尝试调整后再固定下来（第17组）。

上述组均为最终找到并坚持了问题解决最佳策略的20组被试，他们很显然是形成了稳定的惯例。还有11组被试经过四个阶段的探索也未找能固定下问题解决的最佳策略。有的组在最初（第 3、12、13、14、24 组）或某阶段（第 1 组）偶然发现最佳策略之后，并未上升到意识层面，而是继续不停地在后三个阶段中探索、调整所选数字；有的组（第 6、7、9、4、26 组）在四个阶段均未找到问题解决的最佳策略，即使偶然某些局出现了三人相加所得和等于 10 的情况，也不会坚持下去，而是选择继续调整所选数字。

对于上述未固定下问题解决最佳策略的 11 组被试来说，是否他们并未形成相应的惯例？为对这一问题进行探索，将 11 组被试在四个阶段 28 局中每局的状况进行分析发现，答案是否定的。下面以一直调整策略的第 24 组被试和一直未找到最佳策略的第 6 组被试在 28 局游戏中的表现为例进行说明，见图 4－14。图中纵坐标的 0 代表三人相加所得和小于 0，1 为大于 10 策略，2 为 10,0,0 策略，3 为 4,4,2 策略，4 为 4,3,3 策略。

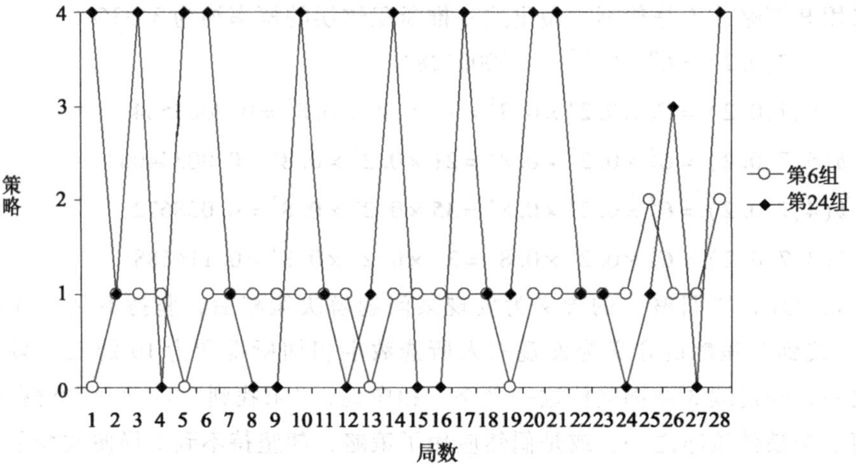

图 4－14　两个被试组 28 局游戏策略使用情况举例

由图 4－14 可知，第 6 组被试在 28 局游戏中有 22 局三人相加所得和大于 10，并在游戏阶段Ⅳ的最后两局出现了两次相加所得和为 10 的 10,0,0 策略。这说明，虽然第 6 组的三名被试并未明确找到问题解决的三个最佳策略之一，但是他们形成了明显的惯例，即大于 10 策略。第 24 组被试在 28 局游戏中有 10 次选择了 4,3,3 策略，只是每次没有坚持便继续改变所选数字，他们还有 1 次偶然选择了 4,4,2 策略，9 次大于 10 的策略和 8 次小于 10 的情况。

4. 策略变化的来源

通过上述分析发现，每个三人小组在不同局的游戏中以及不同三人小组在每局的游戏中所使用的策略都呈现出复杂的变化模式。通过事后的访谈，我们对三人小组如何形成策略以及策略变化的来源，可以总结规律如下：

（1）策略如何形成。

第一，最稳妥的做法。先保证三人相加所得和大于10的次优策略，然后逐步调整为等于10的最佳策略，再固定不变。其典型做法是每次选择3或者4，这样即使三人相加所得的和不能等于10，大于10的概率也会很高。如有被试说："我28次都出了同一个数字4，期待几次后同伴可以发现，一起凑10，4是偏大数目，即使另外两个伙伴出数较小，结果也不会很糟。"还有被试说："我们认为对方可能每次都会改变选择的数字，所以每一次都要改变自己选择的数字，但大多围绕在3和4上，因为这两个最容易和对方达到10分。"

第二，动态调整法。依据结果的反馈调整自己的选择，至三人相加所得的和等于10，便保持不变，如被试所述："如果这次S<10了，大家下次基本上都会逐步地加大自己的数字，如果达到了10，会保持几次不变。"10,0,0策略的形成更加明显："刚开始的两局不太理想，因为一般都会从3和4中选，这样得到10的概率最大，但是发现有一个玩家一直都选择0，所以就试着从0和10中选，没想到当自己选0的时候，另外一个玩家刚好选择了10，所以就继续下去。"这个过程中三人达成一致意见需要一定的过程，如被试所述："我们进行了多次的磨合，最开始一个人先统一，每次都选3，剩下两人纠结了一阵子，一会儿两个都选4，一会儿都选3。最终一个人坚持选一个，另一个人与之配合，方法形成（注：4,3,3策略）。"

第三，有的放矢调整法。有些被试比较理性，一开始就分析出最佳策略，其所选数字的变化源于有意识地跟大家配合。例如，有人这样描述："策略是尽量达到等于10的结果，"4+3+3""4+4+2"或者"10+0+0"，都可以达到结果，看对方的选择。然后得到10的结果就稳定下来不变。"有人既有目的性，又保证稳妥："先测试，然后就固定。3,4,3或者4,4,2什么的，就能10（注：三人相加所得和为10）。一开始大家就估计呗，反正不能弄成10以下的，估计不出来就稍微多一些点，估计对了就固定下来自己的数值就行了，就一直不变了，一直就是10了。"

第四，幸运+坚持。有的人第一轮就偶然幸运地发现了策略，他们选择坚持这一最佳策略不再去探索其他。第23组被试中有人这样描述他们28局游戏都坚持4,3,3策略："首先我们应该都想到了选取3或4加和为10的可能性会很高，所以我选了3作为尝试。第一次很幸运，我和一个伙伴选的都是3，另一个伙伴选的是4，于是我们心照不宣地复制下去，默契！”；有人这样描述10,0,0策略：“第一局很巧合地都是10，于是大家之后都选定自己的数字，很默契。很满意，因为大家没有那么多怀疑，都是很相信对方会选和之前一样的数字。”

（2）多轮互动中所选数字持续变动，形成不了惯例的原因。

第一，追求所谓的公平，“朝三暮四”现象。在游戏中，虽然4,3,3策略和4,4,2两种最佳策略中，小组中三人得分总和都一样，均为10分，但是被试认为4,3,3策略要比4,4,2策略好。基于这样的认知，三人小组即使应用了4,4,2策略，也不会坚持下去。有的被试这样描述他的这种想法：“他（注：某个玩家）喜欢选择2这样比较低的分数。虽然有几次我和另外一个玩家选4，但是这种策略（注：4,4,2策略）每局我俩的得分会比二号玩家低两分，所以我希望改变这种情况。整体上我觉得我们一直没有达到配合。”由上述分析可知，第27组被试第一局便偶然达到了4,4,2策略，但是三人并没有坚持下去，经过6局的磨合，在第8局将其调整为4,3,3策略后，坚持了21局。

第二，团队中有人不理解规则，或者不懂配合。当问到是否形成策略时，有人这样评价那个不配合的小组成员：“没有形成策略，我们有两个人达成了默契，我选4，他选2，一直这样，还有一个一会儿选10、一会儿选0、一会儿选4的。”有人认为小组成员没有合作意识：“我们在前半场形成一定的策略，但是后来有一个玩家私自改变策略，弄得大家很混乱，很没有秩序，没有合作意识，后来是竞争的成分多一些。”

五、实验2讨论

（一）加10游戏的四个阶段

与实验1中TTT扑克牌游戏的阶段划分相一致，本研究将加10游戏也划分为四个阶段，并对不同阶段各种综合指标进行了描述，结果如表4-10及图4-9至4-11所示。

在三个连续性指标上，每局游戏的得分、满意度的变化趋势一致，均为阶段Ⅰ最低，后两个阶段逐渐增加，阶段Ⅳ有所下降；每局游戏的用时则为阶段Ⅰ最高，后两个阶段逐渐下降，阶段Ⅳ有所上升。这说明，随着游戏的进行，阶段Ⅱ和阶段Ⅲ时，各被试组问题解决的效率逐渐提高，表现为获益的增加、用时的减少，情感上满意度的增加。

在两个分类指标上，经卡方检验也均达到了显著性水平。在每局游戏三人得分相加所得的和上，等于10和大于10的次数均为前三个阶段持续上升，阶段Ⅳ略下降。小于10的次数上，为前三个阶段持续下降，阶段Ⅳ略有上升。这仍然反映了随着游戏的进行，问题解决效率的提高，表现为获益最高和次高局数的增加，获益最少的局数减少。在对下一局游戏的预期上，最优获益的局数为前三个阶段持续上升，阶段Ⅳ略有下降；次优（>10）和最差获益（<10）的局数为前三个阶段持续下降，阶段Ⅳ略有上升。

总之，在四个不同阶段内，随着游戏局数的增多，被试完成每局游戏的效率、各被试的情感指标（满意度和预期）在前三个阶段持续增加，虽然阶段Ⅳ有所波动，但未达到显著性水平。

以往TTT扑克牌的研究（Cohen & Bacdayan，1994）对惯例形成过程中的情感指标没有涉及，只是从问题解决的效率层面考虑被试的表现。加10游戏在这个角度对惯例的刻画更为全面。

（二）加10游戏中惯例形成的微观发生研究

经过以上不同阶段三人小组完成加10游戏各项指标的比较可知，随着局数的增加，三人小组问题解决的效率逐步提升，最终形成了惯例。本研究以微观发生法的思路聚焦于每局游戏选择的数字及所用策略，从四个不同角度详细解析这个过程。

1. 每局游戏所选数字及使用策略的变化路线

对于变化路线的描述，与TTT扑克牌游戏一致，本研究也分三个角度来分析：

首先，在不同阶段每局游戏所选数字上，由表4-11和图4-12可知，虽然各个阶段对5个数字的选择次数存在显著差异，即均为选择4的人数最多，3次之，10最少，但是，在同一阶段5个数字的选择上除对0的选择上有所变化外，其余4个数字均无显著性差异。这主要是因为数字3和4是处于中间位置的数，更容易使三人相加所得和为10或大于10。而选择4的人最多，说明大多数人还是愿意做出一些小小的牺牲的，宁愿自己选择多一些，如被试所述："4是偏大数目，即使另外两个伙伴出数较小，结果也不会很糟。"而在四个不同阶段同一数字的选择上，数字0的选择持续增加，说明被试在获益的条件下，最终目的是追逐个人利益的最大化。其余数字的不显著说明，被试在这些数字的选择上惯例逐渐产生，变化不明显。

其次，在不同阶段策略使用的变化上，由表 4 - 12 及图 4 - 13 可知，不论是不同阶段同一种策略的选择上，还是同一阶段不同策略的选择上，均存在显著性差异。在四个阶段中，4,3,3 策略为使用次数最多的策略，其使用次数在四个阶段的使用中呈现出前三个阶段持续增加，阶段Ⅳ增加停止的趋势。4,4,2 策略为阶段Ⅱ至阶段Ⅳ使用次数最多的策略，其在四个阶段的变化趋势与 4,3,3 策略完全一致。大于 10 策略为阶段Ⅱ至阶段Ⅲ使用最多的又次优策略，其在四个阶段的变化趋势与前两种策略完全一致。10,0,0 策略为各阶段使用次数最少的策略，其变化趋势亦与前 3 个阶段相一致。对于不明确策略的使用，前 3 个阶段持续下降，阶段Ⅳ下降停止。

再次，对于所选数字及策略变化的顺序上，研究与 TTT 扑克牌游戏的分析相一致，本研究详细分析了阶段Ⅰ每局游戏被试选择的数字和采用的策略。由表 4 - 13 的分析可知，被试在本阶段内被试组的表现存在差异，有的组经过数字选择的调整，找到了最佳策略；有的组使用了最佳策略后，仍然探索其他策略；而有的组却一直没有找到最佳策略。这说明在本阶段，惯例的表现不明显，才刚刚萌芽。这与 TTT 扑克牌游戏的表现不同。这主要加 10 游戏相对简单，被试在进行测验之前，就可以对最优有一定的判断。所以，卡米洛夫 · 史密斯（Kamiloff - Smith, 2001）所述的惯例形成的行为掌握阶段在加 10 游戏中表现为最优策略之间的调整。

2. 不同阶段数字选择及策略变化的速率

首先，在对不同数字选择的变化上，由表 4 - 14 可知，经卡方检验，所有数字的选择在不同阶段的选择次数均无显著性差异，这说明惯例的形成不体现为数字选择的变化。

其次，由表 4 - 15 可知，不同策略选择次数的变化主要体现在阶段Ⅰ和阶段Ⅱ之间，最优策略 4,3,3、10,0,0 和所有最优策略的总数及次优策略（> 10）上。其余三个阶段两两之间均无差异。结合表 4 - 12 的分析可知，这些策略在阶段Ⅰ时有一个突然的增加，这即卡米洛夫 · 史密斯（Kamiloff - Smith, 2001）所述的行为掌握。后面三个阶段，尤其是阶段Ⅱ与后两个阶段差异显著，但策略的变化未达到显著性水平，而阶段Ⅳ还呈现出一种变化停滞的趋势。这说明，在加 10 游戏中策略的变化呈现出先突变、后渐进的趋势，与 TTT 扑克牌游戏的趋势既有相同又有不同。

3. 策略变化模式的多样性

与 TTT 扑克牌游戏的分析思路相一致，本研究采用依据二项分布原理计算猜测率的方法，将加 10 游戏四个阶段中加 10 游戏的个体差异和阶段差异总结为表 4－16。由表 4－16 可知，与 TTT 扑克牌游戏不同，加 10 游戏中大多数被试固定了策略，形成了惯例，差异只在于阶段Ⅰ还是阶段Ⅱ固定下来。没有最佳策略并存的情况存在，亦无偏向某种策略的情况。同时，对于那些一直在调整策略的被试组，也并非没有形成惯例，只是如图 4－14 所列举的个案一般，三人组实际上在采用策略，只是三人小组的配合不成功，不能达成一致意见，将其固定下来，分析可能是因为被试组某个被试对策略还未通达意识。

4. 策略变化模式的来源

本研究与 TTT 扑克牌游戏的分析思路一致，探讨了加 10 游戏中惯例形成和变化的原因。由于通过上述分析，惯例的形成过程主要体现为策略使用的变化，对事后访谈结果的展示也主要聚焦于策略。

对于加 10 这种简单的三人游戏而言，被试很容易清晰地展示策略的形成过程。研究由访谈结果总结了四类情况：有人比较保守，采用最稳妥的将选择固定于 3 或 4 的做法，这也是表 4－11 所示的，数字选择 3 和 4 上存在惯例的原因；有人比较灵活，依据结果的反馈来调整自己的选择；有的人比较理性，游戏过程中对策略有清晰的认知，努力放在与组员配合上；还有的组比较幸运，从一开始就发现了某种最优策略，有些一直坚持 28 局。

加 10 游戏的规则虽然以合作为前提，但也存在一定的竞争。策略变化的原因，除个别被试对规则或游戏目的模糊外，很大程度源于追求个人利益的最大化。其典型表现为"朝三暮四"这种事例的存在。除被试在访谈中有意识地表述，通过表 4－13 中被试组 03 将 4,4,2 策略调整为 4,3,3 策略可以进一步证实。

（三）加 10 游戏中表征重述模型框架下的惯例变化

由上述分析可知，在加 10 游戏的四个阶段内，各被试组对不同数字的选择，尤其是策略的选择呈现出不同变化，最终形成了惯例。微观发生法的分析思路详细刻画了这一过程。与 TTT 扑克牌游戏相比，惯例的形成过程虽然亦符合表征重述的过程，但也呈现出以下不同的特点：

（1）行为掌握的表征水平Ⅰ及重述水平 E1。加 10 游戏存在 3 种最优策略和一种次优策略，不明确策略均是向最优策略调整过程中配合失败的结果。由各被试组所选数字及策略（表 4－14 和表 4－15）次数差异检验可知，被试对数字的选择变化不明显，而策略选择的变化，与 TTT 扑克牌游戏相一致，前两个阶段差异显著。如卡米洛夫·史密斯（Kamiloff－Smith，2001）所述及假设相一致，表征水平Ⅰ的主要任务是行为的掌握，目的是完成任务。这一过程到E1水平，体现出效果，表征变得灵活。这一过程是突变的，后面两个阶段策略的变化则不明显。

（2）表征重述过程E2 ➔E3。如卡米洛夫·史密斯（Kamiloff－Smith，2001）所述，这两个阶段时，表征已通达意识，区别只在于能否用言语报告。由于研究在阶段Ⅳ才要求被试报告自己的策略，因此，这两个阶段的区分只能通过被试的表现推测。由表4－10及图4－9至4－11的分析可知，阶段E2各项指标均比阶段E1优化，问题解决效率进一步提升，这主要是有意识指导的结果。而阶段Ⅲ和阶段Ⅳ中策略的调整停滞，保持不变，因为此时被试行为已经形成惯例，只是意识性水平不同的差异。

通过这一过程的分析可知，三人被试组在加10游戏中的惯例意识性更明显，有些被试在游戏最初便知道各种最优策略，整个游戏阶段的重点是什么，怎样与另两位组员配合将已发现的策略坚持下来，形成惯例。因此，本过程中，惯例更多地体现为陈述性知识，而非程序性知识。

六、实验2结论

本研究在实验1的基础上，采用微观发生法的分析思路对加10游戏中惯例的产生进行了分析，研究发现：

第一，四个不同阶段，被试组在加10游戏中的表现各不相同，这不仅反映在问题解决效率提高的各项指标上，还反映在对每局游戏的满意度和下一局预期的情感指标上。

第二，惯例的产生集中体现为策略及行为轨迹的变化、策略变化速率的差异、策略变化模式的多样性方面。而策略变化的来源集中于不同策略形成的选择及个体会去尝试追逐自身利益的最大化的倾向。

第三，加10游戏中惯例的产生过程符合卡米洛夫·史密斯（Kamiloff－Smith，2001）提出的表征重述理论。惯例经由行为掌握阶段（表征水平Ⅰ➔E1）和表征重述阶段（表征水平E2 ➔E3），从无意识到意识，由程序性知识转化为陈述性知识。只是，与TTT扑克牌不同，加10游戏中被试组的意识性更明显，个体的努力体现为与组员的协调与配合。

第五章
研究三：合作程度与惯例

第一节　问题提出及研究设计

上述两个研究分别探讨了惯例在两人及三人问题解决过程中的表现，并用微观发生法刻画了其形成过程，对以往惯例研究中缺乏跨领域统一的测量方法、无法描述其从无到有产生过程的困境尝试进行了回答，对本领域研究具有重要的价值。但是，上述两个研究仍局限于认知心理学的框架之内，是从个体特征的角度对惯例的分析，并没有触及惯例的集体性本身的特点。

当在合作问题解决框架下研究 TTT 扑克牌游戏和加 10 游戏中的惯例现象时，会涉及合作本身的特点对惯例影响的问题。两个游戏中，被试都不允许进行言语交流，被试行为的表现取决于双方的互动与配合。在 TTT 扑克牌游戏中，所有玩家只能通过观察对方每一步所换的牌来推测其可能采用的策略（Egidi，1996）。加 10 游戏则涉及三人问题解决，通过研究二惯例的微观发生过程的描述可知，被试在相对这种简单的游戏中，对策略的意识性很强，努力的重点表现为三人之间的协调和配合。

由综述中关于合作问题解决的论述可知，合作的条件，例如是否存在有能力的合作者、成员是否达成共享理解、反馈均会对合作问题解决的效果产生影响（Tudge，Winterhoff & Hogan，1996）。研究表明（Becker，2003，2004），惯例可以作为休战协定而存在，它通过企业中的员工间协调而实现，因此，有必要考虑合作者个体差异及不同的组合以及互动程度、合作双方的配合程度对惯例的影响。

以往，诺瓦雷斯等人（Novarese，2003；Novarese & Rizzello，2005）曾证实，惯例形成过程中的满意度不仅受个人得分，更受团体行为，如他人的机会主义行为的影响。诺瓦雷斯（Novarese，2007）还证实，在加 10 游戏中，一些被试会存在明显的机会主义行为，他们会选择 5 个数字中较小的数字；研究同时考察了知识、不同公平程度和难度水平的社会情境、满意度，对惯例化行为具有不同的影响。但是，研究虽然探讨了不同模拟情景下个体团体学习行为的差异，但未从惯例化程度的角度探讨合作本身程度的不同，对惯例化行为的影响。这可能主要是因为以往研究中，对于惯例这种现象仅限于描述和解释，缺乏对惯例化行为的量化指标，不能对其进行预测和操纵，也便不能将其当作因变量考察其他变量对它的影响。

因此，本研究试图在上述两个研究，尤其是研究一对惯例、惯例化程度量化指标构建的基础上，选择加 10 游戏这一更易操纵和分析的实验任务，通过设置假被试的方法，探讨不同合作情境下惯例的表现和特点。

一、研究目的

第一，通过操纵问题解决者的配合程度，探讨合作情境对惯例行为的影响。

第二，对比不同合作情境下，个体惯例行为在数字选择、策略选择上的差异。

二、研究假设

不同合作情况下，个体的惯例化程度存在显著差异，表现在对不同数字的坚持和策略的使用上。

第一，不同合作情境下，被试每局游戏所选数字、所用用时和满意度方面存在显著差异。

第二，不同合作情境下，被试所用的最优、最差和次优策略存在显著差异。不配合条件下，被试对最优策略的采用率最高。

第三，不同合作情境下，各被试组的惯例化程度在各项上存在显著差异。有条件配合条件下，惯例化更明显。

三、研究方法

（一）被试

通过网络招募 96 名大学生，其中，男生 45 人，女生 51 人，涉及日语、通信、法学等16个专业。正式实验时，将所有被试随机分配到3个实验组。每种实验条件下32人。依据被试完成的情况，给予5~12元不等的奖励。

（二）实验设计

研究采用单因素3水平的被试间设计。研究的自变量为两个假被试的配合程度，共有3种水平：

（1）完全配合。不论真玩家选择哪个数字，两个假玩家均会全力配合他的选择，使三人最终得分 $S(i)$ 等于10，使其获得最大的收益。

（2）有条件地配合。一个假玩家总是选择数字4，只有当真玩家选择数字3时，另一个假玩家才会选择数字3，否则他将会选择0，此时真玩家的获益最低。因此，要想获益最高，即 $S(i)$ 等于10，真玩家必须选择4。而玩家选择10的时候，获益相对也较大，$S(i)$ 大于10，为20分。

（3）不配合。不论真玩家选择哪个数字，$S(i)$ 相加均不等于10，真玩家只能尽量避免获得最少的收益。两个假玩家在被试选择0、2、3、4时，两个玩家均选择0，当被试选择10时，两个假玩家也均选择10，此时，被试获益最大（得20分）。因此，只有当被试选择10时，其获益才最大。

实验全部在计算机上完成，玩家共进行28局的选择。每局选择数字之后，计算机屏幕会呈现他本局的得分，并让其对获益的满意度在10点量表上进行评价，同时预测下一局三个人相加的和会是多少。游戏过程中计算机自动记录被试进行数字选择的反应时、选择的数字、每局的获益、满意度和对下一局的预测得分。由于存在不同的实验处理，因此，每种实验条件下的反应时、满意度的分数均在本组内转化为标准分数。

（三）测验平台及测验流程

在上述采用LAMP技术开发的网络平台之下，重新搭建另一个测验的环境。用户仍然先注册用户名，填写基本的个人信息（见图5-1）。

登录之后，通过设置不同的房间来反映上述三种处理水平（见图5-2）。其中房间A代表完全配合的情况，由计算机配备两名假被试，使被试无论选择哪个数字，三人相加所得和都等于10；房间B代表有条件的配合，只有当被试选择数字3的时候，三人相加所得和才为10，选择0、2、4均为相加所得和小于10，选择10时三人相加所得和大于10，即得20分；房间C代表完全不配合的情况，被试选择0、2、4相加所得和均小于10，选择10，被试得20分。

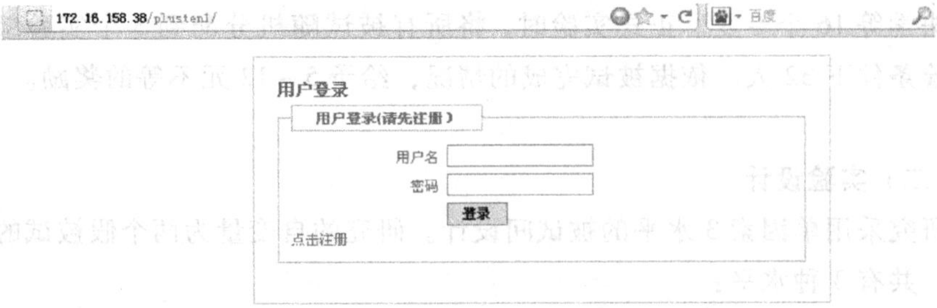

图 5－1 被试页面注册示意图

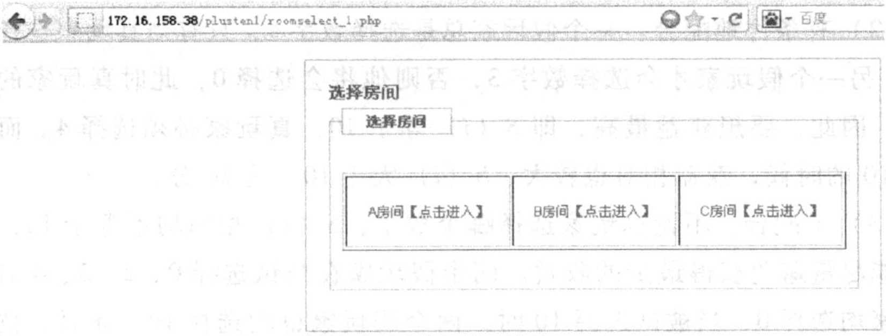

图 5－2 实验中 3 项实验处理示意图

测验的界面同研究一中的实验 2，但反馈界面略有不同，其只能显示玩家自身的得分，而不能显示其他两位玩家的选择（见图 5－3）。

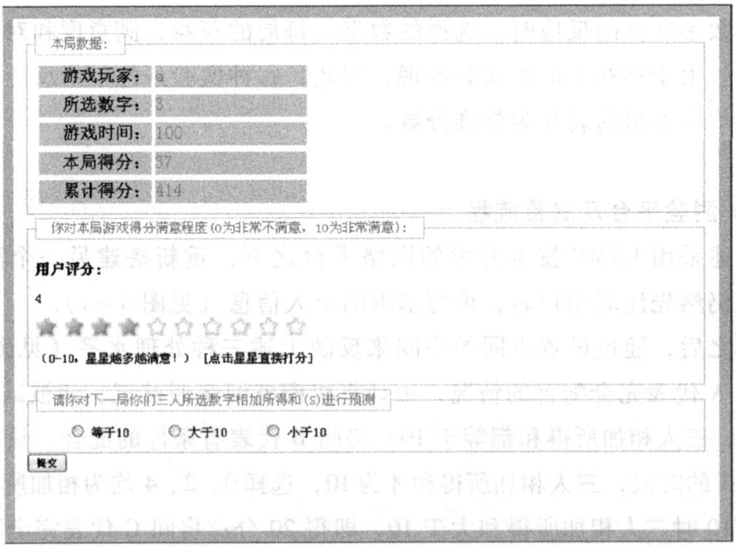

图 5－3 实验反馈及评价页面示意图

测验结束后，对被试进行访谈，并让其填写研究一中的反馈问卷。

第二节　研究结果及讨论

一、不同实验处理条件下被试组的表现

为了对不同实验条件进行对比，首先对各组被试不同实验处理选择不同数字及对下一局的预期情况进行描述，见表5-1。研究采用次数作为指标，总次数为每组被试数乘以28，为896。在完全配合的条件下，所有被试选择0的人数最多，为321次，选择10的人数最少，为45次；对下一局的预期，大多数都预计三人相加所得为等于10，为584人。在有条件配合的条件下，所有被试选择3的人数最多，为526次，选择0的人最少，为42次；对下一局的预期中大多数人都预计下一局三人相加所得的和大于10。在不配合的条件下，所有被试选择10的人数最多，选择2的人数最少。

表5-1　各组被试不同实验处理选择下所选数字及预期的次数（$N=896$）

实验处理	所选数字					预期			
	0	2	3	4	10	=10	>10	<10	缺失
完全配合	321	76	172	282	45	584	153	65	94
有条件配合	42	52	526	91	185	441	309	86	60
不配合	82	56	72	143	543	121	622	109	44
χ^2	306.88***	5.39	443.42***	113.38***	511.99***	294.56***	315.74***	11.17**	19.76**

为了验证上述差异是否达到显著性水平，对三种处理条件下各自选择的次数及同一实验处理条件下不同数字的选择进行了卡方检验。结果表明，三种处理条件下，被试选择0、3、4、10四个数字的次数、对下一局的预期均存在显著差异，$ps<0.001$；同一实验处理条件下，被试对不同数字的选择也存在显著差异，$ps<0.001$。结合表5-1，具体分析如下：在完全配合条件下，选择数字0的次数最高（321次），4次之（282次）；对下一局的预期等于10最高，大于10次之。在有条件配合条件下，选择数字3的次数最高（526次），10次之（185次）；对下一局的预期等于10最高，大于10次之。在不配合条

件下，选择数字10的次数最高（543次），4次之（143次）；对下一局的预期大于10最高，等于10次之。

其次，对三种处理条件下各自的得分、所用时间及满意度三个指标进行描述，见表5-2。从总分上来看，在完全配合条件下，被试组得分最高，为1053.3±37.83，其区间为［0，1020］；有条件配合条件下次高，为710.34±221.04，其区间为［0，1036］；不配合条件下最低，其区间为295.31±183.72，其区间为［0，560］。由于得分区间不统一，不能进行差异检验，只能进行描述。不配合条件最低，为295.31±183.72。从用时和满意度上来看，都是完全配合条件下最高，有条件配合条件下次高，不配合条件下最低。为了检验这种差异是否达到显著性水平，分别以所用时间和满意度为因变量，以三种实验处理条件为自变量进行方差分析。结果表明，在完成28局游戏所用时间上，三种实验处理达到了显著性水平，$F(2, 2685) = 3.96$，$p < 0.05$，$\eta^2 = 0.03$，事后检验结果表明，不配合组所用时间显著低于其他两组，完全配合组与有条件配合组之间无显著差异；在28局游戏的满意度上，三种实验处理达到了显著性水平，$F(2, 2685) = 303.89$，$p < 0.001$，$\eta^2 = 0.19$。事后检验的结果表明，完全配合组显著高于其他两组，有条件配合组显著高于不配合组。

表5-2　各组被试不同实验处理下的其他指标

实验处理	所有局总分（分）	每局用时（分钟）	满意度（分）
完全配合	1053.3±37.83	11.91±21.18	7.79±3.03
有条件配合	710.34±221.04	11.53±23.90	6.43±3.67
不配合	295.31±183.72	9.55±8.35	4.13±2.78

二、不同实验处理下的策略

由研究一中的实验2可知，加10游戏中的惯例不仅表现为对不同数字的选择，还表现为对不同策略的固着。由于本研究中只有一个真被试，所以策略与对数字的选择重合，例如，被试选择0，代表他想采用的是10，0，0策略；选择3代表4，3，3策略。然而，在每种实验处理条件下，有优策略、次优策略和最差的策略。通过事前分析，其具体内容如表5-3所示：

表 5-3 不同实验处理下各种策略的事前分析

实验处理	策略名称	对应策略	得分	相加所得和
完全配合	最优策略：选择 0	10,0,0	40	10
	次优策略：选择 2	4,2,2	38	10
	最差策略：选择 10	>10	30	10
有条件配合	最优策略：选择 3	4,3,3	37	10
	次优策略：选择 10	>10	20	>10
	最差策略：选择 4	4,2,2/4,3,0 等	-4	<10
不配合	最优策略：选择 10	>10	20	>10
	次优策略：选择 0	<10	0	<10
	最差策略：选择 4	<10	-4	<10

(1) 完全配合。不论真玩家选择哪个数字，两个假玩家会全力配合他的选择，被试个人得分为 40 减去其所选择的数字 $D(i)$。因此，这个时候应该选择最小的数字 0，个人获益最高，为 40 分；选择 2 时，获益次多，为 38 分；选择 3 时，获益次之，为 37 分；而选择 10 时，获益最少，为 30 分。

(2) 有条件地配合。只有当真玩家选择数字 3 时，三人相加所得和才为 10，并获益最大，被试个人得分为 40 减去其所选择的数字 $D(i)$，为 37 分。选择 10 时，相加所得和为大于 10，被试个人得分为 30 减去其所选择的数字 $D(i)$，获益次优，为 20 分。选择 0，2，4 时相加所得和均小于 10。选择 0、2、4 时，相加所得和小于 10，被试个人得分为 40 减去其所选择的数字 $D(i)$，最差策略为选择 4，得分为 -4。

(3) 不配合。不论真玩家选择哪个数字，$S(i)$ 相加均不等于 10，真玩家只能尽量避免获得最少的收益。此时，最优的策略为选择最大的数字 10，此时相加所得和大于 10，被试个人得分为 30 减去所选的数字 $D(i)$，为 20 分。选择剩下的 0、2、3、4 个数字，相加所得和均小于 10，被试的得分为 0 减去所选数字。因此，这种情况下的次优策略为选择 0，保证得分不为负数；最差的策略是选择 4，得分为 -4。

在事前分析的基础上，本研究统计了三种实验处理条件下不同策略的使用情况，结果见表 5-4，其描述了不同策略在同一实验处理下的使用次数以及同一策略在不同实验处理下的使用次数。

首先，由表 5-4 可知，同类策略的使用次数在不同实验处理条件下差异均达到了显著水平。不同在最优策略的使用上，不配合条件下使用次数最多，为61%，完全配合条件下最少，为36%，经卡方检验，三种处理条件下的差异达到了显著性水平：$\chi^2_{(2)}=65.90$，$p<0.001$。在次优策略的使用上，有条件配合的条件下使用次数最多，为21%，完全配合条件下最少，为8%，经卡方检验，三种实验处理条件下次优策略的差异达到了显著性水平：$\chi^2_{(2)}=65.67$，$p<0.001$；在最差策略的使用上，不配合条件下最多，为16%，完全配合条件下最少，为5%，经卡方检验，三种实验处理条件下最差策略的使用差异达到了显著性水平：$\chi^2_{(2)}=51.70$，$p<0.001$。在其他策略的使用上，完全配合条件下最多，为51%，有条件配合条件下最少，为10%，经卡方检验，三种实验处理条件下其他策略的使用差异达到了显著性水平：$\chi^2_{(2)}=350.64$，$p<0.001$。

其次，不同策略在同一实验处理条件下使用的次数的差异也均达到了显著性水平。结合表5-1的结果具体分析如下：在完全配合条件下，被试使用最多的是其他策略，具体表现在对数字3和4的选择上，其次为最优策略。在有条件配合的条件下，使用最多的是最优策略，其次为其他策略，具体表现在对数字10的选择上。在不配合条件下，使用最多的仍然是最优策略，其次为最差策略，具体表现在对数字4的选择上。

表5-4　不同实验处理条件下的策略使用的次数及频率

阶段	最优		次优		最差		其他		χ^2
	次数（次）	频率（%）	次数（次）	频率（%）	次数（次）	频率（%）	次数（次）	频率（%）	
完全配合	321	0.36	76	0.08	45	0.05	454	0.51	518.99***
有条件配合	526	0.59	185	0.21	91	0.1	94	0.1	568.37***
不配合	543	0.61	82	0.09	143	0.16	128	0.14	614.74***
χ^2	65.90***		65.67***		51.70***		350.64***		

三、不同实验处理下的惯例

（一）不同实验处理条件下惯例的多指标对比

由于在三种实验处理条件下，实际上有两名假被试，只有一个真被试。在判定是否存在惯例时，与研究一中提出的五个指标略有不同。通过上述分析，被试随着完成局数的增多，会重复选择某个数字，不论它是不是最优策略，这便可视为惯例存在指标中的重复的基于特定策略的行为模式、行动序列、偶尔的次优性三个指标。下面再从与问题解决效率有关的两个指标来验证：

（1）可靠性。这通过被试每局的获益来体现。分别以三种实验处理条件下被试每局得分为因变量，以局数为自变量进行回归分析，结果如表 5-5，结果表明，在三种处理条件下，每组得分均随着局数的增加而增加。这表明被试解决问题的效率在逐步提升。

表 5-5 三种实验处理条件下每局得分的回归分析结果

实验处理	完全配合	有条件配合	不配合
β	0.99	0.82	0.66
t	419.30 ***	43.18 ***	26.36 ***

（2）速度。这通过所有被试选择数字的平均反应时逐渐减少来体现。分别以三种实验处理条件下被试每局所用时间为因变量，以局数为自变量进行回归分析，结果见表 5-6。由表 5-6 可知，三种处理条件下，被试组完成每一局的时间随着完成局数的增多，在逐渐减少。

表 5-6 三种实验处理条件下每局所用时间的回归分析结果

实验处理	完全配合	有条件配合	不配合
β	-0.11	-0.16	-0.24
t	-3.38 **	-4.94 ***	-7.32 ***

此外，还可以采用研究一中实验 2 的分析思路，利用将 28 局游戏中选择某数字（亦为策略）超过 10 则为存在惯例的判定标准，对 96 名被试中存在惯例的情况进行直观判断，见表 5-7。

表 5-7 不同实验处理条件下不同数字上形成惯例的人数

实验处理	0	3	4	10	同时选择	无	χ^2
完全配合	15	4	8	0	1	5	17.15 **
有条件配合	0	25	0	7	0	0	28.36 ***
不配合	1	1	1	26	1	2	35.68 ***
χ^2	12.25 ***	34.20 ***	5.44 *	10.94 **	—	0.67	

由表 5-7 可知，通过 96 组被试中，只有 7 组被试没有达到惯例化程度。完全配合条件下，有 15 组被试在数字 0 的选择上存在惯例化行为，其余 18 组

被试在数字 3、4 和 10 上也有一定被试存在惯例化行为，并有 1 组被试同时在两个数字的选择上存在惯例，还有 5 组被试的数字选择不存在惯例现象。有条件配合条件下有 25 组被试在数字 3 的选择上形成了惯例，其余 7 组被试均在数字 10 的选择上形成了惯例。在不配合的情况下，有 26 组在数字 10 上形成了惯例，并有 6 组在其他数字的选择上存在惯例行为。对同一处理条件下，在不同数字选择上存在惯例的组数进行卡方检验，结果表明，每一种实验条件下被试形成惯例的数字选择均存在显著差异，$ps < 0.001$。

（二）不同实验处理下的惯例化程度对比

由上述各指标的验证可知，三种实验处理下均存在明显的惯例现象，存在惯例的数字选择存在显著差异。那么，三种实验处理条件下，各被试组的惯例化水平是否存在差异？采用研究一中实验 2 提出的衡量加 10 游戏中惯例化水平的认知和行为两个指标，即数字选择频率及策略使用率来进行衡量。由于在三种处理条件下，策略与数字的选择相重合，因此，可以将 28 局游戏中选择某数字和采用某类策略的次数作为连续量进行统计分析，无须进行频率的转换。结果如表 5－8 所示：

表 5－8　　不同实验处理条件下的惯例化程度（次数）

实验处理	N	策略			
		最优	次优	最差	其他
完全配合	17.78 ±9.12	10.03 ±9.74	2.38 ±2.97	1.41 ±1.97	14.19 ±10.22
有条件配合	19.53 ±5.63	16.44 ±8.94	5.78 ±7.22	2.84 ±2.27	2.94 ±2.98
不配合	17.63 ±6.36	16.97 ±7.03	2.56 ±3.23	4.47 ±2.72	4.00 ±4.13
总计	18.31 ±7.17	14.48 ±9.12	3.57 ±5.08	2.91 ±2.64	7.04 ±8.28
F	0.69	6.38**	4.93**	13.70***	28.40***
η^2	0.01	0.12	0.10	0.23	0.38

首先，计算 96 名被试各自选择的数字，在此基础上计算 28 局游戏中选择某数字的次数 N（$N \geq 10$）。再以次数为因变量，以三种实验处理为自变量进行方差分析，结合描述统计分析的结果，发现在三种实验处理条件下，惯例化水平没有显著差异，$F(2, 93) = 0.69$，$p > 0.05$。

其次，将 96 名被试在 28 局游戏中所选的数字，从策略的角度计算在最优、次优、最差及其他策略的次数。为更为直观，绘制为图 5－4。

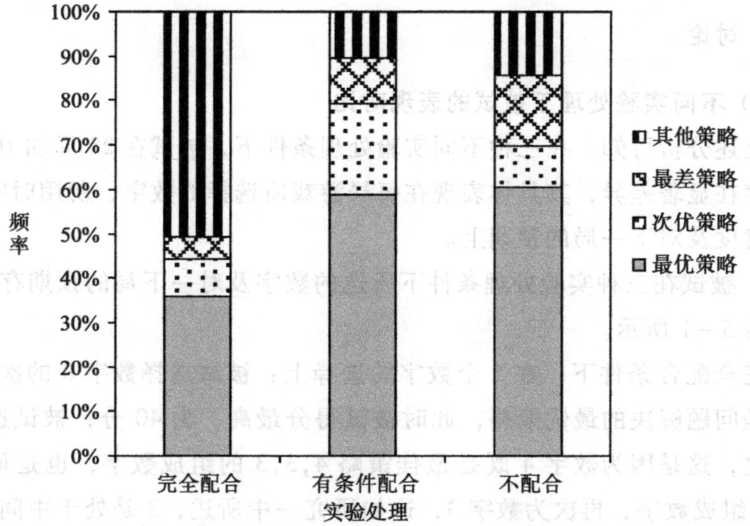

图 5－4 不同实验处理条件下被试不同策略的使用频率

分别以选择不同种类策略的次数为因变量，以三种实验处理为自变量进行方差分析，结果表明：在最优策略使用上，虽然三种处理条件下选择的次数均大于10，存在明显的惯例现象，但三组被试的惯例化程度存在显著差异，$F(2, 93) = 6.38$，$p < 0.01$，$\eta^2 = 0.12$。事后检验表明，完全条件配合条件下的惯例化水平显著低于有条件配合和不配合条件，但后两组之间无显著差异。在次优策略的使用上，三种实验处理条件选择的次数下均小于10，惯例现象不明显，但是其惯例化程度存在显著差异，$F(2, 93) = 4.93$，$p < 0.01$，$\eta^2 = 0.12$。事后检验表明，有条件配合条件下对次优策略的应用次数显著高于完全配合及不配合组，但后两组不存在显著差异。在最差策略的使用上，三种实验处理条件下均小于10，惯例现象不明显，但是其惯例化程度存在显著差异，$F(2, 93) = 13.70$，$p < 0.001$，$\eta^2 = 0.23$。事后检验表明，完全配合条件下选择最差策略的次数显著低于其他两组，有条件配合条件下选择的次数显著低于不配合条件下的次数。在其他策略的使用上，完全配合条件下选择的次数大于10，存在明显的惯例现象，另外两种条件下选择的次数均小于10，惯例化程度不明显。方差分析的结果表明，三种实验处理条件下策略的选择次数存在显著差异，$F(2, 93) = 28.40$，$p < 0.001$，$\eta^2 = 0.38$。事后检验的结果表明，完全配合条件下对其他策略的选择次数显著高于有条件配合及不配合组，但是后两组之间无显著差异。

四、讨论

（一）不同实验处理下被试的表现对比

由上述分析可知，在三种不同实验处理条件下，被试在28局加10游戏中的表现存在显著差异，其具体表现在每局游戏所选择的数字、所用时间、对得分的满意度及对下一局的预期上。

（1）被试在三种实验处理条件下所选的数字及对一下局的预期存在差异，具体如表5-1所示。

在完全配合条件下，在5个数字的选择上：被试选择数字0的次数最高，因为这是问题解决的最优策略，此时被试得分最高，为40分；被试选择4的次数次之，这是因为数字4既是最佳策略4,3,3的组成数字，也是最佳策略4,4,2的组成数字；再次为数字3，这如研究一中所述，3是处于中间的数字。又次为数字2，选择最少的为数字10，此时被试的得分最低，为30分。在对下一局的预期上：被试选择等于10的次数最多，大于10的次数次之，这是因为由于被试无论选择哪个数字，其相加所得和均为10，他们的预期才整体上表现出积极的趋势。

在有条件配合下，在5个数字的选择上：被试选择数字3的次数最高，这是问题解决的最优策略，此时被试得分最高；选择10的次数次之，这是问题解决的次优策略，被试认为若选择10，三人所得和至少大于10，也可能等于10；再次为数字4的次数，原因如上；又次为2的次数，最少的为0的次数。在对下一局的预期上：认为下一局三人相加所得和等于10的人数多，大于10的人数最少。这主要是从被试选择3的人数来看，大多数人都发现了最佳的问题解决策略，他们认为三人组采用的是4,3,3策略或大于10的策略。

在不配合的条件下，在5个数字的选择上，被试选择10的局数最多，因为此时选择10为最佳问题解决策略，得分最高；选择4的次数次之；0再次之，3又次之，2最少。

（2）被试每局游戏所用时间和对得分的满意度上存在差异。由表5-2可知，不配合条件下，被试所用时间最少，这说明面对不合作的情况，被试处于认知闭合的需要，决策倾向于快速做出，且对得分的满意度最低。完全配合条件下，被试所用时间最多，这主要是因为被试在保证结果是满意的情况下，会探索其他最优策略。

（二）不同实验处理下的各被试组的策略对比

通过上述分析可知，被试对数字的选择存在一定差异，研究继续将不同数字的选择区分为最优、次优、最差和其他策略对比了三种实验处理条件下被试表现。由表5-4可知，在最优策略的使用上，不配合组应用的次数最多，完全配合组最少。这主要是因为从结果的反馈来看，不配合条件下，选择其他数字会带来负分，而完全配合条件下得分差异不大。在次优策略的使用上，有条件配合的情况下最多，因为这种处理条件下，次优的表现更明显，除了最优策略，只有选择它才能得正分。在最差策略的使用上，不配合组的使用最高，在这种条件下，被试选择10以外的任何数字得分均为负数，被试选择4时，得分最低，为-4，但是4是组成两种最佳策略的数字。在其他策略的选择上，完全配合组的次数最高，结合表5-1可知，相对于得分最高的数字0，他们更偏向于更容易达到最优策略的4和3。

通过上述分析，结合表5-1的结果说明，被试在加10游戏中的表现介于理性和非理性之间。在不同实验处理条件下，各组虽然均选择最优策略，但在次优策略的选择上，被试不是根据实验处理的条件进行理性分析，而是思维固着在4,3,3和4,4,2两种最优策略上，并突出表现为对数字4和3的选择上。

（三）三种实验处理条件下惯例化程度的对比

由表5-5至5-7可知，随着被试完成每一局游戏的增加，被试解决问题的效率在逐渐增加，表现为每局的得分的逐渐增加和每局游戏所用时间的逐渐减少；而采用研究一建立的28局游戏中有10局及以上大于选择某数字即可认为形成惯例的标准进行检测发现，三种实验处理条件下，96组被试基本都形成了惯例，只有7组未形成。

在上述基础上，对各组被试的惯例化程度进行了对比。首先，在行为指标，即所选数字的频率上，虽然三种实验处理条件存在一定差异，但未达到显著性水平，不同合作情境下惯例的行为表现无显著差异。但是由表5-7可知，被试组对不同数字形成的惯例是存在差异的。因此，在惯例化程度衡量的认知指标上，不再采用综合的策略使用率指标，而是分别考察三种实验处理条件下，被试在不同类策略上的惯例化程度。由表5-8可知，在最优策略上，惯例化行为明显，完全配合组的惯例化程度显著低于其他两组，因为在这种情况下，被试得分至少为30分，问题解决的获益是可以保证的，被试将继续探索其他策略。在次优策略上，有条件配合组的惯例化程度最高。因为此时，选择数字10代表了两种策略：10,0,0和大于10。在最差策略上，完全配合条件的惯例化程度最低，不配合条件惯例化程度最高。因为数字4作为不配合条件下的最差策略，是两种最优策略4,4,2和4,3,3的组成数字。在其他策略上，完全配合条件下的惯例化程度最高，因为此时被试仍然选择更易达到最优策略的数字3，尤其是4。

五、结论

第一，三种不同合作情境下，被试在28局加10游戏中的表现存在显著差异，其具体表现在每局游戏所选择的数字、所用时间、对得分的满意度及对下一局的预期上。所选数字上，三组都选择得分最高的数字，但在得分次高的数字选择上存在差异。所用时间和满意度上，均为完全配合组最高，不配合组最低。

第二，三种不同合作情境下，各组被试在不同策略上的惯例化程度存在显著差异：完全配合组在最优策略上和最差策略上的惯例化程度低，在其他策略上的惯例化程度最高；有条件配合组在次优策略上的惯例化程度最高；不配合组在最优策略和最差策略上的惯例化程度均最高。

第三，被试在加10游戏中的行为表现介于理性和非理性之间，表现出明显的有限理性现象。

第六章
综合讨论

第一节 惯例：一种普遍存在的思维现象

一、惯例现象及其界定

“惯例”这一概念的提出源于组织、管理和经济学文献（Becker，2007；March & Simon，1958；Nelson & Winter，1982；Stene，1940），与心理研究中的思维定式相对应，如科恩和巴克达安（Cohen & Bacdayan，1994）所述，可以视为一种群体思维定式。

将惯例抽象为一种思维现象，其在问题解决、决策研究中一直坚持实证研究的传统。然而，以往研究发现，这些研究相对独立，各领域间的结果很少互相引证，甚至几乎不引用对方的文献（Becker，2001）。造成这种各自为政现状的根源在于惯例作为一个纷繁复杂的概念，对于不同领域的研究者来说或有着不同的含义，其结论难以统一和推广。因此，为了推进惯例实证研究的进展，首先至少应从操作定义上对惯例这种现象进行跨领域、跨学科的界定。

总结以往文献，对惯例的研究采用两种不同的分析思路：①在现实的、具体的组织情境中研究惯例，这时它一般被称为组织惯例。这是当前惯例研究的主流，也取得了丰富的成果（Becker，2005，2007，2008；Becker & Lazaric，2009;）。但其研究方法局限于田野调查、工作流程分析等定性分析，不够深入。②不涉及具体的既定组织，从普遍意义上来研究临时形成的小组中惯例的一般特点。这种视角以采用 TTT 扑克牌任务为依托的一系列研究（Cohen &

Bacdayan, 1994; Bonini & Egidi, 1999; Egidi, 1996; Garap & Hollard, 1999; Pereira & Patelli, 1996）及以加 10 游戏为依托的一些研究（Novarese, 2003, 2006, 2007; Novarese & Rizzello, 2005）为代表。虽然这方面的研究并不多，但这种视角可以跳出具体情境及学科的限制，从个体的认知层面来探讨惯例，使深入的惯例实证研究，尤其是实验研究成为可能。虽然也不够普及，但与前一种研究思路相比，有着更大优越性和应用前景。本研究便是采用第二种分析视角对惯例这种现象进行了跨学科的研究。

本研究基于以往研究者（林崇德、辛自强，2010）提出的在进行科学研究时，"应开拓视野，实现以'学科'为导向的研究模式向以'问题'为导向的研究模式的转变"的观点为导向，提出来自不同学科的研究者以各自的方法就惯例这一主题协同攻关，开展跨学科系统性和综合性研究。要对某一现象进行多学科的交叉研究，首先需要确保这些学科研究的是同一个东西。因此，在进行多学科协同研究之前，必须对惯例提出一个跨领域的操作定义。结合以往研究者的观点，关于惯例的定义纷繁复杂，本文从操作定义的角度将其界定为（张梅等，2012；2013）：两人或多人在面临重复性的问题解决任务时习得的、互相依赖的行为模式或策略。这一概念同时考虑了惯例的行为和认知层面，并点明了其基本特征。正是在这一界定的基础上，本研究开展了一系列实验研究。

结合以往以 TTT 扑克牌任务为依托的一系列研究（Bonini & Egidi, 1999; Egidi, 1996; Garap & Hollard, 1999; Marques Pereira & Patelli, 1996）及本研究可知，两人以上的重复合作问题解决任务中，普遍存在惯例现象，即随着任务的重复进行，合作者们会逐渐形成固定的行为模式或策略。与非合作的问题解决情境不同，合作问题解决强调的是集体主义和团体理性，惯例现象的本质是为了群体获益。合作者们在长期的无限合作任务中会根据自身和竞争对手过去的策略，不断调整自身的策略，以取得长期的收益率（张朋柱、薛耀文，2005）。只要存在两人以上团队重复性解决需合作完成任务的情景，均可分析惯例的表现。

二、惯例现象的验证和描述

要对惯例进行实验研究，并吸收各领域已经发现的优秀成果，需要将这种现象放到统一的研究框架和话语体系之下，心理学尤其是认知心理学致力于研究人类的心理规律，问题解决领域的研究满足统一惯例研究框架的需要。虽然惯例是一种群体现象，但它也可以像以往研究者（Cary & Carlson，1999；Patsenko & Altmann，2010）那样从个体的视角对其规律进行探讨和分析，进而将结论进行推广。正是基于这种考虑，本研究将惯例放在问题解决的框架之下，不考虑领域的特殊性，刻画其表现、其内在机制和加工特点，设计了一系列研究。

通过研究一TTT扑克牌游戏与加10游戏两个实验的验证发现，不论是两人还是三人合作问题解决中，惯例现象均具有普遍性。本研究在以往研究（Cohen & Bacdayan，1994；Egidi，1996；张梅等，2013；王建安、张钢，2008、2010）的基础上，建立了如下评价指标体系，如图6－1所示：

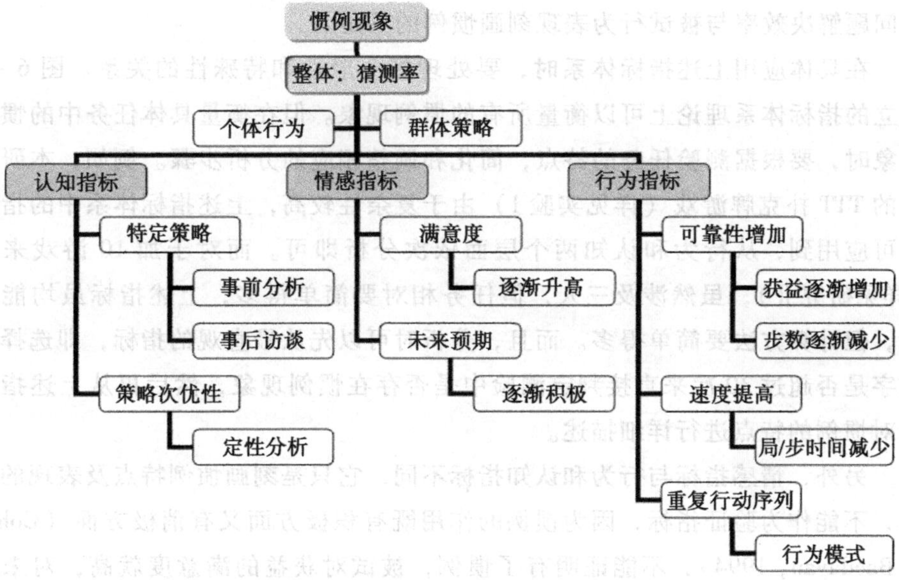

图6－1 惯例现象证实和描述的指标体系

由图6－1可知，惯例的验证主要从行为、认知和情感三个方面来体现。①行为指标，体现为可靠性的增加、速度的提高及存在重复的行动序列。可靠性和速度反映的是问题解决的效率的提高，即所需努力（如完成测验的步数等）的减少、每局得分和获益的增加以及所用时间的减少上。对于重复行动序列的分析，研究改变了科恩和巴克达安（Cohen & Bacdayan，1994）仅仅进行定性描述的局限，将不同行为模式总结后，进行应用次数的分析和检验，并创造性地提出了利用二项分布原理计算猜测率的方法。通过这种量化的指标，研究一的两个研究中，重复的行动序列便可以量化地体现了。例如，本研究计算出，加 10 游戏的 28 局游戏中，有 10 局或 10 局以上选择某数字就证明被试不是猜测，而是有意为之，存在一定的策略和方法。②认知指标，其主要表现为偶尔的次优性和基于特定策略的反应两个方面。依据埃吉迪（Egidi，1996）的观点，惯例不仅表现在行为模式的序列化，更表现为基于特定策略的反应，它可以不是重复的行动序列。这一观点得到了国内研究者王建安和张钢（2008，2010）的支持。本研究将其纳入认知指标的范畴，即强调事前及事后分析。关于偶尔的次优性，本研究与科恩和巴克达安（Cohen & Bacdayan，1994）的思路一致，选取相应的典型案例进行说明。③情感指标。这属于加 10 游戏特有的指标，其弥补了科恩和巴克达安（Cohen & Bacdayan，1994）仅从问题解决效率与被试行为表现刻画惯例的不足。

在具体应用上述指标体系时，要处理好一般性和特殊性的关系。图 6－1 建立的指标体系理论上可以衡量所有的惯例现象。但在衡量具体任务中的惯例现象时，要根据测验任务的特点，简化和调整相应的分析步骤。例如，本研究中的 TTT 扑克牌游戏（详见实验 1）由于复杂性较高，上述指标体系中的指标均可应用到，从行为和认知两个层面依次分析即可。而对于加 10 游戏来说（详见研究Ⅱ），虽然涉及三人，但任务相对要简单得多，上述指标虽均能涉及，但计算方法要简单得多。而且，分析时可以先从最直观的指标，即选择某数字是否超过 30 次来直接判定测验中是否存在惯例现象，然后再从上述指标来对惯例的特点进行详细描述。

另外，情感指标与行为和认知指标不同，它只是刻画惯例特点及表现的指标，不能作为验证指标，因为惯例的作用既有积极方面又有消极方面（Cohen & Bacdayan，1994），不能证明有了惯例，被试对获益的满意度就高，对未来的预期就积极。

三、惯例化程度的衡量：行为与认知双管齐下

惯例作为一种普遍存在的思维现象，仅仅建立相应验证和描述指标对其进行刻画还不够，科学研究的终极目的是实现预测和控制（董奇，2004，P.6），这就需要实现对惯例的操纵，进而观察其影响因素。惯例不是一个全或无的概念，它有程度上的差别，必须建立相应的衡量惯例化的指标，才能对这一现象进行更深入的研究。

本研究在 TTT 扑克牌游戏和加 10 游戏两个测验的基础上，在以往研究者

（王建安、张钢，2008）思路的基础上，从行为和认知两个方面量化指标的角度，构建了图6－2所示的衡量惯例化程度的指标。

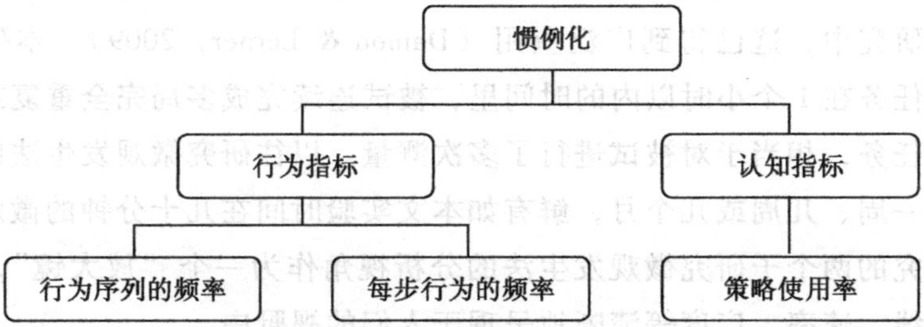

图6－2 惯例化程度描述的指标体系

首先是行为指标。这以被试选择某行动序列或某数字的次数进行衡量。在本指标上，研究创造性地应用利用二项分布计算猜测率的方式，构建了TTT扑克牌游戏及加10游戏中有多少局坚持某项策略、选择某个位置的牌或选择某个数字、采用某种策略的次数超过多少次视为存在惯例，不是猜测。对于这一指标，以往研究者从未涉及。

其次是认知指标。本研究在王建安和张钢（2008）提出的指标的基础上，进行改造，提出了策略使用率的概念。其计算方式为使用次数最多的最佳策略与最少的最佳策略之差占总策略的百分比，既考虑到了最优策略，又考虑到其他策略及无策略的情况，使这一指标更为合理。

第二节 惯例的形成：微观发生视角下的表征重述

无论是TTT扑克牌游戏还是加10游戏，均是在短时期内（不超过1小时）重复地解决相同或同类问题，每一局游戏就相当于传统微观发生法所测量的不同实验期。在这样的重复性问题解决中，既没有反馈，也没有指导，被试组却形成了各种提高问题解决效率的策略，即惯例。这个过程被试是通过何种合作方式实现了互动结果并发生了质的改变？它的原因是什么？答案只能是重复性问题解决过程本身。如果用一个理论来解释，那就是行为掌握基础上不断地表征重述（Kamiloff－Smith，2001）导致了惯例的形成。

本研究采用微观发生法这一实验涉及和数据分析的思路，分别在TTT扑克牌游戏和加 10 游戏两个实验任务中验证了上述推断。

微观发生法作为一种研究认知变化的精细方法，其基本设计模式是在整个变化过程内进行反复观察、反复测量（辛自强，2005）。在问题解决，尤其有关策略的研究中，这已得到广泛应用（Damon & Lerner，2009）。本研究中的两个实验任务在 1 个小时以内的时间里，被试连续完成多局完全重复或任务要求重复的任务，相当于对被试进行了多次测量。以往研究微观发生法的实验期间一般是一周、几周或几个月，鲜有如本文实验时间在几十分钟的微观发生研究。本研究的两个子研究微观发生法的分析视角作为一个“放大镜”，将认知变化的路线、速率、广度等清晰地呈现于人们的视野中。

但是，TTT 扑克牌游戏或加 10 游戏任务涉及多个行动者，要将这一过程刻画清楚，必须考虑有理论的指导，说明“放大镜”应该重点放到哪个位置，对 40 局和 28 局重复的问题解决过程划分出相应的阶段。卡米洛夫·史密斯（Kamiloff - Smith，2001）提出的表征重述理论则满足了这种需要，它解释了知识获得途径，不同知识类型的转换。而以往已有研究（辛自强、张丽，2006；辛自强等，2006）将微观发生与表征重述理论相结合探讨了表征的变化。本研究亦尝试将二者结合，分析表征的重述也是否是惯例产生的原因。

表征重述理论不仅描述了知识的产生过程，还对这个过程中知识的意识性属于陈述性及程序性知识进行了分析。若惯例的产生符合表征重述理论所描述的过程，它便既具有无意识性也具有意识性，既是程序性知识也是陈述性知识，只是不同阶段，性质不同而已。因此，通过惯例产生过程的分析，还可以深化对惯例本质的认识。

综合研究二中两个子研究的结果可知，惯例作为一种普遍现象，其产生遵循卡米洛夫·史密斯（Kamiloff - Smith，2001）提出的表征重复的模型。在 TTT 扑克牌游戏和加 10 游戏所述的四个阶段内，被试每步的行为和数字选择、被试每局游戏采用的策略不断变化，具体表现为变化路线、变化速率、变化模式的多样性上、变化的不同来源上。最终，惯例从无到有产生了。这一过程大致符合卡米洛夫·史密斯（Kamiloff - Smith，2001）提出的表征重述的过程，但也呈现出新的特点，可以将惯例的产生划分为两个不同的阶段：

一是无意识阶段，从行为掌握的表征水平 I 到重述水平 E1。无论是 TTT 扑克游戏还是加 10 游戏，四个阶段中，均表现出阶段 I 与阶段 Ⅱ 之间的差异显著，而这两个阶段与后面阶段之间无差异的趋势（见表 4 - 3、表 4 - 8）。这与卡米洛夫·史密斯（Kamiloff - Smith，2001）所述及假设相一致，表征水平Ⅰ的主要任务是行为的掌握，目的是完成任务。这一过程到E1水平，体现出效率提高的效果，表征变得灵活。这一过程是突变的，因为后面两个阶段策略的变化不明显。同时说明，经过阶段Ⅰ与阶段Ⅱ被试组的协调与练习，达到了行为掌握的水平，问题解决的效率已达到饱和。

二是意识阶段，表征重述过程E2 ➔E3。如卡米洛夫·史密斯（Kamiloff – Smith，2001）所述，这两个阶段时，表征已通达意识，区别只在于能否用言语报告。由于研究在阶段Ⅳ才要求被试报告自己的策略，因此，这两个阶段的区分只能通过被试的表现推测。例如，在TTT扑克牌游戏中，阶段Ⅲ中次优会继续减少，两种最优策略增加，说明此时惯例已经形成，个体的行为更加优化。而阶段Ⅳ时两种最优策略之间进行一定调整（见表4 – 3），即进一步优化，这是有意识指导的结果。同样，由加10游戏中表4 – 10及图4 – 9至图4 – 11的分析可知，阶段E2各项指标均比阶段E1优化，问题解决效率进一步提升，这也是有意识指导的结果。而阶段Ⅲ和阶段Ⅳ中策略的调整停滞，保持不变，因为此时被试行为已经形成惯例，只是意识性水平不同的差异。

第三节　惯例现象的实质

一、行为与认知的统一

综合上述两个研究的结果可知，惯例不论从表现上，还是从形成过程上，均表现为行为和认知的统一。这与以往研究者（Becker，2008；Feldman & Pentland，2003；Pentland & Feldman，2005）提出的惯例的形式面和执行面的区分相类似。本研究以实验研究的方式对本理论进行了证实，并说明了一些惯例以往研究中存在争议的特征。

与惯例的形式面相对应，惯例在认知上，表现为对不同最优和次优策略的坚持：在TTT扑克牌游戏中体现为对最优策略4♣2♣2♥和4♣4♥2♥的坚持；在加10游戏中体现为对4，3，3、4，4，2、10，0，0三种最优策略和>10的次优策略的坚持。惯例在行为上，表现为对不同行动步骤的坚持：在TTT扑克牌游戏中表现为各种行为轨迹及每一步换牌时不同位置牌的坚持；在加10游戏中表现为对不同数字选择的坚持。

在有关惯例产生两个微观发生法实验研究中证实了，惯例经由不断地表征重述，经历不同阶段，从无到有产生了。这一过程体现了惯例由无意识走向意识、由程序性知识向陈述性知识的转换，进一步从动态的角度证实了惯例形式面和执行面的统一，并对惯例以往存在争议的特征进行了说明。

在惯例的意识性问题上，于惯例是行为和认知的统一，也必然是在形式面和执行面的框架下有意识和无意识的统一。惯例的形式面作为目标在还没有达到或未达到理想状态时，会一直保持稳定，这时执行面的惯例为了与其保持一致会不断变化（Feldman & Pentland, 2003；Pentland & Feldman, 2005）。在后续的访谈中，被试对 TTT 扑克牌游戏中的策略具有一定意识性，但是自己行为上的惯例还属于无意识的范畴；而对加 10 游戏中的策略和行为，即数字选择均具有清晰的意识。这说明惯例至少有一部分不是无意识的，是需要意志努力的（Pentland & Rueter, 1994；Feldman, 2000、2003；Feldman & Pentland, 2003）。从这个角度出发，它并非一成不变的，会在个体意识的指导下不断变化，这可以由两种实验任务的微观发生研究中策略变化模式的多样性证实。

在惯例所属的知识的性质上，由上述惯例的描述和验证指标（图 6 - 1）可知，它既有陈述性知识的成分（形式面、策略），又有程序性知识的成分（执行面、动序列）。而研究二通过微观法的证实说明，惯例在形成过程中，还经历了由程序性知识向陈述性知识的转变。这说明，以往科恩和巴克达安（Cohen & Bacdayan, 1994）所述的惯例是由程序性知识进行存储的观点不全面，而王建安和张钢（2008）所述的陈述性知识在惯例形成前的作用并没有涉及惯例本身就是程序性知识的本质。

综合上述分析，本研究经过研究一和研究二的四个实验结果的分析，对惯例的生成观理论（Becker, 2008；Feldman & Pentland, 2003；Pentland & Feldman, 2005）进行了修改和完善，如图 6 - 3 所示。

二、个体行为有限理性的表现

结合研究一及研究二的结果发现，惯例作为一种普遍的思维现象，是认知和行为的统一。弄清楚这一现象的实质后，进一步的问题便是：它存在的价值体现在哪些方面？它是否和个体思维中的思维一样更多地表现为局限性？经过研究三关于合作情境对惯例行为的影响的结果分析，本研究发现，惯例是作为问题解决的最优或次优策略出现的，体现了西蒙（Simon, 1972）所述的有限理性的假设。

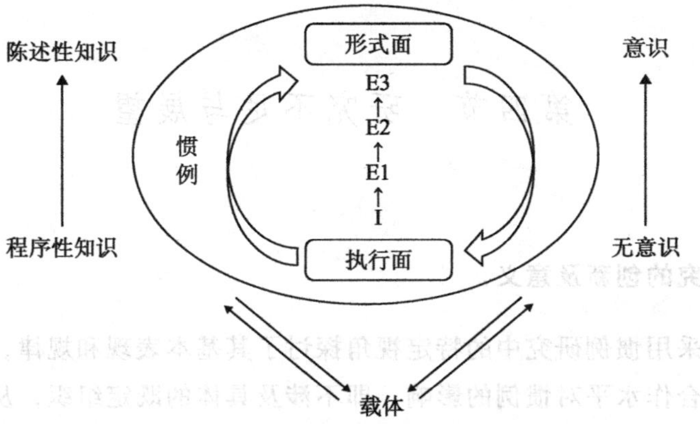

（TTT 扑克牌游戏、加 10 游戏）

图 6－3 惯例的新生成观图示

由研究一可知，在 TTT 扑克牌游戏的两个研究中发现，不同被试组分别在 4♣2♣2♥和 4♣4♥2♥策略上形成了惯例，说明他们如埃吉迪（Egidi，1996）所述，只是对问题空间（图 1－5）进行了部分搜索，玩家没有记住完成游戏所需的所有知识，做出理性的、最佳的决策，而是基于对有限问题空间的搜索，做出最合适的决策，即惯例。

由研究三可知，在三种不同实验处理条件下，被试的惯例化程度在不同类策略上差异显著。虽然只有一名真被试，被试在加 10 游戏中 5 个数字的选择上，仍然基于加 10 游戏中的三种最优策略、一种次优策略进行反应的，其行为是有限理性的（Simon，1972），人们并不企望也不可能达到问题的最优解，找到解决问题的某些次优解，实现满意即可。在加 10 游戏的选择上，这表现在次优策略的选择上。例如，在完全配合条件下，被试选择 2 时得分为 38 分，仅比最优策略低 2 分，但大多数被试都选择了数字 4 作为次优策略，因为它是两种最佳策略的组成数字。在对下一局的预期上，被试则表现出理性成分，既不高估，也不低估。例如，在不配合条件下，大多数被试都预测下一局三人相加所得的和大于 10，而非盲目期待等于 10。

总之，限于问题解决空间的复杂程度、被试认知能力等方面的限制，惯例是被试理性和非理性这一矛盾不断调和的结果。

第四节　研究不足与展望

一、研究的创新及意义

本研究采用惯例研究中的特定视角探讨了其基本表现和规律，并通过实验操纵探讨了合作水平对惯例的影响，即不涉及具体的既定组织，从普遍意义上来研究临时形成的小组中惯例的一般特点，不仅是本领域研究的重要补充，也具有一定的创新性和意义，其具体表现为：

第一，采用两人和三人合作问题解决任务，构建相应指标刻画了惯例现象的普遍性，将以往研究系统化、数量化。这不仅利于将 TTT 扑克牌游戏和加 10 游戏发展为惯例研究的典型任务，还利于其他实验中惯例现象的描述。

第二，在以往研究基础上，建立了评价惯例化程度的认知和行为指标。研究提出的利用二项分布原理计算猜测率的方法，实现了将以往惯例研究中仅限于现象描述的复杂行为模式的数量化，使惯例化的衡量更全面。

第三，将微观发生法与表征重述理论结合，研究了惯例的产生过程。这不仅拓展了微观发生法的使用范围，使其不仅能聚焦于几周甚至更长时间内的变化，也能聚焦于几十分钟内的变化；还弥补了以往研究中缺乏惯例产生过程的不足。

第四，以加 10 游戏为依托，通过实验操纵，研究了不同合作水平下，惯例表现的差异。这不仅开拓了惯例影响因素的研究思路，还加深了对惯例本质的理解，证明了其是行为和决策的有限理性的结果。

第五，采用最新的网络技术尝试搭建了两个实验平台，使研究具有很强的技术性优势。这不仅表现为当前研究结果的科学性和全面性，还体现为未来研究的可延展性。

二、研究不足及改进思路

纵观研究设计的三个研究、5 个实验，虽然取得了一些有价值的研究结果，但也存在以下不足和改进思路：

第一，实验的网络平台有待完善。限于人力、物力和财力的限制，本实验开发的两个实验平台的设计细节均未达到完美状态。服务器是暂时租用的，其性能一般，无法实现大规模的集体施测，只能进行小规模的几组被试的同时施测。未来的研究中，一方面，继续优化测验平台的细节设计，例如，加10游戏中，被试对下一局的预期和满意度的评价上还存在缺失值，这可以通过编程设计，对被试进行一定提醒，或限制其不评定则无法进行下一局游戏。另一方面，加大各方面投入，提高服务器的性能，实现网上大规模的集体施测。

第二，惯例这种思维现象普遍性的验证还不够全面。研究仅基于TTT扑克牌游戏和加10游戏这种两人和三人的合作问题解决任务建立了相应惯例的验证和评价指标，具有一定的局限性。因为前者任务略显复杂，后者略显简单。未来研究可以进一步探讨经典的问题解决任务，如汉诺塔游戏及博弈任务、囚徒困境问题中的惯例现象。同时，扩大研究的被试群体，考虑将儿童青少年考虑在内。

第三，选择加10游戏作为合作程度对惯例影响的研究任务具有一定局限性。虽然加10游戏易于操纵和控制，是目前最合适的任务，但由于完成每局游戏只需选择某个数字，不涉及行为的多步骤，“合作”的特点体现不明显。未来研究可以尝试对TTT扑克牌游戏中的合作行为进行操纵，探讨合作对惯例的影响，也可以探索出难易适中的实验任务来实现上述目的。

三、研究展望

(一) 惯例是否可以形成一个专门的研究领域?

综合上述三个研究的结果和分析，未来研究中，若实验任务具有如下特点，均可用上述指标来判定和描述惯例现象：①任务的目的是解决某项问题，有问题的初始目标和最终目标；②任务需要两人以上完成，且两人之间主要是合作的关系；③问题重复性出现。这可以是完全的重复，如加10游戏每局的任务完全一致，也可以是目标一致，问题情境有所差别。如TTT扑克牌游戏中虽然最终均是通过换牌将2♥换到目标位置，但每局游戏的初始牌局并不一样。

从一定意义上，惯例可以视为心理学中的心理定势概念的扩展，即群体的思维定式。科恩和巴克达安（Cohen & Bacdayan，1994）也指出，惯例现象存在的原因在于惯例化的思维。若从思维的角度来看待这一现象，当前认知心理学、教育心理学中的许多研究任务均存在这一现象。对于思维定式的研究一直以来都局限于个体层面，近半个世纪以来，也只是作为盖棺定论的心理现象在不同心理学领域中讨论。若将惯例这一现象迁移到个体层面，惯例现象是否也可以从上述图 6－1 建立的指标体系的角度进行分析？例如，问题解决领域经典的汉诺塔任务，是否就可以从这个角度进行分析？这都是未来研究探索的方向。

由于惯例现象的普遍性和可描述性，若能在不同的领域进行扩展，上述设想又可以实现，是否未来可以形成一个跨越组织行为学、经济心理学、管理学、认知心理学的交叉领域？这需要更多的研究者跳出本身研究领域的限制，以问题为导向，尽心协同攻关。

令人欣喜的是，目前惯例在国外正在逐渐形成一个小领域，相关领域的学者不仅成功举办了几届学术会议，还出版了相应的《组织惯例手册》（Becker，2008）。但是，与其他组织和管理理论相比，这方面的研究还不算热点，且研究者之间较少交流。在国内，这方面的研究还很稀少，而且不成体系。可见，惯例的研究任重而道远。

（二）研究内容的拓展

惯例作为一种普遍的思维现象，其研究空间巨大，综合本研究对 TTT 扑克牌游戏及加 10 游戏中的惯例现象的研究及对本领域发展趋势的分析，从研究内容上，未来惯例的研究可能会聚焦于以下方面：

第一，描述和总结惯例的普遍性及特点。当前心理学的研究中，虽然定势和内隐学习仍是研究的热点，却还鲜有研究将其研究结果从惯例的视角进行审视。这可能根源于长期以来心理学研究对个体知识的重视以及对群体知识的忽视。未来的惯例研究将从群体的视角，如群体问题解决、群体决策及博弈研究中继续证实这种心理现象的普遍性，进而总结其特征。

第二，按照认知心理学的研究范式，从信息搜索过程来研究惯例。尽管惯例行为可以分离出一些单独的步骤，但由于其自动性，它通常被视为统一、连续的信息加工过程（Betsch，Haberstroh & Höhle，2002）。信息搜索发生在决策者确认既定问题之后、实际决策之前，它受到决策者记忆中以往个体经验的影响，存在搜索偏差。贝奇等人（Betsch，Haberstroh，Glöckner et al.，2001）通过实验证实信息搜索受惯例强度的影响，二者呈负相关关系。然而，在这一普遍结论之下，当前还没有研究细致分析信息搜索的个体差异与惯例之间的关系以及如何避免惯例的负迁移对信息搜索过程的阻碍。

第三，从知识迁移的角度来研究惯例的迁移。作为一种默会性知识，惯例与组织学习密切相关，存储了组织行为的经验。当以知识的角度来理解惯例时，研究的核心问题是多大程度上这种知识能推广或迁移到其他情境中去（Reimer, Bornstein & Opwis, 2005）。例如，科恩和巴克达安（Cohen & Bacdayan, 1994）发现个体在问题解决中形成的惯例，不能将迁移到新的、但结构完全相同的情境中去。当前惯例的迁移研究主要集中于描述负迁移现象，并未对如何克服负迁移进行探讨，也未从正迁移的角度来探讨惯例的优点。

第四，探讨如何检索出恰当的惯例。要应用惯例，须从个体或组织的记忆中进行搜索，并在一定程度上用到内隐知识（Cohen, 1991）。按照行为的方法，那些触发自动执行某行为的刺激是过去行为相对频数的函数（重复启动），惯例的激活并不由意图、态度或任何意识过程来调节，而是受典型偏差或启发式的影响。然而，若从认知视角出发，惯例一般被表征为目标和工具行为的联结，为了激活合适的目标导向的行为，个体通过认知过程来辨认一些描述当前情境的线索，并从记忆中检索合适的线索。这时激活行为的是对当前情境目标导向的认知表征。当前，这两种视角下惯例检索的实证研究均较少，无法证实哪种观点更能准确地描述惯例的激活和检索过程。

第五，探讨记忆与惯例之间的关系。由于惯例常以自动化行为的形式存储为默会知识，其极大地依赖于长时记忆。因此，人类记忆的特征应反映在惯例行为当中。长时记忆由于存储和检索上的差异，具有陈述性和程序性两种记忆形式。陈述性记忆以外显的、符号的、言语的形式存储数据和知识；程序性记忆以内隐的、非言语的形式存储那些技巧和程序。惯例在个体和组织水平均被视为程序性记忆存储的，这已得到验证（Cohen & Bacdayan, 1994）。

第五节 研究结论

本研究通过三个研究共 5 个实验，同时采用 TTT 扑克牌游戏和加 10 游戏两个实验任务探讨了两人及三人问题解决中的惯例现象，获得了如下结论：

第一，惯例是一种普遍存在的思维现象，研究采用两人合作解决任务 TTT 扑克牌游戏和三人合作问题解决任务加 10 游戏进行了验证。

第二，惯例的刻画和描述需要综合考虑行为、认知和情感三类一级指标，并在二级、三级指标的分析中将定量的数据分析与定性的描述相结合。

第三，惯例化程度的衡量需采用行为和认知方面的评价指标：行为上，采用行为动作（如每步换牌、每局所选数字）的频率；认知上，采用使用率指标，即采用次数最多的最佳策略与最少的最佳策略之差占总策略的百分比。

第四，惯例的产生体现为微观发生法所刻画的行为及策略的变化路线、变化速率、变化模式的多样性、变化的不同来源四个方面；经由表征重述理论所述的不同表征水平，历经程序性知识向陈述性知识、无意识向意识的转变。

第五，合作的不同水平对惯例具有不同影响，被试行为介于理性和非理性之间，表现出明显的有限理性现象。完全配合组的被试每局游戏所用时间和满意度最高，最优策略上和最差策略上的惯例化程度低，在其他策略上的惯例化程度最高；有条件配合组每局游戏所用时间和满意度处于中间水平，次优策略上的惯例化程度最高；不配合组每局游戏所用时间和满意度最低，在最优策略和最差策略上的惯例化程度均最高。

参考文献

1. 董奇．心理与教育研究方法［M］．北京：北京师范大学出版社，2004.

2. 高展军，李垣．组织惯例及其演进研究［J］．科研管理，2007（3）：142－147.

3. 林崇德，辛自强．发展心理学的现实转向［J］．心理发展与教育，2010（1）：1－7.

4. 林海芬，尚任．组织惯例对组织创新的悖论性作用机理研究［J］．南开管理评论，2020（1）：62－74.

5. 刘磊磊．基于竞争合作互动视角的企业动态能力形成及作用机制研究［D］．浙江：浙江大学，2008.

6. 卡米洛夫－史密斯．超越模块性：认知科学的发展观［M］．缪小春，译．上海：华东师范大学出版社，2001.

7. 彭聃龄．普通心理学［M］．北京：北京师范大学出版社，2004.

8. 徐建平．组织惯例的演化机制与效能研究：基于学习视角［D］．浙江：浙江大学，2009.

9. 王建安，张钢．集体问题解决中的知识、惯例和绩效［J］．心理学报，2008（8）：862－872.

10. 王建安，张钢．集体问题解决中的认知表征、行为惯例和动态能力［J］．心理学报，2010，42（8）：862－874.

11. 吴光飙．企业发展分析：一种以惯例为基础的演化论观点［D］．浙江：浙江大学，2002.

12. 戴蒙，勒纳．儿童心理学手册［M］．林崇德，李其维，董奇，译．6版．上海：华东师范大学出版社，2009.

13. 颜爱民，刘志成，刘媛．组织惯例研究述评［J］．中南大学学报（社会科学版)，2007，13 (2)：187－192.

14. 辛自强．问题解决与知识建构［M］．北京：科学教育出版社，2005.

15. 辛自强，林崇德．微观发生法：聚焦认知变化［J］．心理科学进展，2002，10 (2)：206－212.

16. 辛自强，俞国良．问题解决中策略的变化：一项微观发生研究［J］．心理学报，2003，35 (6)：786－795.

17. 辛自强，张丽，林崇德，等．练习背景下表征水平的变化［J］．心理学报，2006，38 (2)：189－196.

18. 辛自强，张丽．表征变化及其影响因素的微观发生研究［J］．心理学报，2006，38 (4)：532－542.

19. 张梅，林崇德，辛自强．惯例的实证研究进展：心理学的视角［J］．心理与行为研究，2012，10 (4)：313－319.

20. 张梅，辛自强，林崇德．两人问题解决中惯例的测量及其微观发生研究［J］．心理学报，2013，45 (10)：1119－1130.

21. 张梅，辛自强，林崇德．三人问题解决中的惯例：测量及合作水平的影响［J］．心理学报，2015，47 (6)：814－825.

22. 张朋柱，薛耀文．博弈者认知模式与合作意愿度分析［J］．管理科学学报，2005，8 (5)：1－9.

23. Abbott A. From Causes to Events：Notes on Narrative Positivism［J］. Sociological Methods and Research，1992，20 (4)：428－455.

24. Anderson J. R. The architecture of cognition［M］. Cambridge，MA：Harvard University Press，1983.

25. Adler P. S.，Clark K. B. Behind the learning curve：A sketch of the learning process［J］. Management science，1991，37 (3)：267－281.

26. Anand V.，Clark M. A.，Zellmer－Bruhn M. Team knowledge structures：Matching task to information environment［J］. Journal of Managerial Issues，2003：15－31.

27. Avery J. F. The influence of positive and negative normative feedback on the development and persistence of group routines［D］. Purdue University，1996.

28. Becker M. C. Empirical research on routines：the state of the art and its integration into the routines debate［C］//Nelson and Winter Conference，2001：1－27.

29. Becker M. C. The concept of routines twenty years after Nelson and Winter

(1982). A review of the literature [J]. Industrial and Corporate Change, 2003: 643 – 677.

30. Becker M. C. Organizational routines: a review of the literature [J]. Industrial and corporate change, 2004, 13 (4): 643 – 678.

31. Becker M. C. A. framework for applying organizational routines in empirical research: linking antecedents, characteristics and performance outcomes of recurrent interaction patterns [J]. Industrial and Corporate Change, 2005, 14 (5): 817 – 846.

32. Becker M. C. The concept of routines: some clarificationss [J]. Cambridge Journal of Economics, 2005, 29 (2): 249 – 262.

33. Becker M. C. Routines——A brief history of the concept [M] // Ioannides S., Nielsen K. (Eds.), Economics and Social Sciences: boundaries, interaction and integration [M]. Cheltenham, UK: Edward Elgar, 2007.

34. Becker M. C. Handbook of organizational routines [M]. Edward Elgar Publishing, 2008.

35. Becker M. C., Lazaric N. Organizational routines: Advancing empirical research [M]. Edward Elgar Publishing, 2009.

36. Becker M. C., Lazaric N., Nelson R. R., et al. Applying organizational routines in understanding organizational change [J]. Industrial and corporate change, 2005, 14 (5): 775 – 791.

37. Becker M. C., Zirpoli F. Applying organizational routines in analyzing the behavior of organizations [J]. Journal of Economic Behavior & Organization, 2008, 66 (1): 128 – 148.

38. Betsch T., Brinkmann B. J., Fiedler K., et al. When prior knowledge overrules new evidence: Adaptive use of decision strategies and the role of behavioral routines [J]. Swiss Journal of Psychology, 1999, 58 (3): 151 – 160.

39. Betsch T., Fiedler K., Brinkmann J. Behavioral routines in decision making: The effects of novelty in task presentation and time pressure on routine maintenance and deviation [J]. European Journal of Social Psychology, 1998, 28 (6): 861 – 878.

40. Betsch T., Glöckner A., Haberstroh S. COMMERCE – A micro – world simulation to study routine maintenance and deviation in repeated decision making [J]. Methods of Psychological Research Online, 2000, 15 (2): 74 – 93.

41. Betsch T., Haberstroh S., Glöckner A., et al. The effects of routine

strength on adaptation and information search in recurrent decision making [J]. Organizational behavior and human decision processes, 2001, 84 (1): 23 -53.

42. Betsch T., Haberstroh S., Höhle, C. H. Explaining routinized decision making: A review of theories and models [J]. Theory and Psychology, 2002, 12: 453 -488.

43. Betsch T., Haberstroh S., Molter B., et al. Oops, I did it again - relapse errors in routinized decision making [J]. Organizational Behaviour and Human Decision Processes, 2004, 93: 62 -74.

44. Bonini N., Egidi M. Cognitive traps in individual and organizational behavior: some empirical evidence [J]. Revue d'économie industrielle, 1999, 88 (1): 153 -186.

45. Bonini N., Egidi M. Cognitive traps in individual and organizational behavior: Some empirical evidence [R]. CEEL Working Papers, Cognitive and Experimental Economics Laboratory, Department of Economics, University of Trento, Italia, 1999.

46. Boisot M., Child J. Organizations as adaptive systems in complex environments: the case of China [J]. Organization Science, 1999, 10: 237 -252.

47. Cary M., Carlson R. A. External Support and the Development of Problem - Solving Routines [J]. Journal of Experimental Psychology: Learning, Memory, and Cognition, 1999, 25 (4): 1053 -1070.

48. Cohen M. D. Individual learning and organisational routine: Emerging connections [J]. Organisation Science, 1991, 2: 135 -139.

49. Cohen M. D., Bacdayan P. Organizational routines are stored as procedural memory: Evidence from a laboratory study [J]. Organization Science, 1994, 5 (4): 554 -568.

50. Cohen M. D., Burkhart R., Dosi G., et al. Routines and other recurring action patterns of organizations: contemporary research issues [J]. Industrial and Corporate Change, 1996, 5 (3): 653 -697.

51. Cyert R. M., March J. G. A Behavioral Theory of the Firm [M]. Englewood Cliffs, NJ: Prentice - Hall, 1963.

52. David P. A. Clio and the Economics of QWERTY [J]. American Economic Review, 1985, 75 (2): 332 - 337.

53. Dixon R. A., Fox D. P., Trevithick L, et al. Exploring collaborative problem solving in adulthood [J]. Journal of adult development, 1997, 4 (4): 195 –208.

54. Dosi G., Nelson R. R., Winter S. G. Introduction: The nature and dynamics of organisational capabilities [J]. The Nature and Dynamics of Organisational Capabilities, 2000: 1 – 22.

55. Egidi M. Routines, hierarchies of problems, procedural behaviour: some evidence from experiments [J]. The rational foundations of economic behaviour, 1996: 303 – 333.

56. Egidi M., Narduzzo A. The emergence of path – dependent behaviors in cooperative contexts [J]. International Journal of Industrial Organization, 1997, 15 (6): 677 – 709.

57. Egidi M., Ricottilli M. Co – ordination and Specialization [R]. Working paper, Computable and Experimental Economics Laboratory, University of Trento, Italia, 1997.

58. Egidi, M., Rizzello, S. Cognitive Economics: Foundations and Historical Evolution [R]. CESMEP Working Papers, University of Turin, 2003.

59. Egidi M., Rizzello S. Cognitive Economics: Foundations and Historical Evolution [R]. Working paper, University of Turin, 2003.

60. Feldman M. S. Organizational routines as a source of continuous change [J]. Organization Science, 2000, 11 (6): 611 – 629.

61. Feldman M. S., Rafaeli A. Organizational routines as sources of connections and understandings [J]. Journal of Management Studies, 2002, 39 (3): 309 – 331.

62. Feldman M. S., Pentland B. T. Reconceptualizing Organizational routines as a Source of flexibility and change [J]. Administrative Science Quarterly, 2003, 48 (1): 94 – 118.

63. Felin T., Foss N. J. Organizational routines and capabilities: Historical drift and a course – correction toward microfoundations [J]. Scandinavian Journal of Management, 2009, 25: 157 – 167.

64. Garap A., Hollard M. Routines and incentives in group tasks [J]. Journal of Evolutionary Economics, 1999: 465 – 486.

65. Gray W., Sims C., Fu W., Schoelles M. The soft constraints hypothesis: A

rational analysis approach to resource allocation for interactive behavior [J]. Psychological Review, 2006, 113: 461 -482.

66. Giddens A. The constitution of society [M]. Berkeley, CA: University of California Press, 1984.

67. Hodgson G. M. The mystery of the routine: the Darwinian destiny of An Evolutionary Theory of Economic Change [J]. Revue Economique, 2003, 54: 355 -384.

68. Hodgson G. M., Knudsen T. The firm as an interactor: firms as vehicles for habits and routines [J]. Journal of evolutionary economics, 2004, 14 (3): 281 -307.

69. Hodgson G. M., Knudsen T. The complex evolution of a simple traffic convention: the functions and implications of habit [J]. Journal of Economic Behavior and Organization, 2004, 54: 19 -47.

70. Kocher M. G., Sutter M. The decision maker matters: individual versus group behavior in experimental beauty - contest games [J]. The Economic Journal, 2005, 115: 200 -223.

71. Luchins A. S. Mechanization in problem solving: The effect of Einstellung [J]. Psychological Monographs, 1942, 54 (6): 1 -95.

72. Luchins A. S., Luchins E. H. New experimental attempts at preventing mechanization in problem solving [J]. Journal of General Psychology, 1950, 42 (2): 279 -297.

73. March J. G., Simon H. A. Organizations [M]. John wiley & sons, 1993.

74. Miner A. Organizational evolution and the social ecology of jobs [J]. American Sociological Review, 1991, 56: 772 -785.

75. Narduzzo A., Rocco E., Warglien M. Talking about routines in the field: The emergence of organisational capabilities in a new cellular phone network company [J]. The Nature and Dynamics of Organizational Capabilities, 2000: 25 -27.

76. Nelson R. R., Winter S. G. An evolutionary theory of economic change [M]. Cambridge: Harvard University Press, 1982.

77. Nelson R. R., Winter S. G. Evolutionary theorizing in economics [J]. Journal of Economic Perspective, 2002, 16 (2): 23 -46.

78. Novarese M. Towards a cognitive experimental economics [M] //Cognitive developments in economics. Routledge, 2003: 94 -98.

79. Novarese M. Individual learning and team functioning [J]. Icfai Journal of

Managerial Economics, 2005, (2): 29-45.

80. Novarese M. The possible contribution of empirical analysis to the understanding of organizational complexity [J]. Journal of Social Complexity, 2006, 2 (2): 6-19.

81. Novarese M. Individual learning in different social contexts [J]. Journal of Socio-Economics, 2007, 36 (1): 15-35.

82. Novarese M., Rizzello S. The intermingling between cognitive economics and experimental economics: a few remarks on history, methodology and applications [R]. Claudio Napoleoni (CESMEP) Working paper, 2004.

83. Novarese M., Rizzello S. Satisfaction and learning: an experimental game to measure happiness [M] //Parisi F., Smith V. L. (Eds.), The law and economics of irrational behavior. Stanford University Press, Stanford, 2005: 186-207.

84. Patsenko E. G., Altmann E. M. How planful is routine behavior? A selective-attention model of performance in the Tower of Hanoi [J]. Journal of Experimental Psychology: General, 2010, 139 (1): 95-116.

85. Pentland B. T. Grammatical Models of Organizational Processes [J]. Organization Science, 1995, 6 (5): 541-556.

86. Pentland B. T. Sequential Variety in Work Processes [J]. Organization Science, 2003, 14 (5): 528-540.

87. Pentland B. T. Conceptualizing and measuring variety in organizational work processes [J]. Management Science, 2003, 45: 425-443.

88. Pentland B. T., Feldman M. S. Organizational routines as a unit of analysis [J]. Industrial and Corporate Change, 2005, 14 (5): 793-815.

89. Pentland B. T., Haerem T., Hillison D. Comparing Organizational Routines as Recurrent Patterns of Action [J]. Organization Studies, 2010, 31 (7): 917-940.

90. Pentland B. T., Rueter H. H. Organizational routines as grammars of action [J]. Administrative Science Quarterly, 1994, 39 (3): 484-511.

91. Perrow C. A. framework for the comparative analysis of organizations [J]. American Sociological Review, 1967, 32: 194-208.

92. Pereira R., Patelli P. The Emergence of Cooperative Playing Routines: Optimality and Learning [R]. CEEL Working Papers, 1995.

93. Reber A. S. Implicit learning of artificial grammars [J]. Journal of Verbal

Learning and Verbal Behavior, 1967, 6 (2): 317 -327.

94. Reber A. S. Implicit Learning and Tacit Knowledge [J]. Journal of Experimental Psychology, 1996, 118 (3): 219 -235.

95. Reimer T., Bornstein A. L., Opwis K. Positive and negative transfer effects in groups [M] // Betsch T., S. Haberstroh (Eds.), The routine of decision making. Lawrence Erlbaum Associates, 2005: 175 -192.

96. Reimer T., Bornstein A. L., Opwis K. Positive and negative transfer effects in groups [M] //The routines of decision making. Erlbaum, 2005: 175 -192.

97. Reimer T., Opwis K., Bornstein A. L. Routine Problem Solving in Groups [C] //Proceedings of the Annual Meeting of the Cognitive Science Society, 2002, 24 (24): 780 -785.

98. Schneider M., Stern E. The developmental relations between conceptual and procedural knowledge: A multimethod approach [J]. Developmental Psychology, 2010, 46 (1): 178 -192.

99. Siegler R. S., Crowley K. The microgenetic method: A direct means for studying cognitive development [J]. American psychologist, 1991, 46 (6): 606 -620.

100. Simon H. A. Theories of bounded rationality//, In: B. McGuire and R. Radner, eds., Decision and organization, 2nd ed., University of Minnesota Press, MN, U. S. A, 1972.

101. Simon H. A., McGuire C. B., Radner. R. Decision and organization [J]. Theories of bounded rationality. North -Holland Publishing Company, 1972.

102. Singley M. K., Anderson J. R. The transfer of cognitive skill [M]. Cambridge, MA: Harvard Press, 1989.

103. Stene E. O. An approach to the science of administration [J]. American Political Science Review, 1940, 34 (6): 1124 -1137.

104. Sewell W. A theory of structure: Duality, agency and transformation [J]. American Journal of Sociology, 1992, 98: 1 -29.

105. Tudge J. R. H., Winterhoff P. A., Hogan D. M. The cognitive consequences of collaborative problem solving with and without feedback [J]. Child development, 1996, 67 (6): 2892 -2909.

106. Zellmer -Bruhn M. E. The Effects of Time Pressure and Interruptions on team external acquisition of work routines [D]. Madison: University of Wisconsin, 1999.

107. Zollo M., Winter S. G. Deliberate learning and the evolution of dynamic capabilities [J]. Organizational Science, 2002, 13 (3): 339 -351.

108. Weick K. E. The Vulnerable System: An Analysis of the Tenerife Air Disaster [J]. Journal of Management, 1990, 16: 571 -593.

附　　录

40 局游戏模板

局数	左上（N）	明牌（U）	右上（C）	目标（T）	同点（Nk）	同色（Ck）
1	3♥	2♥	4♥	4♣	2♣	3♣
2	2♥	3♥	4♥	4♣	3♣	2♣
3	3♣	3♥	2♥	4♣	2♣	4♥
4	2♣	3♥	4♥	4♣	2♥	3♣
5	3♣	3♥	2♣	4♣	4♥	2♥
6	2♣	2♥	3♥	4♣	4♥	3♣
7	2♥	3♥	2♣	4♣	4♥	3♣
8	3♥	4♥	2♥	4♣	2♣	3♣
9	4♥	3♣	3♥	4♣	2♣	2♥
10	4♥	3♣	3♥	4♣	2♥	2♣
11	4♥	2♥	3♥	4♣	3♣	2♣
12	2♥	3♣	4♥	4♣	2♣	3♥
13	3♣	4♥	2♥	4♣	3♥	2♣
14	3♥	3♣	2♣	4♣	2♥	4♥
15	3♥	4♥	2♣	4♣	3♣	2♥
16	4♥	2♥	3♣	4♣	2♣	3♥
17	2♥	3♣	2♣	4♣	3♥	4♥
18	2♣	4♥	2♥	4♣	3♥	3♣
19	2♣	4♥	3♣	4♣	2♥	3♥
20	3♥	3♣	4♥	4♣	2♣	2♥
21	3♣	2♥	4♥	4♣	2♣	3♥
22	2♥	4♥	2♣	4♣	3♥	3♣

续表

局数	左上（N）	明牌（U）	右上（C）	目标（T）	同点（Nk）	同色（Ck）
23	4♥	3♣	2♥	4♣	2♣	3♥
24	4♥	3♣	2♣	4♣	2♥	3♥
25	3♥	3♣	2♣	4♣	4♥	2♥
26	3♣	2♥	2♣	4♣	3♥	4♥
27	2♥	4♥	3♣	4♣	2♣	3♥
28	3♣	2♣	2♥	4♣	4♥	3♥
29	2♣	2♥	3♥	4♣	3♣	4♥
30	2♥	2♣	3♥	4♣	3♣	4♥
31	4♥	3♣	2♥	4♣	2♣	3♥
32	3♣	2♣	2♥	4♣	3♥	4♥
33	3♥	2♣	3♣	4♣	4♥	2♥
34	2♣	3♣	4♥	4♣	2♥	3♥
35	3♣	2♣	3♥	4♣	4♥	2♥
36	3♥	2♥	4♥	4♣	2♣	3♣
37	2♥	3♥	4♥	4♣	3♣	2♣
38	3♣	3♥	2♥	4♣	2♣	4♥
39	2♣	3♣	4♥	4♣	2♥	3♣
40	3♣	3♥	2♣	4♣	4♥	2♥

后记

本书是在我2012年完成的博士论文的基础上写成的。从2010年12月13日开题，到2012年5月4日送审，这一路走来，个中艰辛唯有自知！正是有了诸多支持，我才能完成这篇连自己都认为无法完成的论文。这篇论文本身就是众人一起努力、团体合作解决问题的过程。

首先，感谢我的恩师林崇德教授。我能在他门下读书三年，真的很幸福。林老师是一位德高望重的老师，他的个人修养和人生境界，使我真切体会到一位大家的豁达胸怀。他教育我的“先学做人，再学做事”这种书本上学不到的人生大智慧，让我明白了一个人的自身修养和做事的态度决定了他能站的高度。这些为人处世的道理将使我终身受益。林老师对每一位学生的关心，我想只能用“慈母”来比拟：弟子们点滴的困扰和琐事，他都记挂在心上，主动提供各种帮助；弟子们点滴的进步和成就他都津津乐道，由衷地自豪和骄傲。林老师对待学生，使我切身体会到他“爱在细微中”的教育理念。记得我找工作时，8点多面试，老师7点多就会发来短信交代注意事项并鼓励一番，使我体会到“儿行千里母担忧”般的温暖和感动。面试不顺的时候，他也会发来短信安慰我不要灰心。试讲的PPT他要亲自听我讲一遍，并悉心指导。面对这些，我曾无数次感动得热泪盈眶，深感无以为报。他却说：“师德的灵魂是师爱，你把这种理念传承下去即可。”这样的画面，我脑海里珍藏了许多，每每遇到困难，觉得撑不住的时候，我都无数次回放，鼓起勇气继续前进。未来，我也将成为一名老师，我的老师对我的爱，将是我爱自己学生的榜样和不竭的心理源泉。

其次，感谢我的另一位恩师辛自强教授。辛老师对我有知遇和培育之恩，从6年前跨专业来到北师大学习，我学术上的点滴进步都离不开辛老师的培养。辛老师治学的严谨、对学术的热爱和为人的正直使我体会到一位学者的风范。论文写作中，大到数据处理，小到每一个标点符号、错别字，辛老师都严格要求，一旦犯错，决不姑息，严厉批评，使我真切体会到“文章千古事”。辛老师对我的教导可谓“费尽心思”。至今我还清楚记得第一次见到辛老师，问他的第一个问题竟是“老师，什么叫学术论文？我没有见过”。他从橱柜里拿出一本杂志，细心地讲解。我一直觉得辛老师是一位能工巧匠，能将朽木雕刻成一朵美丽的花。以后的治学道路上，我将不断向他的标准看齐，严格要求自己，将他治学的精神传承下去。辛老师不善言辞，但他对学生的爱护，我们都能感受到。每当我们面临升学、找工作这些人生转折的大问题时，他都替我们谋划、建议，并竭尽所能地帮助我们。学习之余，他还会带着家人跟我们一起放松，听我们聊聊生活和思考上的困扰，并理性地帮我们分析问题所在。

感谢本论文的技术支持朱云。由于我这篇论文是在互联网测验平台之上完成的，论文能否完成的关键就在于实验平台是否能按照预期搭建出来，尤其是较为复杂的TTT扑克牌游戏。论文开题时，我就向当时在互联网公司工作的他请教技术问题。朱云不仅技术过硬，具有较强的统筹规划能力，还具有较强的创新精神和远见卓识。他就原先我设计的实验方案提出了很多建设性意见，为测验平台未来的继续开发完善留好了“接口”。平台开发过程中，我深切体会到程序员之累、之苦，代码的每一个细节都必须想得特别清楚，才能保证程序顺利运行。已数不清多少次，我们一起在网上商讨、琢磨、调试平台到凌晨。可以说，没有朱云，就没有这篇博士论文的出台。

感谢我所有认识的朋友、同学和同门，他们帮忙调试程序，充当预实验的被试和正式实验的主试，保证了实验的顺利进行。同时，他们也在实验遇到瓶颈的阶段积极帮我出谋划策，提供情感支持，帮我渡过难关，保证如期完成博士论文。

感谢中央财经大学设立学术专著出版资助项目，助推我基于10年的工作积累重新整理自己博士论文的内容；同时，感谢我校科研创新团队支持计划项目和以及国家自然科学基金项目（72004244）的资助，助推我重新归纳整合自己的研究主题和兴趣，进一步明确自己多年来虽有过多个研究主题，但一直在“用心理学的视角和研究方法探究现实问题”的交叉研究思路上。正是想明白了这点，我才有了将自己的博士论文进行升华和完善的想法，最终写成本书。

感谢中国财政经济出版社副编审康苗在出版过程中给予的帮助，从合同签订到本书初稿，都离不开她的辛苦付出和技术支持。

最后，感谢生我、养我，健在和离我远去的家人们，你们对我的爱，是我存在的全部意义！正是你们，让我体会到生命和生活的美妙，让我有勇气不断探索未知的世界，应对新的挑战！